乡村健康旅游目的地建设案例

Rural health tourism destination construction case

仇学琴　邓　芳　王鸿运◎著

中国经济出版社
CHINA ECONOMIC PUBLISHING HOUSE
·北　京·

图书在版编目（CIP）数据

乡村健康旅游目的地建设案例／仇学琴，邓芳，王鸿运著．--北京：中国经济出版社，2021.10（2025.7 重印）

（乡村振兴研究文库/.）

ISBN 978-7-5136-6629-9

Ⅰ.①乡… Ⅱ.①仇… ②邓… ③王… Ⅲ.①乡村旅游-旅游保健-旅游地-建设-案例-中国 Ⅳ.①F592.3

中国版本图书馆 CIP 数据核字（2021）第 189364 号

责任编辑 牛慧珍
责任印制 马小宾
封面设计 任燕飞

出版发行 中国经济出版社
印 刷 者 三河市同力彩印有限公司
经 销 者 各地新华书店
开 本 710mm×1000mm 1/16
印 张 16.25
字 数 253 千字
版 次 2021 年 10 月第 1 版
印 次 2025 年 7 月第 2 次
定 价 69.80 元
广告经营许可证 京西工商广字第 8179 号

中国经济出版社 网址 www.economyph.com 社址 北京市东城区安定门外大街 58 号 邮编 100011
本版图书如存在印装质量问题，请与本社销售中心联系调换（联系电话：010-57512564）

前言

2016年，中共中央、国务院印发了《“健康中国2030”规划纲要》，提出发展健康产业，支持发展健康、医疗、旅游等领域健康服务新业态，积极发展健身休闲运动产业，不断满足群众日益增长的多层次、多样化的健康需求。

在“健康中国”的时代背景下，健康旅游活动及健康旅游业进入了快速发展的阶段。健康与旅游的结合是必然的趋势。人们外出旅游的目的各种各样，但追求的都是身心健康和愉悦体验。随着社会对健康需求的不断增长，以及“治未病”“消未患”的健康理念深入人心，旅游需求的结构必将改变，传统的观光旅游逐渐向体验式旅游转变，结合医学、养生以及各种有益身心健康的旅游方式越来越受到消费者青睐。

乡村作为“看得见山，望得见水”的乡愁聚集地，凭借纯净的空气、绿色食品、山水花草和去工业化的、悠闲的慢生活节奏等，逐渐成为城市人新的理想生活目的地。本书的出版正是适应了乡村亟待开发康养旅游活动的现实需求。

本书由云南大学工商管理与旅游管理学院仇学琴教授领衔，由邓芳、王鸿运、陈宇等多位作者共同撰写，由仇学琴统稿，邓芳、王鸿运协助编稿、校对。

各章节撰写人员如下。第一、二、三章由邓芳撰写。第四章第一节由仇学琴、王鸿运、兰洪超、沈梦婷撰写；第二节由蒋彪、许佳华、周倩羽、胡爱贤撰写；第三节由李沘潮、仇学琴撰写；第四节由林莉、闵桂娟、刘翎撰写；第五节由仇学琴、王鸿运、兰洪超编撰；第六节由田超撰写。第五章第一节由陈宇撰写；第二节由仇学琴、万虹、王鸿运、龚谦宾等撰写。

在编写过程中，我们参阅并借鉴了大量国内外专家、学者的相关著作、论文等成果，引用了企业相关案例，谨向所有案例涉及的相关部门、企业及作者表示诚挚的谢意！由于作者水平有限，书中难免有缺陷和疏漏之处，敬请读者不吝赐教！

仇学琴

2021 年 2 月 20 日于云南昆明温泉山谷

目录

第一章 绪　论

一、乡村健康旅游的提出背景

2013年10月发布的《国务院关于促进健康服务业发展的若干意见（国发〔2013〕40号）》中提出，鼓励有条件的地区面向国际国内市场，整合当地优势医疗资源、中医药等特色养生保健资源、绿色生态旅游资源，发展养生、体育和医疗健康产业。2016年，中共中央、国务院印发了《“健康中国2030”规划纲要》，提出发展健康产业，支持发展健康、医疗、旅游等领域健康服务新业态，积极发展健身休闲运动产业，不断满足群众日益增长的多层次、多样化健康需求。习近平总书记明确提出，没有全民健康，就没有全面小康，要把以“治病”为中心转变为以“人民健康”为中心。

在“健康中国”的时代背景下，健康旅游活动及健康旅游业进入了快速发展的阶段。健康与旅游的结合是必然的趋势。旅游的目的各种各样，但追求的都是身心健康和愉悦体验。随着社会健康需求的不断增长，以及“治未病”“消未患”健康理念的深入人心，旅游需求的结构必将改变，传统的观光旅游逐渐向体验式旅游转变，结合医学、养生以及各种有益身心健康的旅游方式越来越受到消费者青睐。2015年，国务院办公厅印发的《中医药健康服务发展规划（2015—2020年）》强调“培育发展中医药文化和健康旅游产业”，健康旅游逐步成为旅游产业及相关领域发展的新方向。2016年，《“健康中国2030”规划纲要》中提出要积极促进旅游与健康融合，加速推进健康旅游产业发展。2017年5月，国家卫生计生委、国家发展改革委、财政部、原国家旅游局、国家中医药局联合发布《关于促进健康旅游发展的指导意见》，指出健康旅游是健康服务和旅游融合发展的新业态，发展健康旅游对扩内需、稳增长、惠民生、促就业、保健康具有重要意义。2018 年 1 月，原国家旅游局颁布了《国家康养旅游示范基地标准》，健康养生旅游的发展更加注重内涵式发展。

乡村作为“看得见山，望得见水”的乡愁聚集地，不仅有原生态的自然风光，还有乡村的生产生活方式及淳朴的风土人情。随着工业化的发展，城市化的加快，人们生活环境质量的变化，乡村凭借纯净的空气、绿色食品、山水花草和去工业化的干净、悠闲的慢生活节奏等，成为城市人新的向往之地。

旅游活动作为一种健康的生活方式，是人们达到健康状态的最佳途径之一。乡村旅游作为现代都市人缓解工作压力，离开喧闹的城市，利用周末、节假日外出的一种较高层次的旅游形式，满足了都市人的精神需求。乡村逐渐成为越来越多人追求的健康旅游目的地。

二、乡村健康旅游目的地建设的意义

随着人们对健康的日益关注，健康产业在我国快速发展，而乡村优于城市的生态环境、张弛有序的生活节奏、自然和谐的环境氛围，为发展乡村健康产业提供了条件。依托美丽乡村特色旅游资源和产品，开展乡村健康旅游活动已成为新的旅游消费热潮。

（一）满足大众对健康幸福产业的需求

健康是促进人的全面发展的必然要求，是经济社会发展的基础条件，是民族昌盛和国家富强的重要标志，也是广大人民群众的共同追求。2016 年夏季世界经济论坛上，李克强总理指出“五大幸福产业”，分别是旅游产业、文化产业、体育产业、健康产业以及养老产业。李克强总理关于幸福产业的阐述与新时代我国社会主义主要矛盾中的人民对美好生活的向往一致。关注游客的幸福感是旅游业发展的核心，乡村健康旅游将旅游与健康、乡村振兴、美丽乡村等概念结合起来，是发展幸福产业中应当关注的重要环节。2017 年 12 月，原国家旅游局针对新时代我国社会的主要矛盾，提出旅游能够引领幸福产业，满足人们对于高质量生活品质的要求，指出要实现旅游与健康产业的结合，重视挖掘旅游的健康养生功能。乡村健康旅游作为满足人民美好生活的重要途径，国家各部门高度关注其产业的发展，为乡村健康旅游的发展提供了政策支持和指导。

（二）为乡村旅游发展提供新思路和新路径

随着社会经济的发展，生活水平的提高和人们大健康观念的增强，人们对健康产品、健康服务、健康文化的需求持续增长，健康产业必将蓬勃发展。健康产业涵盖了众多与人类健康相关的生产、生活和服务领域的行业，在国际上被认为是继 IT 业之后的“财富第五波”。在发达国家，健康产业受重视程度很高，其增速远高于 GDP 的增长。作为国际通行指标，卫生总费用是目前行业公认的与健康产业发展情况相关的指标之一。2019 年我国卫生总费用约 5. 9 亿元，占 GDP 的 6. 64%，2009—2019 年，10 年复合增速为 14. 1%，高于国内生产总值 GDP 增速，但与发达国家相比仍有较大差距。虽然卫生总费用指标不能代表整个健康产业，但从宏观角度上能看出，我国健康供给服务缺口巨大，健康产业发展空间广阔。

乡村旅游作为解决“农业”问题的有效途径，解决“农村”问题的重要抓手，解决“农民”问题的必要方式，具有重大现实意义。习近平总书记曾说，依托丰富的红色文化资源和绿色生态资源发展乡村旅游，搞火了农村经济，是振兴农村的好做法。但是，目前我国的乡村旅游发展模式比较单一且同质化现象严重，乡村资源面临着利用过低或过度浪费的难题。因此，在乡村振兴战略和大健康的时代背景下，健康乡村旅游目的地建设为乡村旅游发展提供了新路径。乡村旅游需要实现向服务型、创新型、广泛参与型旅游转变，要大力发展“乡村+健康”双核驱动的乡村健康旅游新业态，以适应时代健康管理标准，创造更高的经济效益和社会效益。

（三）改善乡村生产生活环境，建设健康美丽乡村

新冠肺炎疫情让更多人开始关注卫生、食品安全和个人防护。在各大景区“限量、预约、错峰”常态化的背景下，乡村旅游的游客对乡村活动空间、住宿、餐饮、娱乐、购物及其他接触性服务也提出了新的要求。虽然经过近几年的美丽乡村建设，很多乡村环境质量和公共服务体系已经得到了很大的提升，但仍有许多区域，包括一些开发乡村旅游多年、条件相

对成熟的地方依然保持着传统的乡村形态和乡村环境，如家畜和家禽放养，农作物秸秆和杂物乱堆乱放等，造成农村院落、街道污染、凌乱等诸多问题；厕所革命已经实施了两个“三年计划”，中央财政从 2019 年开始，对地方的农村“厕所革命”进行为期 5 年的支持，让乡村更加宜居宜游，但仍有一些乡村旅游地厕所硬件建设、设施配备、卫生管理不达标，甚至仍然存在旱厕；一些专门的服务场所，卫生保洁、防疫措施不完善等。这些都与安全消费、健康消费的基本要求存在很大差距。美丽乡村，首先要给人以干净整洁的第一感观。在人们健康意识强化、安全防护要求提高的情况下，必须以更加严格的卫生、防护标准来进行标准化改进和流程化提升，这样才能够满足疫情之后旅游消费者的新需求。乡村健康旅游目的地的建设必将进一步改善乡村生产生活环境，打造健康美丽的乡村。

第二章
乡村健康旅游的概念及特点

第一节　乡村健康旅游的概念

一、乡村旅游概念

目前对于乡村旅游，国内外学者的认识并不统一，有农村旅游、绿色旅游、乡村旅游、民俗旅游、乡村生态游、农业旅游、农家乐等多种名称。世界旅游组织将“乡村旅游”定义为：旅游者在乡村（通常是偏远地区的传统乡村）及其附近逗留、学习、体验乡村生活模式的活动。乡村旅游的吸引物就是乡村。由于乡村类型及地域具有多样性、广泛性特点，并且包括自然、人文、社会等多种形式的资源，涵盖了乡村的农事生产活动、农业景观、文化传统、风俗习惯、居住环境、自然景观等各方面，因此乡村内部一切有吸引力的事物都可以被视为乡村旅游的优势。乡村旅游产生的动机，即旅游动机，是人们求新、求异，追求不同文化体验的一种心理诉求。当都市人厌倦了紧张、枯燥、嘈杂的城市生活，以及被工业气体严重污染的城市环境后，会内心向往清新、悠闲、宁静的乡村生活，乡村旅游为此提供了良好的途径。乡村旅游的游客群体以都市人为主，既包括国内旅游者，又包括国际旅游者。乡村与城市在生活状态、生产方式、自然环境、风俗习惯方面存在的差异对都市人群构成了吸引力。

综合以上论述，本书将乡村旅游定义为：乡村旅游是指发生在乡村里的一切旅游活动，以具有乡村性的自然风光、乡土风情、民风民俗、历史文物遗迹等为旅游吸引物，满足城乡居民体验乡村生活、放松身心和陶冶情操需求的一种旅游模式。乡村旅游的概念包含了两个方面：一是发生在乡村地区，二是以乡村性作为旅游吸引物。二者缺一不可。

二、健康旅游概念

健康旅游凭借其高于国内平均增长水平的增长速度和巨大的增长潜力，成为现代旅游中最受欢迎和最具活力的旅游方式。目前学术界普遍认为，人口老龄化、中产阶级群体扩大、生活方式改变、旅游需求变化、与健康相关的产品供给增加，以及医疗保健系统的特殊性是健康旅游发展的主要原因。

国际上一般称健康旅游为 health tourism、wellness tourism 等。国外研究普遍认为 14 世纪早期温泉度假疗养地 SPA 是健康旅游的初始形态。目前学术界对于健康旅游还没有统一概念。1987 年，乔纳森·古德里奇和格雷斯·古德里奇提出了保健旅游（healthcare tourism）的概念，并将其定义为“旅游设施（如酒店）或目的地（如瑞士巴登）的一种尝试，目的是除提供常规旅游设施外，以突出宣传其保健服务及设施来吸引游客”，开启了国外学界将健康和旅游结合研究的先河。1994 年，乔纳森·古德里奇将健康旅游定义为：在旅游设施或旅游目的地的设计中包含保健设施和服务，比如医疗检查、健康饮食设计、水疗、美容等。此后，“健康旅游”这一术语得以广泛应用。穆勒与考夫曼认为健康旅游是人们以维护、增强或恢复个人身心健康为目的，在当地环境之外进行的有组织的旅行。其他学者也分别从供给、需求等不同角度，基于目的说、过程说、综合说等不同视角对健康旅游概念进行了界定。从广义角度来看，健康旅游被看作是人们出于健康原因离开居住地并开展的旅游活动，其中“恢复、保持和增强健康”是健康旅游的核心内涵。

国外学者将健康旅游细分为温泉旅游、养生旅游和医疗旅游，或是将其划分为医疗旅游、体育旅游和养生旅游；国内有学者认为健康旅游包括医疗旅游、保健旅游和养生旅游，分别对应旅游者疾病、亚健康和健康状态。

三、乡村健康旅游概念

进入 21 世纪以来，健康消费理念已逐渐在某些领域对人们的生活产生影响，本次疫情的暴发进一步增强了人们的健康意识，强化了人们对健康消费的认知，并使其在所有消费领域得到进一步延伸和深化。乡村旅游原本就具有较好的环境优势和生态优势。未来乡村旅游产品开发要以打造健康旅游目的地为目标，将健康主题融入其中，或以健康理念为指导对原有产品进行调整和优化，以更好地适应旅游消费理念的变化。

本书在乡村旅游和健康旅游定义的基础上定义乡村健康旅游。所谓乡村健康旅游，是指发生在乡村的以健康生活价值观和生活方式为倡导的有组织的旅行，目的是依托具有乡村性的良好的自然生态资源和淳朴多样的人文景观，维护、增强或恢复个人身心健康。乡村健康旅游主要有森林康养旅游、温泉保健旅游、中医药健康旅游、农业健康旅游、乡村养老旅游、乡村康复疗养旅游等。

第二节　乡村健康旅游的特点

一、生态性

生态性是指生物同环境的统一，人类的健康与生态环境密切相关，洁净的水质、充足的阳光、清新的空气、优美的景观是促进人类健康的重要条件。健康旅游各项活动的开展必须依托特定的生态环境条件，在发展乡村旅游过程中也要坚持“绿水青山就是金山银山”的发展理念，与健康旅游发展理念相统一。乡村健康旅游的发展，必须依托乡村良好的生态环境，生态性是乡村健康旅游的首要特性。

二、乡村性

乡村健康旅游的发生地是在乡村，因此乡村性是其重要特征，也是吸引众多都市游客的主要因素之一。古朴的村庄作坊、原始的劳作形态、真实的民风民俗、土生的农副产品，这种在特定地域所形成的“古、始、真、土”具有城镇无可比拟的贴近自然的优势，为游客回归自然、返璞归真提供了优越条件。乡村性是乡村健康旅游独一无二的特性。

三、休闲性

乡村健康旅游不仅指单一的观光游览项目，还包括疗养、休闲娱乐、民俗等多功能、复合型旅游活动。乡村健康旅游的复合型特点导致游客在主题活动上具有很大程度的参与性，如垂钓、划船、捕捞、娱乐、参与劳作活动等。乡村健康旅游重在体验，以特色农产品为主要旅游资源，使游客能够体验乡村的民风民俗、农家生活和劳作形式，在劳动的欢愉之余达到修身养性、强身健体的目的。

四、文化性

乡村健康旅游的发展具有浓厚的文化特征，尤其是对于中医药文化而言。本次新冠肺炎疫情中，中医药发挥了重要作用。越来越多的人追求健康的生活方式，健康的饮食及各种健康理疗，中医药健康旅游应运而生。乡村旅游与中医药资源紧密结合，将中草药种植园开辟成旅游景点，发展乡村健康旅游，既能达到治疗康复的目的，又能传承我国深厚的中医药文化。

五、复合性

乡村健康旅游是“乡村+健康+旅游”的复合体，在乡村振兴、精准扶贫、美丽乡村的大背景下，与旅游产业的“食、住、行、游、购、娱、商、养、学、闲、奇、情”十二大要素相结合，同时融入医疗、养老、保健、美容、体育等诸多健康元素。乡村健康旅游不仅是行业的复合，也是产品、服务和管理的复合。

六、康复性

亚健康、环境污染、食品安全等问题在我国社会日益凸显，人们因为渴望缓解工作压力而逃离城市的快生活，去往心仪的旅游目的地享受慢生活。乡村健康旅游最大的功能是减轻人们的生活压力，使人们有机会放慢生活节奏，享受生活的乐趣，尽可能地接近自然并拥有一份宁静。康复性是乡村健康旅游的本质特征。

七、高收益性

现代人对健康、养老、保健等与生命质量相关的康养产品和服务需求与日俱增。人们希望通过食物康养、运动康养、医疗保健、康复疗养等形式达到养身、养心、养神、治疗疾病的目的。乡村健康旅游产业加入了健康技术、养生文化和高品质服务等附加价值，其产品的投入产出比率往往比一般旅游产品高，能够满足消费者更多和更高层次的需求，使其愿意付出更高的价格购买。

第三章
乡村健康旅游目的地分类

第一节　旅游度假区

一、旅游度假区与国家级旅游度假区定义

2020年，文化和旅游部发布了《国家级旅游度假区管理办法》（简称《办法》）。《办法》中对旅游度假区进行了定义：旅游度假区，是指为旅游者提供度假休闲服务，有明确的空间边界和独立管理机构的区域。国家级旅游度假区，是指符合国家标准《旅游度假区等级划分》（GB/T 26358—2010），经中华人民共和国文化和旅游部认定的旅游度假区。

二、国家级旅游度假区评定

为适应我国居民休闲度假旅游需求的快速发展，为人民群众积极营造有效的休闲度假空间，提供多样化、高质量的休闲度假旅游产品，原国家旅游局先后制定了《旅游度假区等级划分》国家标准（GB/T 26358—2010）、《旅游度假区等级划分细则》和《旅游度假区等级管理办法》，为国家级旅游度假区的创建、评选、推出构建了科学、完整的路径。2015年上半年，原国家旅游局正式下发了《关于开展国家级旅游度假区评定工作的通知》，启动国家级旅游度假区评定工作。2015年11月，吉林省长白山旅游度假区等17家度假区成为首批国家级旅游度假区；2018年1月，三亚市亚龙湾旅游度假区等9家单位正式成为第二批国家级旅游度假区；2019年5月，评定4家国家级旅游度假区；2020年，文化和旅游部又公示评选了15家国家级旅游度假区。自2015年10月启动国家级旅游度假区评

定工作以来，经过四批次评定，截至2020年12月，国家级旅游度假区总数达到45家，成为继5A级景区后旅游市场的又一块“金字招牌”。

国家级旅游度假区的类型主要包括在温泉型、湖泊型、滨海度假区和山地四类，其中湖泊型度假区13家，温泉型旅游度假区7家，滨海休闲度假区5家，山地型旅游度假区20家。核心资源基本覆盖海滨、草原、温泉、康体运动、医疗保健等类型资源，充分满足大众休闲度假和健康养生需求。

三、国家级旅游度假区健康旅游目的地案例

2020年12月，品橙旅游对45家国家级旅游度假区进行了归纳整理，现从健康旅游角度，摘取其中典型健康旅游目的地作为案例进行分析。

（一）温泉健康旅游目的地：江苏南京汤山温泉旅游度假区

温泉与旅游相结合，使得温泉不仅具有疗养功能，而且具有养生、休闲、度假功能，温泉健康旅游将温泉的养生功能与休闲度假功能进行了完美的结合。

规划面积：29.74平方公里。

度假资源：全国四大疗养温泉区之首，中国最古老的温泉养生地之一。

酒店品牌：香港御庭精品酒店、香樟华苹温泉度假别墅酒店、新加坡悦榕庄、新加坡阿丽拉度假酒店、温德姆豪生酒店等。

产业布局：度假区核心区可以分为四大板块。

①老镇商业宜居板块：以现有老集镇区为基础，对现有旧镇商业区和集镇住宅片区进行整改提升，按照民国特色风情打造度假区的历史文化休闲街区和生态宜居之地。

②文化地质体验板块：以汤山国家地质公园为依托，利用独特的地质地貌条件，丰富运动娱乐、生态休闲、地质科考、科普教育等旅游活动，打造汤山地质休闲旅游区。同时依托南京直立猿人化石遗址公园和阳山碑材遗址公园，打造一个集遗址保护、考古展示、科普教育、旅游休闲等功能于一体的全国文化遗产保护样板区。

③核心温泉度假板块：以汤山温泉资源为依托，以国际化品牌集聚的接待设施为载体，针对商务会务、养生度假、康疗休养开发高端休闲度假

产品。

④生态环境保育板块：以北侧黄龙山原生态环境保育为原则，重点保护山林植被，增设游步道、木栈道及其他林间景观节点，提供生态休憩的场所。

（二）湖泊健康旅游目的地：江苏常州太湖湾旅游度假区

湖泊是防洪安全的重要屏障，是地表水资源的主要载体，是生态环境的基本要素，也是人类赖以生存和发展的基本资源和基本环境，与人类生命健康息息相关。

规划面积：30 多平方公里，核心面积 18.6 平方公里。

度假资源：以环球动漫嬉戏谷（4A）、中华孝道园（4A）、房车露营基地太湖湾露营谷三大核心景点构成度假资源；东至无锡马山，南至太湖，西至宜兴周铁，北至锡宜公路；以“饱览太湖山水、穿越奇幻世界、感悟孝道文化、闲憩田园农家”为特色，发展成为长三角“微度假”胜地。

酒店品牌：常州瑞廷西郊酒店（334 间）、开元名庭大酒店（193 间）、云中部落度假村（30 套）、太湖修心谷（11 栋）、露森泡泡屋、水上人家酒店（50 间）、竺山湖小镇度假酒店（65 间）、竺山湖小镇湖畔亭酒店（33 间）、太湖湾露营谷房车宿营、谷神庄园、怀南山庄等。

核心资源：

①嬉戏谷以“动漫艺术、游戏文化”为主题，将数字娱乐和高科技融合，通过游戏虚拟场景局部实景化的手段，打造“摩尔庄园”“传奇天下”“星际传说”“幻想森林”等不同主题区域。

②中华孝道园以距今 1600 多年历史的古迹——蓼莪禅寺为依托，以弘扬孝道精神为主旨，是融寻根祭祖、朝山礼佛、旅游观光和觉悟教育于一体的综合性文化旅游景区。

③太湖湾露营谷是一个将住宿露营、美食、游乐、休闲、运动跨界融于一体的创新景区，包含生态游乐区、农趣体验区、拓展基地区和格子吧街区四个区。

④太湖修心谷是集托斯卡纳鲜花小镇、仙庭马荟、5 万平方米草坪、爱心湖、养生食府、太湖游艇俱乐部、婚纱摄影、自然农法果林、茶场等

项目于一体的旅游度假综合体。

⑤太湖湾教育大营地具有强大的综合能力，可以日接待 2500 名学生活动，同时容纳 1500 名学生食宿，全年可接待 80 万人次。

⑥太湖湾大力推进美丽乡村建设，将乡村文化融入全域旅游理念中，打造出一系列乡村旅游的典型村落。如极具少数民族特色的城西回民村，专业捕捞的太滆渔村，蕴含非遗文化的雅浦村及人文资源丰富的南山村、谢家村，整合这些乡村旅游点，将各类农事体验、民俗文化观赏融入乡村旅游产品中，成为太湖湾旅游产业新的增长点。

（三）山地健康旅游目的地：浙江德清莫干山国际旅游度假区

科学研究表明，郊外散步、爬山、看风景等健康旅游活动是一种自清运动，能把人体填塞的心理污染主动、积极地清除，提高人体免疫能力、疾病抵抗能力和治愈能力，最终实现人体健康。

规划面积：区域面积 58. 77 平方公里。

度假资源：莫干山是中国四大避暑胜地之一，由庾村集镇和劳岭村、五四村等 10 个行政村组成，是中国国际乡村度假旅游目的地。莫干山现留存有两百多幢近现代建筑，被誉为“万国建筑博物馆”，是全国重点文物保护单位。

酒店品牌：裸心堡（17 栋别墅）、郡安里·君澜度假区、法国山居（40 间）、裸心谷、莫干山良舍颐墅酒店、莫干山西竹云见温泉美墅、西坡莫干山度假酒店、莫干山莫梵 Marvel（洋家乐）（26 间）、在云起踞（萤火虫基地）、莫干山原舍·依田轻奢亲子度假酒店、莫干山隐花坞精品民宿、云鹿·莫干山云顶堡度假酒店、秋田布谷亲子度假酒店、莫干山田园曼居等。

核心资源：

①莫干山是国家级风景名胜区，是中国四大避暑胜地之一。景区总面积 58 平方公里，以修竹、山泉、别墅称秀于江南，有着“江南第一山”的美誉，拥有难以计数的诗文、石刻、事迹以及 250 多幢名人别墅。

②莫干山庾村景区由燎原村、庾村集镇、高峰村以及郡安里、阳光生态园和蚕乐谷等旅游项目构成。景区内现仍存有莫干区公所旧址、庾村车站、文治藏书楼等一批中欧式建筑旧址，以及时任民国代总理、首任外交部部长

黄郛文治藏书楼、黄郛墓、白云池水库等旧址。民国时期的建筑和当时栽种的法国梧桐造就了现在的梧桐大道、民国风情街、庾村 1932 文化市集等景点。海派文化、西方休闲文化的传承，民宿产业的应运而生，使庾村景区成为莫干山脚下的文化高地，美丽乡村建设、特色小镇建设的全国性标杆。

③莫干山镇劳岭村是洋家乐发源地，素来有“中国最美休闲乡村”之称。

④五四村 3A 级景区建成了亿丰花卉等特色农业基地，培育铜官庄、青垆、Chic 九野等特色民宿。

⑤后坞村是集休闲、度假、观光、娱乐、运动为一体的山林休闲度假基地。景区内有特色民宿经济及独一无二的洋家乐产业，建设了莫干山最具特色的户外活动基地——山浩户外；后坞村拥有制山袜、编草鞋、竹编工艺、做老虎头鞋子等多达 12 项的非物质文化遗产。

⑥网红打卡地有荧光水森林生态园、魔方乐园、香水岭步道、海棠花道等。

（四）滨海健康旅游目的地：海南三亚市亚龙湾旅游度假区

海滨水质清洁，空气清新，滩面平坦沙细，绿化较好，海面风浪较小，远离城市。这些环境条件都强烈吸引着厌倦了现代都市喧嚣、快节奏生活，追求放松、健康生活的人们。

规划面积：18.60 平方公里。

度假资源：亚龙湾国家旅游度假区是我国唯一一个具有热带风情的国家级旅游度假区。

酒店品牌：凯莱度假酒店、天域度假酒店、喜来登酒店、假日海景酒店、金棕榈酒店、环球城大酒店、天鸿度假村、仙人掌度假酒店、致远度假花园、海底世界酒店、万豪酒店、瑞吉度假酒店等。

核心资源：

①亚龙湾国家旅游度假区是海南最南端的一个半月形海湾，全长约 7.5 公里，是海南名景之一，海水浴场绝佳，被誉为“天下第一湾”。

②亚龙湾蝴蝶谷游览面积 1.5 公顷，是中国目前最大并且配置最完备的生态蝴蝶公园，以蝴蝶文化和雨林文化为主题，集科普、观光、休闲为

一体的生态旅游景点。

③亚龙湾中心广场占地面积 71000 平方米，具有观光、娱乐、集会、餐饮等多种功能。图腾柱是广场的最高点，也是亚龙湾的标志性建筑。

④文化风俗。三亚市是汉、黎、苗、回等 20 多个民族聚居的地方。悠久的历史和多民族聚居铸就了多姿多彩的民间文化艺术，也孕育了极具乡土风情的工艺精华、宗教文化。

（五）乡村田园健康旅游目的地：广西桂林阳朔遇龙河旅游度假区

乡村健康旅游是在人口老龄化、“亚健康”现象日渐普遍的时代背景下衍生而出的。

规划面积：86 平方公里。

所获殊荣：2015 年 12 月获自治区级旅游度假区称号。

度假资源：构建“旅游综合体+度假酒店+休闲聚落+A 级旅游景区”的全时空度假项目体系，打造出以山水养生度假产品和乡村田园休闲度假产品为代表的一系列主题产品。

酒店品牌：墨兰山舍、秘密花园、山畔度假酒店、香樟华苹等一批高端精品民宿酒店集群。

产业布局：

①度假区依托遇龙河，逐步实现从“旅游目的地”向“旅居目的地”转型，度假区内有秀丽的山水田园风光和独特的人文景观，形成了以遇龙河、桂林千古情、大榕树、月亮山等为主的景区集群。

②打造了墨兰山舍、秘密花园、山畔度假酒店、香樟华苹等一批高端精品民宿酒店集团。

③环广世巡赛、铁人三项、国际攀岩节等一批国际赛事纷纷落户，让度假区成为世界旅游组织推荐的最佳休闲旅游目的地。

第二节 农家乐

一、农家乐定义

农家乐作为一种乡村旅游，最早出现在 19 世纪 30 年代欧美地区。我国的农家乐旅游于20世纪80年代在四川成都兴起。农家乐是指位于城郊或乡村的农户，以家庭为接待单位，以农家庭院为依托，以农业、农村、农事为主要载体，依靠城郊或乡村的田园风光、自然景色、农业旅游资源、地方民俗文化、周边旅游景点，为游客提供餐饮、住宿、劳作体验、娱乐、购物、休闲度假或观光游览的一种经营方式。“农家乐”将农耕文化与现代文明巧妙融合，旅游与乡情齐备，体现了中国传统的天人合一、顺应自然、实用经济的文化观念。随着城市化进程的深入，都市人口快速增长，生活节奏日趋加快，城市居民对城市之外的原生态消费需求不断增加，把回归自然、亲近农村和农家作为一种时尚和追求。游客到农家乐旅游，主要是为了体验田园之乐、乡村之趣，从而放松身心、愉悦精神，舒缓压力。农家乐在很多郊区、景区形成了一定规模，成为都市人亲近自然、享受生活、休闲娱乐的首选健康休闲旅游形式。

伴随着我国人均收入的不断提高，我国休闲农业和乡村旅游也得到了快速的发展。截至目前，全国共有休闲农业和乡村旅游示范县（市/区）388个，中国美丽休闲乡村710个。2019年天眼查专业版数据显示，我国目前有超过19万家农家乐相关企业，2010—2019年，十年期间我国农家乐注册总量翻了三番。

二、农家乐类型

由于我国幅员辽阔，地大物博，全国各地的自然环境和人文景观各不相同，经济发展水平也有差异，随之形成的农家乐类型也多种多样。按照功能可将农家乐分为八种类型。

（一）观赏型农家乐

观赏型农家乐是以优美的乡村绿色景观和田园风光为依托，或依山傍水，或雪山草原，或小桥流水，吸引游客前来参观、游玩。如成都郫都区友爱农家乐、广西富川县秀水村农家乐、云南罗平县农家乐等。观赏型乡村旅游产品很难具有垄断性竞争实力，因此需要充分利用当地独特的旅游资源优势，塑造特色产品。比如，澳大利亚将当地的葡萄酒产业优势与旅游业有机结合，开发出葡萄酒旅游，允许旅游者游览参观葡萄园、酿酒厂和产酒地区等景点，还让旅游者参加包括制酒、品酒、赏酒、健身、美食、购物等在内的一系列娱乐活动。

（二）品尝型农家乐

品尝型农家乐指利用当地的农副产品吸引游客前来品尝农家菜，达到养生健身的目的。如今的城市人们，为了品尝特色，驱车几十公里的并不少见。可以说，吃，是市民愿意去乡村的原动力。不少缺乏特色自然资源的乡村，凭借着特色美食成为人们追捧的乡村旅游胜地。比如，溧阳天目湖的砂锅大鱼头农家乐、盱眙小龙虾农家乐、郑州黄河大鲤鱼农家乐、北京怀柔虹鳟鱼农家乐、北京延庆柳沟的“豆腐宴”农家乐等。

（三）购物型农家乐

顾名思义，购物型农家乐主要是以售卖农村土特产品为主的农家乐。从健康角度出发，现在消费者都喜欢购买绿色无污染食物，水果、蔬菜、油粮、家禽肉类等农产品都备受青睐。购物型农家乐通过营造销售场景，增加游客体验感和透明度，同时，开发品质优良、风味独特的土特产品，提高质量，以品牌产品开拓市场。

购物型农家乐一般与餐饮体验相结合，把农产品体验、农产品消费、农产品互动嫁接在餐饮中。例如，有一家“乡村食材体验餐厅”，这家餐厅表面上做的是餐饮生意，顾客在这里能吃到以乡村原生态食材做的各种美味，实际上卖的是土鸡、土鸭、土猪肉、鸡蛋、鸭蛋等农产品，通过店内宣传，并结合应用互联网宣传，满足用户需求，留住客户，刺激消费。

（四）参与型农家乐

参与型农家乐让游客亲身体验农事活动，开放成熟的果园、菜园、花圃、鱼塘等，让游客入内摘果、拔菜、赏花、垂钓，另外还可品尝地方美食、骑马、绘画等，享受田园乐趣。除此之外，将位于都市近郊的土地集中规划为若干小区，分别出租给市民，由承租者自己规划种植粮、菜、果、花或从事养殖其他家庭农艺，让市民体验农业生产的过程，享受田间耕作乐趣。

（五）娱乐型农家乐

这类农家乐一般在城市近郊，交通方便，以优美的环境和齐全的设施为游客提供吃、住、玩等服务。如四川近郊农家乐、云南昆明西山近郊农家乐等。

（六）疗养型农家乐

疗养型农家乐是指其产品具有医疗保健功能，这是农家乐发展较为成熟的一个形式。如开发体检、按摩、理疗等与健康相关的乡村度假项目，在满足旅游者需求的同时，获得了较好的经济效益。很多国家都十分重视旅游产品的医疗保健功能，如古巴的医疗旅游、日本的温泉旅游、法国的森林旅游、西班牙的海滨旅游等都以旅游服务项目的医疗保健功能而闻名。

（七）度假型农家乐

休闲度假型农家乐在产品的设计上以休闲度假为主题，在城市近郊或风景区附近开辟特色农园、果园、菜园、茶园、花圃等，游客可以观光、采摘、体验劳作，了解农家生活、享受乡土情趣，也可以住宿、度假和游乐，满足健康、娱乐、放松、享受等需求。比如日本的农务旅游，每年举行两次，以春天播种和秋天收割为主要形式，旅游者和农民一起到田间干活，体验乡村生活，感受乡村情趣。再如沿海地区的乡村旅游可以到海里捕鱼等，这种旅游不受季节限制，更具有旅游吸引力。

（八）科普教育型农家乐

科普教育型农家乐是指利用农园中所栽植的作物、饲养的动物以及配备的设施，向游客传授农业知识、展示农业生产过程，强调公益服务性，以一定的参观费作为收入补偿。

科普教育型农家乐是乡村旅游发展的新趋势，让游客在没有压力的情况下学习新知识、熟练掌握新技能，并在此过程中强调团队合作、自主探索钻研等，使游客既享受了休闲生活，又学习到了知识。比如，日本专门设有观鸟旅游场所，游客在此可以关注野生鸟类的生活，并有鸟类专家为其讲解疑难问题，游客在旅游中既观赏到了鸟类的生活，也学到了许多关于鸟类生活的知识。

三、农家乐健康旅游目的地建设

农家乐旅游的优势在于“农”，农村的风光、农村的房子、农村的民情、农民家的饭菜、农村的活动，这些都是吸引城里人来农家乐旅游的法宝。

（一）食在农家——绿色生态

“民以食为天”，去农家乐享受健康的原汁原味的农家菜，是很多市民进行农家乐旅游的重要目的。乡村旅游食材无添加剂，健康、环保、卫生，保证新鲜、保证健康。

农家乐的菜肴一般都是就地取材、立足农村，采用的是在城市里少见的、农家特有的烹饪原料。除此之外，也广泛采用农村特有的各种时令鲜蔬和各种当地土特产，如土鸡、土鸭、黄腊丁、老腊肉等。农家乐的主食也充分体现出农村的特色，如农民常吃的腊肉豌豆焖饭、南瓜焖饭、玉米粒焖饭、豇豆焖饭等。农家乐的小吃和面点也突出了农家特色，如锅摊、窝头、叶儿粑、蒿蒿馍馍、红苕饼、煮玉米、煮红苕等。

需要注意的是，以前有些农家乐主打新鲜、野味、原生态的食材，随着禁止野生动物交易、食用等相关法律条款的出台，人们对乡村餐馆中的“现宰”活羊、活猪、活鸡的烹饪方式提出了质疑，认为这种未经检疫就直接食用的方式可能存在饮食安全隐患。经历了新冠肺炎疫情之后，警惕性提高了的消费者已经不再单纯地为了“口福”去冒险。这就要求：一方面，农家乐经营者要提高食品安全意识和守法意识，一切流程均须合法合规；另一方面，执法和检疫部门要积极支持乡村旅游发展，创新动物、食品检疫工作方式和执法流程，以实际行动支持乡村旅游发展，给游客营造一个健康的饮食氛围。

（二）住在农家——轻松闲适

游客来到农家乐住宿，目的是解压、放松，求得一份“偷得浮生半日闲”的“懒散”生活，他们对住宿条件没有过高要求，只要干净卫生、舒适安全就好，重点是能够体现田园生活，宁静、回归自然。这就要求：一方面，农家乐居住环境尤其是卫生情况要符合国家相关要求；另一方面，要注重农家乐居住环境的改善和创新，强调地方文化气息，致力于为游客

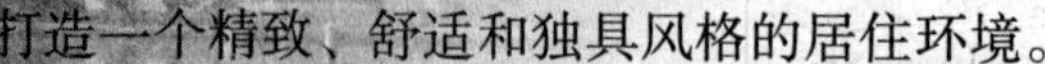

打造一个精致、舒适和独具风格的居住环境。

（三）乐在农家——其乐无穷

仅仅是吃饭和打麻将的农家乐是失败的。参与体验农家田园的生产、生活，是农家乐的灵魂所在。游客来到乡村就要有乡村的体验，挑水、翻土、插秧、种养花木、捉鱼、抓鸡、碾米、做黄粿、采摘蔬菜瓜果等活动，都可以让游客试一试，使其享受田园劳动带来的快乐。但要注意，“干农家活”的经营方式必须是消费者乐于接受的，比如农活竞赛，像插秧体验、捡鸡蛋比赛、赶小猪比赛等。例如，浙江新沙岛的农家乐深受中外游客的喜爱，顾客络绎不绝，主要原因是这个农家乐推出了以牛车作为进入此村的重要交通工具，从而将路途时间转变为旅游时间，令游客乐在途中。而且，中外游客还可以在这里看到蓑衣、谷砻、石磨、纺车等中国古代农村的用具。游客还可以亲自推碾、推磨、踩水车。这些参与性的农事活动不但能让游客获得新的感受和享受休闲时光，还可以增长见识、积累经验，有益身心健康。中国台湾宜兰农家乐生意火爆，客源不断，游客流连忘返，主要原因是这个农家乐推出了“自助制茶体验活动”，他们不仅向游客介绍茶树的种植与培育，还热情、耐心地指导游客参加茶叶的采摘、杀青、揉捻加工等活动，使来自大城市的游客能在这里安闲悠然地畅游，体味着淳朴的农村生活，获得身心的放松。

农家乐参与体验项目设计内容列举如下。

①当一天农民、牧民或渔民：参与播种、插秧、收割、摘瓜果、做竹编、踩水车、狩猎、挤奶、撒网、喂鱼等。

②特色农家乐：支锅野炊，围绕篝火跳舞唱歌，看花灯，斗鸡、斗牛，骑马，画农民画，学刺绣、蜡染。

③少儿农庄与“领养制”：踢毽子、踩高跷、滚铁环、荡秋千、捉鱼、抓鸟；认领喂养动植物。

④学生研学体验之旅：徒步登山、山水写生、农业科普、工艺品制作参观学习等（可与学校对接，作为实践教学基地）。

⑤专门针对老年人开展体验项目：写对联、看堂戏、看露天老电影，种茶、采茶、制茶、品茶，酿酒品酒，种菜种瓜，吟诗唱歌，赏月观花。

⑥农家乐节庆、主题活动：结合自己村寨的特色开展节庆活动；同时还可以以时令蔬菜瓜果等农产品为主题，开展如南瓜节、樱桃节等活动。

（四）享在农家——康体养生

经历此次疫情，更多人意识到健康的重要性，也更加向往乡村的田园生活。在乡村，游客望得见田野，看得到山水，体验得到传统，闻得到鸟语花香，记得住乡愁，从而获得身心的愉悦，有益健康。

人口老龄化已经成为全社会关注的焦点，而老年人最关心的则是如何选择适合自己的养老方式。乡村养老除了自然资源优势以外，土地成本和人力成本相对低廉，相比城市养老院五六个人挤一间房而言，可谓是“豪华又经济”，所享受的生活品质更是完全不同。

例如，浙江湖州长兴县顾渚村，修筑了许多专门为养老的老年人设计的农家乐。这些农家乐都是一栋栋小别墅，房前屋后种了许多茶花和枇杷树，屋前晒场有半个篮球场大，晒场上随意摆着几张竹椅。村里为来顾渚养老的老年人制定了养老标准规范。考虑到老年人对医疗卫生服务的需求，村里还设置了医疗站等便民设施。在这里，老年人和当地村民一起居住，吃的是自家菜地里种的菜，喝的是天然山泉水，过着真正远离城市喧嚣、与世无争的田园生活。想念儿孙了，打个电话，就可以叫上他们周末一起过来住住，享受天伦之乐，还能让孩子亲近自然、体验乡间快意。

（五）购在农家——安全放心

随着人民生活水平的提高，人们对食品的要求也越来越高。而有机绿色蔬菜增加了人们对于绿色食品的追求。食品安全问题是现代社会老百姓生活的重中之重，现代人不只关注价格、距离，更关注干净、卫生。乡村旅游商品富有民族风情，乡土气息浓郁、绿色健康、文化底蕴深厚，相对城市的工业化产品而言具有强烈的个性化特征，价格上也更具有吸引力。

例如，湖北省 2017 年开始推行“后备厢工程”，游客自驾车到某旅游目的地，观光旅游之后，汽车的后备厢装满了当地的特色产品。相关部门可以着力引导农民生产、加工和销售游客喜爱的有机农产品、农副土特产品和特色旅游纪念品，助推精准扶贫。

四、农家乐健康旅游目的地案例

（一）湛江炭之家保健山庄

湛江炭之家休闲保健山庄，位于广东省湛江市东海岸的坡头区龙头莫村，是以炭文化为主题，以理疗美容养生为主，集美食、休闲、娱乐、亲子互动于一体的保健休闲度假区。保健休闲度假区有分炭世界酒店、"农家乐"、"渔家乐" 美食区、烧烤区、野战拓展娱乐区、科普教育区、旅游产品购物区 7 个功能区。

湛江炭之家休闲保健山庄以炭窑为卖点，在烧炭的炭窑中桑拿，堪称一大特色。汉方蒸汽浴、炭泥疗、炭中草药水疗、炭水沐浴、炭面膜也都是备受欢迎的养生项目。而炭食物篇里，炭泡水、炭焗鸡、炭烤羊腿等美食一应俱全。

炭之家自建立之初就设置了科普教育区，除了炭文化展示和功能科普外，还会向孩子们展示有趣、好玩的活性炭特性实验，如导电、过滤、吸附等，让孩子们亲手感受活性炭的神奇。

（二）钟祥"山居生活"，打造梦境家园

提起农家乐，很多游客印象中都是土锅、土灶、土菜。而湖北钟祥的"山居生活" 度假村却成为不少年轻人心目中的网红打卡地。

"山居生活" 距离钟祥市区 40 分钟车程，附近有大口国家森林公园，车程 20 分钟，游客还能前往钟祥万紫千红植物园游玩。其优越的地理位置让很多游客专门开车过来吃饭、打卡。平时过来就餐的客人就不少，遇到节假日就会爆满，每天 100 桌左右。

"山居生活" 2010 年开始设计并打造，起初按照农家乐设计运营，但随着消费群体不断变化，"山居生活" 也在有针对性地不断升级，现在已形成一个吃住一体的度假村。消费主体是 90 后，他们大多在城市生活，"山居生活" 给他们营造了一个庄园梦境。

来到"山居生活"，原木打造的院落，四处绽放的鲜花，让人感到格外舒适。这里不只做农家菜，还借助幽雅安静的环境推出西餐服务。

"山居生活" 正从过去传统的农家乐逐步转型成度假村，其特色民宿

也备受游客青睐。未来“山居生活”拟以五星级农庄为目标，继续扩大规模，将高端养老、月子中心等引入度假区。

（三）森林康养农家乐——“桃源七里”农家乐集聚区

森林康养是以森林生态环境为基础，以促进大众健康为目的，利用森林生态资源、景观资源、食药资源和文化资源，并与医学、养生学有机融合，开展保健养生、康复疗养、健康养老的服务活动。

桃源七里农家乐集聚区位于浙江省衢州市西北部，是一处独具山里农家风韵的新兴旅游景区，也是浙江省内最大的乡村休闲旅游景区之一，生态山水、农屋农饭、避暑纳凉、高山蔬菜、峡谷漂流和耕读文化是旅游区目前最大的旅游特色。桃源七里农家乐集聚区平均海拔 650 米，森林覆盖率 98%，空气负离子峰值每立方厘米超过 8 万个，是远离城市雾霾的“天然氧吧”，“小气候、原生态、农家屋、高山菜”是景区的最大特色，桃源七里农家乐集聚区素来有避暑胜地、养生福地之称。

桃源七里农家乐集聚区不但具有美丽的自然风光、变幻莫测的生物景观，而且具有内涵丰富的人文景观，是游客进行森林康养旅游体验的极佳目的地。在桃源七里农家乐集聚区内共有自然景观 24 处，占比 47.06%；人文景观 27 处，占比 52.94%，两者所占比重相差不大，分布合理，组合条件好，有利于桃源七里农家乐集聚区旅游的协调发展。桃源七里农家乐集聚区是一个纯山区乡，优质的高山蔬菜和其他农副产品是其重要的延伸资源。如今桃源七里农家乐集聚区内已开发有高山蔬菜基地、蔬果长廊、黄秋葵基地和蓝莓基地等生产基地，种植面积已经达到三千余亩，可加工成重要的养生膳食供人食用。桃源七里农家乐集聚区每年都会举办高山蔬菜节，对于游客前来游玩具有巨大的吸引力。

第三节　少数民族村寨

我国拥有 56 个民族，少数民族占全国人口总数的 8.3%。但对少数民族聚集的省而言，很多地区的少数民族数量能够占到当地人口数量的 40%

以上，成为当地经济发展的中坚力量。很多少数民族村寨把发展乡村旅游作为脱贫致富的重要途径。

一、少数民族村寨健康旅游开发的意义

（一）少数民族村寨健康旅游开发可以促进旅游业可持续发展

随着我国国际地位的不断提高以及国民收入的不断增加，人们的精神需求呈急剧上升趋势，而外出旅游是人们寻求精神满足最有效的渠道之一，因此，近年来我国的旅游业发展速度较快。旅游资源开发依赖于环境，而环境资源比较脆弱，游客参观、旅游资源过度开发等都将不可避免地对环境造成不同程度的破坏，且其中有些环境资源是极难恢复的，所以旅游业实施可持续发展规划势在必行。旅游业可持续发展可分为增加旅游资源供给和加大环境保护两方面，通过开发少数民族健康旅游目的地，可以增加旅游资源的供给，促进旅游业可持续发展。

（二）少数民族村寨健康度假旅游能够缓解城市人口压力

随着我国城镇化水平的提高，农村人口大量涌入城市，城市的人口密度越来越大，使得城市人均空间越来越小，城市资源处于密集利用和过度利用的状态，水资源、电能在很多城市供不应求。通过开发少数民族健康旅游目的地，可以使人们在人口过密的中心城市与人口过疏的农村地区之间进行流动，缓解城市人口结构失衡，缓解城市人口压力。

（三）少数民族村寨健康旅游开发可以激活农村富余劳动力

我国少数民族村寨蕴藏着大量的富余劳动力，由于农村土地有限，很多乡村存在农活不足的情况，再加上农闲季节，农民每年都有相当一段时间没有农活可做。以前很多村民到城市打工，照顾不了小孩和老人，如果在有条件的少数民族村寨开发健康旅游，就能调动农村富余的劳动力，使村民们不离开乡土也能增加收入。

二、少数民族村寨健康旅游开发的条件

（一）少数民族村寨拥有宜人的自然环境

大多数少数民族村寨山清水秀、民风淳朴，旅游者在与大自然零距离

的接触中，不但可以享受清新的空气、纯净的水质和新鲜的食物，而且活动空间大，视野开阔。旅游者在这种环境中会感到心情舒畅，慢性病症状及健康状况也会有所改善。

（二）少数民族村寨拥有独特的人文环境

大多数少数民族村寨民风朴实，具有独特的乡村文化。特色鲜明的节庆、婚葬、礼俗、饮食、服饰等乡村文化能带给外来游客异质性的新鲜感。以前比较封闭落后的村寨在现代化过程中，也在一步步发展，尤其是那些开发了乡村旅游的村寨，民族文化资源构成了独特的人文环境。

（三）少数民族村寨的歌舞表演能够让旅游度假者感到身心愉悦

民族歌舞展演可以使旅游者在视觉、听觉方面获得审美愉悦，歌舞展演中富有特色的民族服饰，或优美、或粗犷、或夸张的舞蹈动作都能引起旅游者的想象、移情等审美体验。在现实生活中，人们总有这样、那样的生活缺憾，有不满意和心理失衡之处，观看民族歌舞展演可以使人们暂时忘记烦恼，得到情绪、情感、欲望方面的调节和释放。尤其是游客能够参与的歌舞节目，如云南石林县阿诗玛的故乡大糯黑村彝族撒尼人的大三弦，曲调激扬，舞步简单易学，很适合游客的参与。大糯黑村的歌舞队往往在村门口弹着大三弦，跳着舞迎接客人，给旅游者以歌舞之村的印象。每年的火把节，旅游者蜂拥而至，众人围着熊熊燃烧的火把，在有力的伴奏中一起跳舞、娱乐。

（四）少数民族村寨的生态饮食能够促进旅游度假者的身体健康

少数民族村寨是食材生产的第一线，有的少数民族村寨还保留施有机农肥，或者以有机肥为主、化肥为辅的种植方式，用有机肥或以有机肥为主的种植方式能够减少化肥残留，使种植的稻麦和蔬菜等保持较好的绿色生态，有利于健康生态饮食的开发。

三、少数民族村寨健康旅游产品类型

（一）少数民族村寨健康休闲农家游

健康休闲农家游以少数民族村寨为旅游目的地，旅游度假者在少数民族村寨中度过或长或短的一段时光。健康休闲农家游主要是体验村寨生活，包括体验少数民族村寨的居住文化、饮食文化、农耕文化等。健康休闲农家乐要体现不同少数民族家庭的个体差异，不寻求规模化、集团化经营。

（二）少数民族村寨健康特色农庄游

“农业庄园”（农庄）是乡村旅游的新型业态，一般是选取富有特色产业的庄园，如葡萄庄园、杨梅庄园、土豆庄园、核桃庄园等，吸引到此进行农业观光、参与体验的游客，提升农产品的附加值。

（三）少数民族村寨乡村健康度假游

利用乡村森林、湖泊、山体等，选址建设乡村主题酒店、乡村会所、乡村度假村、乡村康疗基地、SPA 中心等不同类型的乡村度假产品，可满足不同市场的度假需求。

（四）少数民族村寨文化健康度假游

文化类健康旅游产品主要是以少数民族村寨的民族文化为旅游吸引物进行开发，如体验少数民族村寨的居住文化、饮食文化、歌舞文化、婚恋文化、丧葬文化、农耕文化等；针对专业团队开展传统建筑、民俗学、人类文化学等专业考察及摄影活动；开展学唱民族歌、学跳民族舞活动。

（五）少数民族村寨温泉健康度假游

利用丰富的温泉资源建设具备洗浴、康疗、商务、休闲等功能的温泉村、温泉镇，延长游客逗留时间。在温泉服务产品中增加少数民族健康元素，如苗药、彝药在洗浴文化中的运用。

（六）少数民族村寨体育健康度假游

在条件成熟的少数民族村寨建设高尔夫、滑草、攀岩、越野等特色休闲体育旅游活动场所，吸引喜爱体育运动的游客参与。

第四节　其他乡村健康旅游目的地

一、农业生态园——健康主题乡村农业休闲园建设

（一）农业生态园定义

农业生态园也称农业休闲园，是指利用田园景观、自然生态及环境资源，结合农林渔牧生产、农业经营活动、农村文化及家庭生活，提供休闲活动，以增进人们对农业及农村的体验为目的的农业经营形式；是集旅游功能，农业增效功能，绿化、美化和改善环境功能于一体的新型产业园。它实现了生态效益、经济效益与社会效益的统一。

（二）农业生态园典型：康养花园

康养花园是景观与康养相结合，于20世纪70年代兴起于美国，但在我国还没有普及的一类农业生态园。其实，规模化种植业目前已成为许多乡村农业经济的常态产业，将健康理念植入农业园区开发，打造乡村旅游发展的新产品、新模式，康养花园是一个非常有潜力的开发新方向。

康养花园以具有医药价值的绿色植物为主体，配以其他构景要素进行艺术设计与营造。在这里，人们可以通过休息、观景、冥想、呼吸芳香空气来刺激感官，舒缓压力。康养花园对人的情感和生理健康具有促进作用，甚至可用来辅助治疗疾病、康复身体。康养花园实际上是传统中医药理论与现代健康消费理念相结合的产物。康养花园的设计要从生态性、安全性、保健性、文化性等角度出发，兼顾人们的五感需求，科学选择植物群落，以促进人的健康。可选择的植物如白兰花、梅花、绿萝等调节神经类植物；松、柏、秋海棠、天竺葵等杀菌、抑菌类植物；菊花、金银花等辅助心血管类植物。同时，要合理搭配乔、灌、草不同层次的植物景观，形成仰、平、俯不同的观景视角。

二、康养小镇——健康主题乡村旅游目的地建设

康养小镇以“健康”为出发点，以健康产业为核心，将健康、养老、

休闲、旅游等多功能融为一体。规模较大的乡村旅游地，依托天然的环境和资源优势，可向以健康为主题的乡村旅游目的地——康养小镇转型。目前，我国已有武当山太极湖宗教文化主题养生小镇、温州浙南长寿文化主题健康小镇、湖南灰汤温泉主题养生小镇、江苏大泗镇中药主题养生小镇、浙江平水生态主题养生小镇、浙江绿城乌镇雅园养老小镇等发展相对成熟的康养小镇，具有很好的示范作用。每个康养小镇都有独特的资源优势和鲜明的文化主题，着力构建宜居、宜养、宜游的综合业态和服务体系。我国很多乡村旅游地位于山区、森林、河段、湖畔、海滨及规模化的农业种植区内，可依托当地优越的生态环境、丰富的物产、深厚的文化传承和原有的乡村旅游产业基础，向健康主题乡村旅游目的地转型，建设康养小镇。

三、康养颐居——健康主题乡村酒店、民宿建设

民宿是乡村旅游的载体，在大健康时代背景下，一些具备条件的乡村酒店、民宿可实现经营主题的转变，嵌入康养概念，将乡村酒店、民宿升级为健康主题的住宿接待服务综合体。康养颐居建设，要综合考虑健康环境、健康建筑、健康设施、健康用品、健康研习活动、健康作息流程、健康运动、健康饮食等内容要素。乡村酒店、民宿作为小微型康养产品和服务单元，关键是健康理念在产品、服务中的融入和自身主题的挖掘、特色的打造，如健康研习活动、独家健康饮食等。例如广州颐栖园民宿，是一家集民宿、房车、露营和康养等功能于一体的中医药健康特色民宿。园内以中医药文化为核心，打造极具岭南特色的建筑风格，并融入中医药文化元素和中草药植物园林景观，将生态旅游、中医药健康养生有机融合，使游客在清新淡雅的环境中切身感受到优秀的中医药传统文化，体验众多健康养生服务。

第四章
云南省乡村健康旅游目的地建设案例

第一节　云南省少数民族村寨健康旅游目的地建设案例

一、少数民族村寨健康旅游市场调查分析

为了了解目前少数民族村寨健康旅游市场的消费者的倾向、偏好和旅游动机，以及制约旅游者做出旅游决策的影响因素，课题组于 2019 年 7 月进行了问卷调查。此次调查共收回有效问卷 255 份，课题组运用 Excel 软件对结果进行统计，并对统计结果进行了分析（见表 4-1）。

（一）调查对象人口统计特征

表 4-1　调查对象人口统计分析表

人口特征	类别	人数（人）	比例（%）
性别	男	98	38.43
	女	157	61.57
年龄	18 岁以下	1	0.39
	18~25 岁	167	65.49
	26~30 岁	29	11.37
	31~40 岁	10	3.92
	41~50 岁	24	9.41
	51~60 岁	20	7.84
	60 岁以上	4	1.58

续表

人口特征	类别	人数（人）	比例（%）
学历	小学	2	0.78
	初中	5	1.96
	高中	7	2.75
	中专	10	3.92
	大专	17	6.67
	本科	169	66.27
	研究生及以上	45	17.65
职业	公务员	4	1.57
	企事业单位职工	72	28.24
	教学科研人员	18	7.06
	个体户	7	3.91
	工人	14	5.49
	学生	92	36.08
	其他	48	17.65
月收入	2000 元以下	89	34.90
	2000~5000 元	96	37.65
	5000~8000 元	41	16.08
	8000~15000 元	21	8.24
	15000 元以上	8	3.13

此次调查共收回有效问卷 255 份，从人口性别角度看，男性 98 人，女性 157 人，分别约占总数的 38.43%和 61.57%，女性较多。少数民族村寨健康旅游市场的养生保健消费、旅游纪念品消费、民族服饰消费等较大，而女性对这些旅游产品的需求更大，购买力也更强。从年龄结构看，以 18 岁到 25 岁之间的青年人居多，占 65.49%，这一群体年轻而富有活力，追求刺激和差异，关注文化和生命。少数民族村寨健康旅游以目的地的人文事项和自然环境为旅游吸引物，以体验异质文化为核心，很好地迎合了青年人的心理诉求。但由于本次调查问卷发放方式的局限性，导致调查对象年龄结构层次不平衡，51~60 岁占 7.84%，60 岁以上则仅占 1.58%，调查结果有所偏差，因为少数民族村寨健康旅游以“养生结合休闲旅游”的模式满足了中老年群体追求“健康、愉快、长寿”的心理动机，中老年群体

是该旅游市场的主要目标客群。从受教育程度来看，其中 66.27%为本科学历，17.65%为研究生及以上学历，6.67%为大专学历，从数据中可以看出本次调查结果集中在本科生群体上，这一群体知识水平较高，对少数民族文化的了解程度以及接受程度也较高。从职业来看，本次调查以学生和企事业单位职工为主，分别占总人数的 36.08%和 28.24%。从收入水平来看，月收入 2000~5000 元的占 37.65%，2000 元以下的占 34.90%，这一调查结果基本符合本次调查对象的主要职业分布。

（二）旅游者了解旅游信息的渠道

如图 4-1 所示，关于获取旅游信息的渠道，76.47%的被调查者通过微信朋友圈获取旅游目的地的信息，而通过朋友推荐收集旅游信息的被调查者占 60.78%。从数据中可以看出，旅游者了解旅游信息的渠道以个人形式的亲友介绍为主，这也论证了口碑宣传的效力。

旅游者在非个人信息渠道的选择上，微博及 VOLG、直播占 61.96%，电视剧及电影占 50.20%，抖音、快手等手机 APP 占 40.78%。在网络信息化时代，旅游信息获取的速度越来越快，成本越来越低，旅游者对网络信息的需求也越来越大。

至于广告牌和报纸杂志这种传统的旅游信息收集渠道的利用程度则较低，分别占 19.22%和 27.45%，这也在一定程度上限制了旅游目的地宣传的形式。

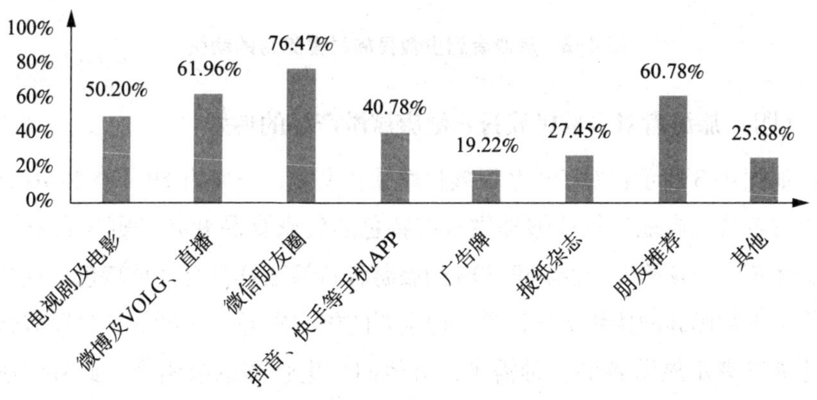

图 4-1　旅游者了解旅游信息的渠道

（三）旅游者到少数民族村寨旅游的动机分析

如图 4-2 所示，至于旅游者到少数民族村寨旅游的动机，70.20%的旅游者是为了休闲散心，49.80%的旅游者是为了呼吸新鲜空气，前者属于心理动机，后者属于生理动机。修身养性，保持身心愉悦，追求高层次的生活质量是旅游者外出度假最主要的诉求。

还有很大一部分旅游者是出于文化动机到少数民族村寨旅游的。从图 4-2的数据中可以看到，品尝少数民族的美食是这一动机最主要的诱因，占 67.06%，其余几项诱因分别是：体验乡村生态环境占 64.71%，被少数民族文化所吸引占 52.16%，参加少数民族节日占 38.82%。如上文所述，少数民族村寨健康旅游的实质是异文化体验，旅游者通过深入接触当地人的生活和生产，体验目的地的整体民族文化，了解异地的艺术、语言、节日、民俗、宗教、饮食、服饰等，以满足自身的求知欲望。

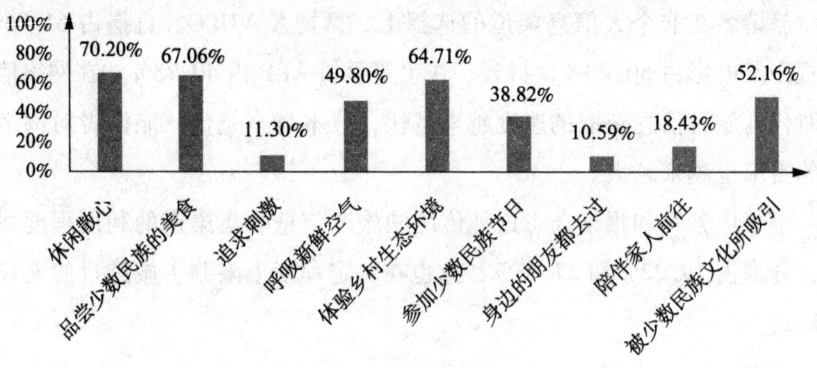

图 4-2 旅游者到少数民族村寨旅游的动机

（四）旅游者对少数民族村寨健康旅游产品的偏好

如图 4-3 所示，对于少数民族村寨饮食文化，分别有 80.39%和 70.59%的旅游者希望当地餐饮能够提供富有特色的健康食品和各种野生食材（菌类、蔬菜、鲜花等），而有 89.80%的旅游者希望烹饪具有民族特色。饮食文化作为少数民族的传统文化，是一种重要的旅游资源。独特的少数民族饮食文化能够满足旅游者的多种需求，对他们产生强烈的吸引力。此外，还有 51.76%的旅游者希望能够体验特色烹饪过程，随着旅游者提出更多的个性化需求，他们在旅途中越发热衷于追求参与感和体验感，以饮食文化旅游资源为核心的旅游体验产品应运而生。

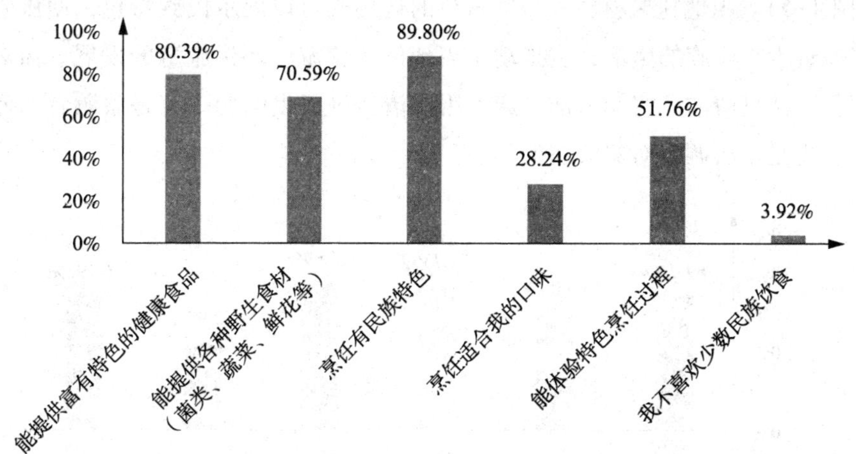

图 4-3　旅游者对少数民族村寨饮食的偏好

对于少数民族村寨医疗设施，从图 4-4 中可以看出，五个问项的比例基本持平，“有民族特色医药”这一项的占比略高于其他四项，占 69. 80%。大多数少数民族村寨倡导食养、药养，且地理资源优越，适于发展医疗种植产业或医药产业，在此基础之上结合当地饮食文化开发系列健康美食，推动健康旅游的发展。

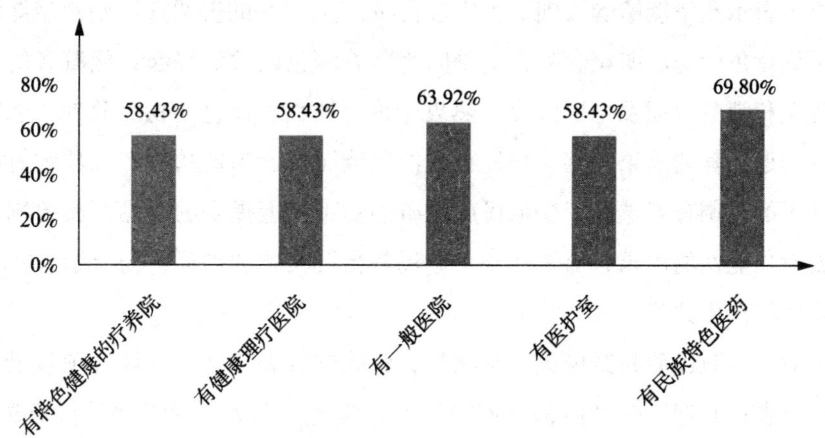

图 4-4　旅游者对少数民族村寨医疗设施的要求

对于少数民族村寨住宿设施，69. 02%的被调查者希望使用当地的环保建筑材料，60.00%的被调查者则是希望使用当地的环保装饰材料（图4-5）。当地建筑材料和装饰材料的运用既可以展示民族特色，使旅游者贴近少数民族的生活，也推动了当地健康旅游、环保旅游的发展。而对于卫生洁具清洁、房间清洁、床上用品清洁等卫生问题一直是旅游者的痛点，也是本次调查对象关注的焦点。

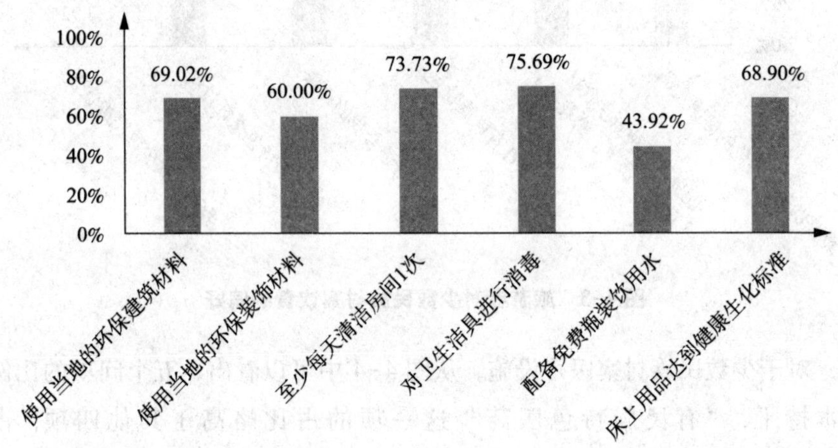

图4-5　旅游者对少数民族村寨住宿设施的要求

如图4-6所示，关于少数民族村寨健康旅游的购物项目，81.18%的被调查者表示希望能够购买到绿色生态食品，77.25%的被调查者则希望能够购买到特色生态旅游纪念品，这是因为随着绿色旅游的兴起，旅游者的消费理念和消费习惯发生了改变，热衷于绿色饮食、绿色购物。此外，能购买到当地新鲜的瓜果蔬菜、当地特色的民族服饰、当地的特产三项均有超过一半的被调查者选择。少数民族旅游购物市场上提供的商品不仅要满足旅游者功能性的需求，更要体现少数民族传统文化的内涵，与旅游者在精神层面上产生共鸣。

对于少数民族村寨健康运动项目，民族歌舞表演和民族体育项目最受被调查者的欢迎，分别占92.94%和87.45%（图4-7）。少数民族村寨健康运动项目是一项重要的旅游资源，它往往依附于民族传统节日、宗教祭祀、农事活动、日常娱乐，体现了少数民族的风俗习惯，对旅游者具有很强的吸引力，不但能够拉动当地旅游市场的消费，而且带动了相关产业的发展。

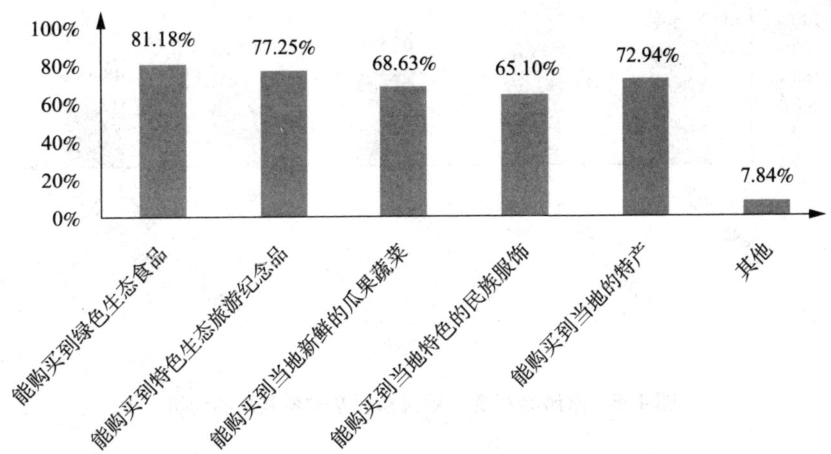

图 4-6　旅游者对少数民族村寨健康旅游的消费品类的要求

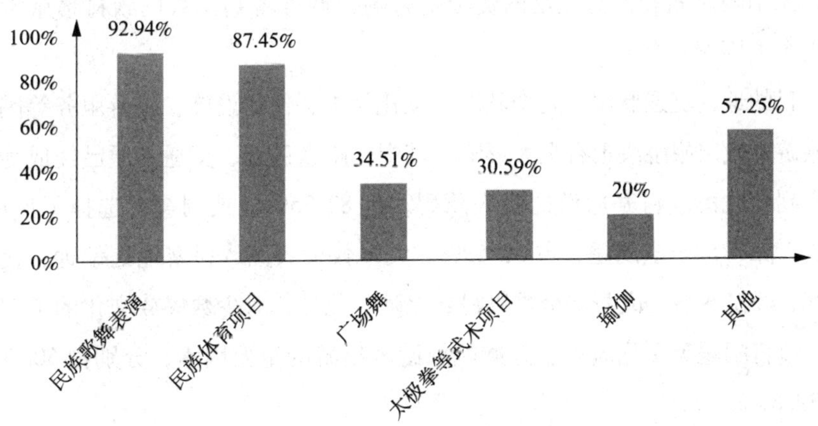

图 4-7　受旅游者欢迎的少数民族村寨健康运动项目

对于民族歌舞表演，87.06%的被调查者表示歌舞表演展示了热情奔放的少数民族风情，85.49%的被调查者则表示歌舞表演中的民族服饰十分漂亮（见图 4-8），具有很强的观赏性。此外，参与性是民族歌舞表演的一大特点，少数民族歌舞大多曲调激昂、简单易学，旅游者可以亲身参与其中，增强体验感。

（五）制约旅游者做出旅游决策的因素

本次调查从个人因素和目的地因素两大方面对制约旅游者做出旅游决策的因素进行统计分析。尽管很多人有旅游的动机和需求，但不是每个人

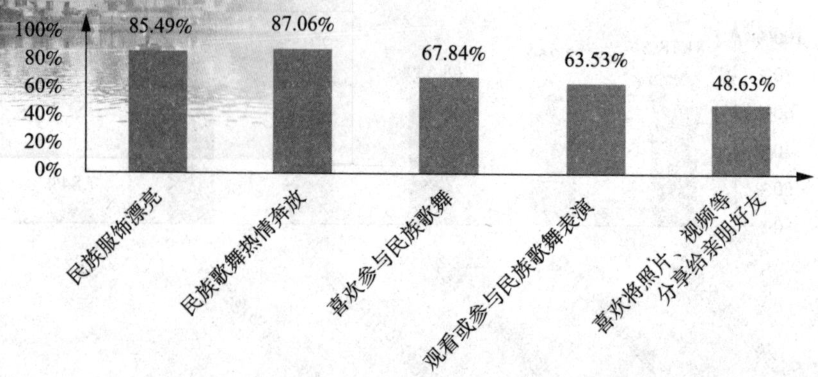

图 4-8 旅游者观看少数民族村寨歌舞表演的动机

都能实现。旅游者个人因素是影响旅游行为的内在因素，从图 4-9 可以看出，无闲暇时间和没有充足的资金是影响被调查者到少数民族村寨旅游的两大个人因素。

目的地的交通状况、安全状况、文化氛围、住宿设施、旅游服务等因素对旅游者做出旅游决策有很大影响。其中，路途遥远、交通不便已经成为旅游者到少数民族村寨旅游的最大障碍，有 82.35%的被调查者选择了该项。第二大障碍是安全问题，占 50.59%。大多数少数民族村寨地处偏远、交通闭塞、经济落后，人身安全难以得到保障。此外，对少数民族文化的了解程度、语言问题等文化因素也是影响旅游者出游的重要因素，分别占 50.20%和 39.61%。

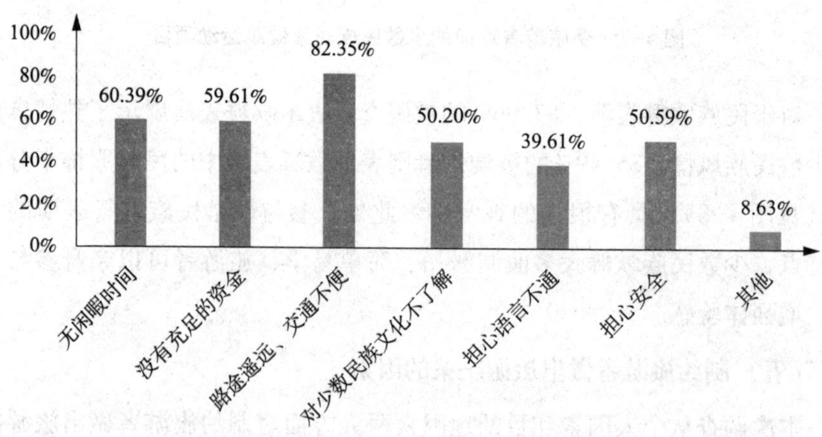

图 4-9 制约旅游者旅游决策的因素

二、少数民族村寨健康旅游开发的制约因素

（一）交通不便

由于少数民族村寨大部分位于偏远地区，交通不方便，旅游者的可进入性较低。虽然开展新农村建设和美丽乡村建设活动使村里的路面比原来平整，有的已修成水泥路面，但从城市到乡村的距离还是比较远，不仅交通成本较高，且需要多次转车，对游客来说十分不便。交通的便利性大大制约了少数民族村寨健康旅游开发。

（二）农作物种植施用化肥

随着化肥在全国的普遍施用，少数民族村寨也开始施用化肥。若不施用化肥种植，农作物收成便得不到保障。生态化肥代替一般化肥迫在眉睫。农作物残留的化肥对人体有很大伤害，因此使用带有残余化肥的食材对少数民族村寨开展健康旅游项目具有很大影响。

（三）少数民族村寨缺乏垃圾处理设施

虽然历史上少数民族村寨的垃圾处理没有集中处理点，但那时候村民们使用的物品都比较生态，丢弃以后对环境不会造成较大的影响。

如位于云南省新平县漠沙镇的大沐浴村及其附近花腰傣各村寨，村民们都没有投放垃圾的固定地点，当我们对大沐浴村做有关垃圾方面的调查时，村民们说，以前都是倒在房前屋后的水沟里，再由水沟里的水把垃圾冲到大河里（红河），后来为了保持家附近的环境干净整洁，改为直接投放到离村一里左右的大河（红河）里，让河水把垃圾冲走。一种是间接投放，一种是直接投放，但垃圾最终的归宿都是红河，村民们并不觉得这么做有什么不对，他们的祖祖辈辈都是那么做的，也没有对环境造成多大的污染。其实，往红河里投放的是什么样的垃圾决定了对红河造成污染的程度。

改革开放以前，很少见到塑料瓶、塑料袋等，快餐饭盒也是 20 世纪 90 年代以后才大量上市的，以前人们外出购物都要带上装物品用的提篮、背篓。大沐浴村及附近的村民则喜欢用香蕉叶、芭蕉叶和竹篓、竹盒装东西，竹篓、竹盒都重复使用很多年，包裹食品的香蕉叶、芭蕉叶丢弃在地

上、河里也会被自然分解，还可能成为鱼类的饲料。但是，进入20世纪90年代以来，塑料制品铺天盖地，大沐浴村很多村民赶街已不再带提篮、背篓，都是用大小塑料袋提东西。在花腰傣传统文化中，参加婚礼、吃满月酒，人们都可以把本桌吃不完的饭菜带回家，以前村民们用香蕉叶、芭蕉叶和竹饭盒装，现在都改成用塑料袋装，去吃酒之前各自就带好了塑料袋。这些塑料袋的归宿也是红河。

旅游业的发展，游客的增加，使餐饮业在大沐浴村成为较早发展起来的行业。很多农户在家中办起了能为游客提供饮食服务的农家乐，接待规模较大的家庭添置了碗、盘，但都使用一次性筷子。渐渐地，随着流动餐饮小吃点的增多，大量的塑料饭盒、泡沫饭盒被采用，村寨周围和红河堆积、漂浮着各种不易分解的塑料垃圾。

为了迎接2007年10月国庆节期间举行的花腰傣国际服装节，政府强调修建垃圾房，大沐浴村的第一个垃圾房终于诞生了，但大家发现并不实用，原因是丢入垃圾房的垃圾不会自动消失，需要增加人力进行清理。由此，村组领导又号召村民不要把垃圾丢进垃圾房，还是由各家扔到河里去。

村民只有环保意识还不够，还需要有相应的配套处理措施及政府的统一规划，否则管理是不会有效果的。

（四）缺少对少数民族健康文化的挖掘

随着乡村振兴战略的提出，许多少数民族村寨在政府的指导下被开辟成为一个个新的旅游景点，其中有些少数民族村寨的来访游客量比一般的城市旅游景点还大。随着外来游客的增加，当地居民被来访游客所带来的现代文化所影响，使得当地文化逐渐趋于现代化，失去了当地本土文化的韵味。同时，当地居民并没有对自身的少数民族健康文化进行很好的保护和深度发掘，使得当地少数民族健康文化逐渐失去其原有的优势，最终影响少数民族村寨健康旅游的开发。

（五）缺乏必要的基础设施和相关配套设施

由于少数民族村寨位置偏远，经济条件落后，所以村寨缺乏必要的基础设施和相关配套设施，尤其是健康类设施设备，如理疗器械、健身器械、美容设备以及各种运动休闲场地等。随着小康社会的到来，人们的生活水平逐步提升，对于休闲养生方面的要求越来越高，如果单纯地依靠村寨清新的空气和优美的环境来吸引游客，可能达不到理想的健康旅游开发目的。目前，大多少数民族村寨的基础设施如水电、交通、路标、住宿、餐饮、娱乐以及通信网络、电子商务推介平台等不完善。另外，村寨中也缺乏旅游配套设施如景观长廊、长椅以及配套功能房等。旅游者需要这些必要的基础设施和旅游相关配套设施设备来进行休闲养生活动。因此，基础设施设备种类和数量的不足将会影响少数民族村寨健康旅游的开发。

（六）缺乏健康旅游专业人才

许多少数民族村寨旅游业的经营管理都是由村民自己负责的。由于少数民族村寨位置偏远，教育水平落后，村民自身的知识水平不足以支撑他们作出正确的旅游开发管理决策，耽误了乡村健康旅游的发展。若引进集理论与实践于一体的健康旅游专业人才对村寨进行经营管理，将会大大提高健康旅游开发的管理效率。因此，健康旅游专业人才的缺乏也会影响少数民族村寨健康旅游的开发。

（七）宣传力度不够

少数民族村寨大多位于偏远民族地区，通信不便。许多少数民族村寨不为人知晓，单靠亲朋好友推荐等是无法促进村寨的旅游发展的，只有加大宣传力度，大力推介，才能扩大村寨的知名度，带动少数民族村寨的健康旅游发展。

（八）缺乏政府的政策支持

中共中央提出了健康中国战略，只有人民群众保持身心健康，才能追求美好幸福生活。因此，面对健康中国的发展战略，有必要大力发展少数民族村寨健康旅游，增加少数民族村寨独特的吸引力，同时鼓励为人民追求健康生活提供必要的健康旅游资源。国家制定健康中国战略，不仅有助于将少数民族村寨的健康旅游资源集合在一起，而且有助于充分利用这些资源，促进少数民族文化旅游整体发展水平的提升。目前，大多少数民族村寨受地方财力以及环境、土地、产权等条件的制约，还存在融资难、用地难等瓶颈，投融资体制与发展要求不适应。因此，政府相关政策的支持对于当地居民或者相关企业发展少数民族村寨健康旅游有很大的帮助。

三、少数民族村寨健康旅游开发策略

（一）挖掘少数民族节庆活动、农事活动中的健康元素，打造富有特色的健康旅游产品

很多少数民族的节庆活动都包含着促进健康的元素，比如蒙古族的那达慕、傣族的泼水节、傈僳族的刀杆节、彝族的火把节、白族的三月街等，这些节庆活动或唱歌跳舞，或赛马爬杆，能够促进游客身体健康及心情愉悦，应对这些少数民族节庆活动进行挖掘并包装，打造成富有民族特色的健康娱乐活动。同时，还可开展一些体验性较强的农事活动，如种植、养殖、采摘水果、香草盆栽种植体验等；利用村寨独特的地理优势，可开展徒步、慢跑、爬山、骑行、垂钓、摸鱼等各类体育娱乐活动。

（二）多产业融合发展，区域联合发展

少数民族村寨应注重依托当地优越的自然资源环境，设计具有健康价值的旅游目的地，比如田野、森林氧吧、温泉胜地等，让游者乐享其中。同时，可将一些参与性与体验性较好的项目融合，比如融合体育产业中的运动健身以及民族传统趣味的旅游活动；结合传统的中医以及现代医疗科技产业，为旅游者提供针灸、推拿、理疗、按摩等医疗康复项目；设计中医药养生文化项目，如少数民族特色养生美食以及养生体验活动。另外，未来应强化各省少数民族的旅游战略合作，鼓励健康产业的发展。尤其西部少数民族村寨有较为优质的健康旅游资源，应打破行政区域界线，各城市之间整合旅游资源，优势互补、合理分工、加强联系，形成区域性健康旅游带，实现区域性联动发展。

（三）加强交通基础设施建设

旅游交通变化是客源市场演化的重要驱动要素，会导致客源市场空间结构扩展，且扩展的方向基本与交通变化路径一致。少数民族村寨大多坐落在山间，道路错综复杂。首先是重要旅游集散景点的内部交通不顺畅、

集散压力较大常导致旅游者晚点误时；其次是目的地景区旅游交通不便，大部分少数民族村寨的可进入性较低，不仅令游客“望而却步”，使良好的旅游资源无法展现在游客面前，而且不利于景区建设，导致资源浪费。因此，加强少数民族聚居村交通基础设施建设，改善少数民族群众的交通出行条件迫在眉睫。

（四）重视少数民族村寨环境保护

少数民族村寨环境是开展乡村健康旅游的基础，乡村旅游与少数民族村寨环境之间存在内在统一性。少数民族健康旅游的开发，一方面要和乡村自然环境相适应，以有利于村寨环境保护和自然生态平衡；另一方面也要注意维持少数民族文化的原真性，不危及当地少数民族村寨居民的伦理道德和社会生活，使乡村旅游开发成为乡村振兴的重要途径。

（五）加强健康旅游人才培养

乡村健康旅游作为新兴的旅游形式，是将健康、旅游、养老、养生、运动、饮食等综合起来的新型旅游项目，以为游客提供健康体验为基础，在旅游过程中涉及宣讲健康养生各方面的知识和内容。少数民族村寨大多数是由村民进行经营管理，他们存在着知识储备不足，对健康旅游缺乏深层次理解的情况。因此，乡村健康旅游开发中，需要有一支专业人才队伍对少数民族村寨的旅游从业者进行培训，对游客健康旅游活动的开展提供指导。

（六）加强网络营销平台宣传

在信息多元化的时代，旅游目的地仅依靠有限的实体宣传资源是远远不够的，必须借助网络和媒体进行宣传。

①建立旅游目的地的私人网站，将旅游目的地的娱乐项目、著名景点、医疗服务设施便利程度、交通便利程度等信息公布在网站上，供游客浏览查阅，这样可以大大提高旅游目的地的知名度。

②与某些网络媒体，比如新浪微博、百度等网络公司进行合作，给予一定的报酬，让他们在一些引人注目的板块加入关于旅游目的地信息的广告，借此进行宣传。

③新媒体的运用也很重要，比如“抖音”“快手”等视频 APP 等。可

定期上传与少数民族村寨健康旅游相关的创意小视频，比如特色村寨风景、特色美食制作、民族歌舞表演等，利用新媒体聚集流量人气，打造少数民族村寨健康网红 IP，让少数民族村寨成为旅游者心中的健康圣地，让更多的人知晓，慕名而来。

第二节　云南省乡村健康菜肴

在健康饮食和生态菜肴被日益提倡的今天，云南作为自然环境优美、生态体系完整、污染少、纯天然的代表地，其本地的滇菜取材符合时下人们对于健康饮食的要求。由于云南地处高原，早晚温差大的气候条件增加了蔬菜水果中的糖分积累，使得这里的蔬菜不需要过多的调料烹饪，再加上云南所拥有的 25 个少数民族，使得滇菜具有多种少数民族的独特烹饪特点，兼具汉族烹饪特点；其原料选材广、风味多，以烹制山珍、水鲜见长；其口味特点是鲜嫩、清香回甜，酸辣适中，偏酸辣微麻，讲究本味和原汁原味，酥脆、糯，熟而不烂，嫩而不生，装饰点缀得当，造型逼真。

滇菜讲究“五吃”，加以特殊的烹饪技法和香料的运用。所谓的“五吃”包含五大类云南特有的料理食材：吃香、吃青、吃菌、吃虫、吃花。

滇菜由三个地区的菜点特色构成。滇东北地区：与四川接壤，其烹调、口味与川菜相似；滇西和滇西南地区：与西藏毗邻以及与缅甸、老挝接壤，少数民族较多，其烹调特色受藏族、回族、寺院菜影响，各少数民族菜点是主体，如傣族菜、彝族菜、哈尼族菜、白族菜、纳西族菜等；滇南地区：气候温和、雨量充沛、自然资源丰富，是云南菜点的本体。

滇菜种类繁多，口味独特，为了发挥滇菜的独特优势，滇菜大师们更是巧手化食材为美味，滇菜大师蒋彪就是其中的杰出代表，为滇菜的发展创新做出了巨大的贡献。本书通过与“滇菜泰斗”蒋彪大师的面对面沟通，围绕特色滇菜和生态滇菜来介绍“五吃”以及云南的代表菜肴，延续蒋彪大师的思想脉络，探索记录滇菜的组成、特点、吃法、烹饪技法、特色调料和香料的运用，找寻滇菜背后蕴藏的生态理论。

一、云南乡村健康菜肴的特点

蒋彪大师指出，厨师除了烧菜，也应该懂营养学。云南绿色生态原料的丰富性使得“合理烹饪，科学配膳”的理念得以深化。以中医的逻辑去理解烹饪背后的原理会得到更多感悟，如中医说的四性、五味和归经。滇菜之生态在于食材，健康在于烹饪。

“春尝鲜花野菜，夏品野菌山珍，秋食果蔬昆虫，冬吃根茎药膳。”简单概括，滇菜的口味是“鲜、辣、香、浓”。

“鲜”为新鲜、鲜美、鲜活、鲜艳。滇菜中的山珍指各种新鲜、鲜美、鲜活的森林蔬菜，野花野果，野生食用菌、虫、蛹、卵、蜂，以及人工培育的山鸡、野兔、梅花鹿等。

“辣”是云南菜的一大特点。小米辣、寸金辣、涮涮辣、象鼻辣、野山椒等众多的辣椒造就了云南菜。云南菜的辣是香辣、煳辣、酸辣、酱辣、糟辣、冲辣、焦辣、油辣、甜辣和小麻辣等。辣是为了提香增鲜，突出原料本味，所谓辣不压味。所以云南菜的辣的种类和分量是分地区、分菜品、分食客来确定的。

“香”分香气、香味。有原料本身的香，加热后发出的香，还有调和之香。滇味菜中的香有干香、酥香、油香、幽香、花香、清香、酱香、浓香、冷香、黑香、茶香、臭香之分。

“浓”是浓郁。相对而言，云南人的口味是浓而不腻。浓郁是食物的浓缩和提炼。

滇菜讲究“五吃”，加以特殊的烹饪技法和香料的运用。所谓的“五吃”包含五大类云南特有料理食材：吃香、吃青、吃菌、吃虫、吃花。

“包烧”“舂”都是云南当地独特的烹饪手法。“包烧”是以叶子包裹食物放在火上炙烤，可以锁住水分，使营养不流失。“舂”是用木杵和容器把食材舂成蓉状，例如舂干巴。特色调味料，如小锅米线少不了的甜酱油。云南独特的香料有薄荷、折耳根、柠檬、香椿、茴香等。

除此之外，提到滇菜，就不得不提云南极负盛名且具生态健康的美味佳肴，这里列举五个：蒙自过桥米线、大理喜洲粑粑、特色药膳、沾益粑粑、傣族美食（傣味烤五花肉、烤鱼、柠檬鸡等）。

二、云南特色健康菜肴“五吃”

（一）吃香

云南省地形地势复杂，海拔差异大，立体气候特征明显，并且大部分地区属亚热带气候，生态环境为各种植物的生长提供了优越的自然条件，是我国植物资源最丰富的省份，也是我国香料植物资源最丰富的地区，素有植物香料库之称。这些香料植物香型各异、香味别致，可以作为蔬菜、佐料、烹调香料、饮料或腌制食品的调配料。大多数香料植物具有清热解表、祛风除湿、开胃健脾、安神醒脑等保健功能。

1. 食用香料简介

香料的概念有两种，一种是 perfume，是与化妆品有关的香味物质，通常是指非食用，但无毒的香料，如麝香、檀香、乳香、没药等；另一种是 spice，指在日常生活中带有香味的调味料，如花椒、茴香、八角、草果等。

辛香料的利用历史远超过人类的文字记载。在古代原始狩猎时期，古老的先民们发现吃剩下的肉类食物与某些植物的茎叶储藏在一起，可以抑制食品的腐败，并遮掩异味，改善食物的风味。这就是现在使用的辛香料植物的前身。中国古代有“神农尝百草”之说，古人很早就把辛香料与药草一起加以利用。至今我们使用的许多辛香料同时又是中草药，都是药食兼用的种类。

云南人对香料的使用，有千年历史。熟悉傣族菜的人应该都吃过香茅草烤鱼。云南的香茅草属于比较古老的香料，过去云南送到京城的贡品中，有一种叫香草的香料，就是现在的香茅草。在古代，很多香料是祭祀用品，香茅草也是其中之一。

2. 天然食用香料植物的基本分类

一般而言，天然食用香料植物分为烹调香草和香辛料两大类。烹调香草主要来自亚热带和非热带植物，是具有特殊芳香气味的软茎植物，如罗勒、牛至、皮草、薄荷、百里香及桂叶等，用于食品调味时多取其枝梢部分。香草多产自温带地区，精油含量较低，且干燥时挥发性香气成分有损失，故鲜品香气比干品强。

3. 云南民间常见的食用香料特点

云南省有丰富的野生蔬菜植物资源，其中具有特殊芳香气味的一类植物，是云南省各族人民从历史上沿袭下来作为食用的植物。目前已有部分香料蔬菜种类采用人工引种栽培并逐渐进入市场。

（1）资源丰富

香料植物种类多，仅西双版纳等热带地区就有香料植物 200 种左右，分属于 52 个科 100 个属。

（2）香型各异

不同科属的植物所含芳香成分不一样，微妙的香型差异及所含有的多种生物活性物质使得其应用多姿多彩。

（3）分布广泛

云南各种气候带内均有香料植物资源的分布。但有的种类分布较广，如罗勒、野薄荷、水香薷、藿香、刺五加、木姜子等在云南大部分地区都有分布；而香茅、臭菜藤、阳荷、山柰、蒌味砂仁、草八角、竹叶椒等主要分布在热带、亚热带地区；有的种类分布地域较窄，如蒌味砂仁，仅在德宏州调查到其活体植株分布。

（4）生态环境多样性

在调查到的食用香料植物中，野薄荷、水香薷、草八角生于水沟旁、湖边、滩水旁及河岸边湿地。

4. 食用香料植物的开发利用

食用香料植物的开发利用，在农业和食品中具有重要的地位。当今对食品追求的目标是无污染、无残毒、安全可靠且口味芳香、花色各异。作为赋香原料，天然药用植物具有独特的优越性，不仅具备上述条件，而且增强了食品的抗腐败性和抗氧化性，甚至起到了疗效食品的作用，是人工合成香料远远所不能比拟的。因此，天然有机的植物性香料日益受到人们的青睐。

（二）吃青

1. 辣木

近年来云南省相继在西双版纳、临沧等热带、亚热带地区引进新物种——辣木。辣木已成为欧美日等国家和我国台湾地区的新兴保健食品。我国对辣木新食品的开发正在兴起，餐饮业应关注这一新食材的研发。美国科学家史蒂文·乔兹博士通过对辣木多年的研究，认为辣木是世界上含营养物质最全面的植物，人体生命中所需的蛋白质、脂肪、维生素、矿物质、碳水化合物、膳食纤维等六大营养元素全都包含在辣木里，除根部、皮外，其籽、叶、茎等部位都含有丰富的蛋白质、维生素、氨基酸、矿物质等190余种营养成分。值得一提的是辣木叶，其营养价值十分丰富，根据计算，三汤匙（约25g）的辣木叶干粉中就含有幼儿每日所需的270%的维生素A、42%的蛋白质、125%的钙、70%的铁及22%的维生素C，简直就是神奇之物。正是因为辣木的营养成分含量如此之高，“基督教世界救济会”以前常用奶粉救援非洲贫困儿童，现在则改用辣木叶粉。我国卫生部也于2012年11月12日批准辣木为新资源食品。

自从辣木被研究证实是含有高营养价值的植物后，欧美、日本等国积极开发辣木食品。目前，西双版纳辣木种植基地和热作所也只是在小范围内推出辣木叶片剂，供应少数餐馆。由于开发力度不够和技术条件的限制，珍贵的辣木嫩茎叶也只是用来煮汤，按一般蔬菜价格出售。临沧地区辣木的开发多从保健品方面发展，已生产出辣木叶片剂向市场推广。商务部2014年5月颁布的《关于加快发展大众化餐饮的指导意见》中指出，要发展健康餐饮。加强餐饮业从业人员营养搭配和膳食平衡知识的普及和培训，推广膳食结构多样化的健康消费模式。云南是全国最先引进和种植辣木的省份，这就使云南餐饮业占有了食材资源的先机，可以更好地开发和利用辣木。

2. 榕树叶

榕树叶也是美味佳肴。研究人员发现：西双版纳有7种可食榕树叶富含抗氧化物质和矿质元素。在西双版纳傣族自治州，当地居民就有吃榕树嫩尖叶的习俗。

（1）营养价值高

近年来，食品学家及营养学家一致认为，人们日常生活中摄入的果蔬有利于降低某些疾病发生的可能性，包括癌症及心脑血管疾病，这些有益的作用被认为来源于果蔬中的多种抗氧化物质。黄葛榕与木瓜榕嫩叶在7种榕树嫩叶中总酚和黄酮类物质含量较高且抗氧化活性最强，已有研究证实木瓜榕嫩叶硒和锌含量丰富，是富硒蔬菜，黄葛榕富含蛋白质、维生素C、铜、锌和磷。一些榕树嫩叶有较栽培蔬菜更高的矿质元素、微量元素及VE和VB含量。黄葛榕、厚皮榕、苹果榕、突脉榕、聚果榕嫩叶的VB2含量和钙含量远高于著名野菜香椿。

（2）榕树嫩叶可炒可凉拌

榕属植物，作为西双版纳热带雨林的关键树种，与当地民族的宗教文化及饮食文化紧密相关，有些榕树的嫩尖叶是当地十分重要的木本野生蔬菜。当地居民通常到野外采集榕树嫩叶或在自家庭院种植榕树来采收嫩叶，采收时间一般长达半年或全年。采收后，用清水煮嫩尖叶去除苦味后炒着吃，或者是直接用来做凉拌菜，还可以煮野菜吃。据了解，在云南墨江哈尼族自治县，有用象耳朵榕（木瓜榕）及雅榕嫩叶春菜的习俗。可食用的榕树嫩叶有黄葛榕（傣族叫“pahie”）、厚皮榕（傣族叫“palelang”）、木瓜榕（傣族叫“pawa”）等约10种。西双版纳各民族食用榕树嫩叶的方法相近，可炒食、凉拌、做汤，或煮熟后蘸“暗咪”吃。

（三）吃菌

云南是世界上食用菌种质资源和产量最丰富的地区之一。据报道，全世界食用菌约有2000种，我国有978种，云南就有882种，占中国现知的食药真菌总数的90.1%以上①。云南食用菌的种类和产量，均与丰富多样的气候类型、森林植被类型、土壤分布地带性规律有着直接相关性。云南食用菌饮食文化历史源远流长，早在6000年以前的仰韶文化时期，我们的祖先已有采食菌类的习俗，许多食用菌如冬虫夏草、灵芝、茯苓等一直作为中药上品使用至今。唐代人樊绰曾在《云南志》中记录了鸡枞菌的食用方法，明朝兰茂曾在《滇南本草》中记述了30余种食用菌的形态和用途，明清期间，云南也有许多文人墨客对食用菌有过大量的记述，如张烈的《滇南新语》、杨升庵的《沐五华送鸡枞》、赵翼的《路南食鸡枞》等。

---

① 黄兴奇．云南作物种质资源［M］．昆明：云南科技出版社，2007：70.

大多数人除了对食材求新求奇外，更主要的是认为云南食用菌生态、健康。返璞归真、回归自然是当今世界餐饮业发展的一个趋势，云南食用菌以其美味可口、低脂肪、高蛋白而被誉为防治疾病、增进健康的长寿性食品、保健性食品。云南食用菌在其自身新陈代谢的生命活动中，通过不断分解吸收、同化外来营养物质和能量，合成构建了自身的蛋白质、氨基酸、多肽、多糖、脂肪酸、酶、萜类化合物、甾醇类、有机酸类、生物碱类微量元素等功能不一、性质各异的物质。这些物质有丰富的营养元素，也有药用成分，除调节人体免疫力和抗肿瘤外，有的成分还有抗病毒、抗衰老、抗突变、抗射线、抗过敏、抗缺氧、抗溃疡等作用。

（四）吃虫

昆明有句俗语“蚂蚱也是肉”，比喻某东西虽小但仍有价值。在云南省的许多少数民族聚居地区，蚂蚱、竹虫、蜂蛹早已上了老百姓的餐桌。此外，蚂蚁蛋、柴虫、蝗虫、知了、水蜻蜓、蜻蜓、沙虫、歪蛹等也都是美味佳肴。冬虫夏草既是名贵药材也是名贵食材。根据中科院昆明动物研究所的《云南食用昆虫资源与民族食虫文化》记载，云南可食用的昆虫有2000种。

“勐卯虫宴”：昆虫种类多、范围广，除蜂蛹竹虫外，还有柴虫、椰子虫、虾巴虫、板栗虫、蚂蚁蛋等。小小蚂蚁蛋在勐卯宴就“玩”出多个品种，有借鉴西餐手法的“蚂蚁蛋沙拉”，有融合德宏傣族菜肴特点的“生态蚂蚁蛋撒”和“酸草煮蚂蚁蛋”；最有寓意的“吉祥蛋中蛋”是用土鸡蛋和蚂蚁蛋合蒸，“大蛋”套“小蛋”，蛋中有蛋，形、色、味都别出心裁。

小虫大虫，虫虫都是菜，油炸、凉拌，虫虫都是美味。勐卯虫宴离不开瑞丽这片热土，傣族早有吃虫传统。蜂蛹一般为野蜂的幼虫和蛹，这些野生蜂类远离人烟，富含高蛋白，为纯天然之昆虫美食，佐酒最佳；竹虫寄生于竹内，自竹尖而至竹根，逐节而居，以竹笋为养分。有经验之人一眼便可看出，用刀一砍一个准儿。11月份的竹虫肥白滚圆，形似蚕蛹，富含高蛋白、氨基酸，过油后，色泽金黄、酥脆芳香，似有奶油之味。除傣族外，它也是哈尼族、景颇族等云南少数民族的餐桌美食。

把昆虫作为食物吃进肚中，可能很多人觉得难以想象，说不定还会恶心。其实，昆虫作为人类食物的历史源远流长，世界上的许多国家和地区都有食用昆虫的习惯。昆虫含有丰富的有机物质和人体所需的氨基酸。作为食品，昆虫除了有上述优点外，还有繁殖快、容易获取等特点。在野外遇险时，昆虫往往是遇险者的首选食物。

不过，昆虫作为食物本身也有局限性，广泛推广食用昆虫并不容易。目前云南市场上绝大多数食用昆虫都是野生的，养殖技术成为推广昆虫的一大难题。此外，昆虫也不是每个食客都能接受的，它富含高蛋白，但有人食用后出现过敏症状，古怪狰狞的外形更让不少人敬而远之，所以，吃虫得有点胆量才行。

但昆虫是个好东西。联合国粮农组织（FAO）就鼓励大家多吃昆虫。FAO 的专家们一直计划将昆虫作为未来 40 年内全球 90 亿人口肉类和鱼肉的替代品，到 2050 年，昆虫将成为人类多种营养的主要来源。

（五）吃花

“云南吃得怪，花花草草都是菜”。“春吃花”是滇菜的一大特点。

吃花并不是现代人的专利，中国食花习俗源远流长，屈原《离骚》中有“朝饮木兰之坠露兮，夕餐秋菊之落英”的诗句；唐、宋以后则出现了《山家清供》《道生人箴》《养生随笔》等著述；清代“餐芳谱”中详细叙述了 20 多种鲜花食品的制作方法。花谚说：“味美菜肴百花香，百花入席美更香。”

云南是一个植物资源极为丰富的“天然花园”，野生观赏植物有 2500 多种。云南的山、云南的水、云南的多元文化、云南的风土人情造就了云南人爱吃花的习俗，正可谓“秀色可餐”。云南人舍不得春去花落，鲜花成了云南许多少数民族桌上的美食。佼佼白玉兰、妍妍红玫瑰、芙蓉金雀花、清汤节节高，一朵花就制成一道菜。最难得的是经过一番煎、炸、煮、烹之后，鲜花的芬芳仍留于其中。不但最常见的玫瑰、百合、牡丹、兰花等成为食客的盘中之物，就连一些不常见的攀枝花、苦刺花、棠梨花、棕包花等都能入馔，而且美味异常。

已经被认可作为蔬菜的花有：孝头花、韭菜花、金针花、南瓜花、玉兰花、紫藤花、槐花、荷花、车前子花等；此外，玫瑰、菊花、昙花、木棉花、茉莉花、兰花、桂花等皆是美容佳品。但这些美且香的鲜花菜肴并非人人享得，人体各有不同，体质各有千秋，就算无毒且有治疗作用的鲜花也不能千人一律，如果有些人对花粉过敏，就只能望而兴叹了。相对而言，能食用的花卉依旧只是一小部分，而且最好是在专业人员指导下食用，大部分花是不能随便吃的。

玫瑰原产中国，栽培历史悠久。玫瑰果实可食，无糖、富含维生素C，常用于制作香草茶、果酱、果冻、果汁和面包等。

1. 玫瑰花浆

玫瑰花浆是在深加工过程中提取鲜花中的特殊成分制作而成的鲜花原汁，饮用时可使人体在摄入水分的同时直接吸收鲜花中丰富的蛋白质、氨基酸、脂肪、维生素等多种微量元素，以及生物酶、有机酸、酯类等多种成分，味美可口，若搭配冰沙、冰激凌等食品效果更佳。

2. 玫瑰花酱

玫瑰花酱由玫瑰花瓣经过特殊工艺制成，是非传统酱类，色泽鲜艳，气味芳香怡人，食用时口感酸甜、细软，深得广大消费者喜爱，在食用面包、沙拉等食品时搭配更佳。

3. 鲜花饼、鲜花云腿饼

鲜花饼是在深加工过程中采用护色保鲜技术制作而成，去除了花中涩味，留住花的香味、色泽和营养成分，是最具有专业技术的天然鲜花馅料，可供自由制作各类佳肴，口感自然醇厚。

4. 鲜花素饼

“一花一世界、一饼一菩提”，随着国人生活水平的提高，人们开始追求传统饮食，而素饼口味多、种类多，符合更多人的饮食要求。鲜花素饼根据佛家饮食要求制作而成，是可供供奉和学佛友人食用的最佳食品。

三、特色生态滇菜

（一）大理喜洲粑粑

通常，稻米加工而成的点心称为“糕”；麦类加工而成的点心，称为

“饼”，云南将“饼”称为“粑粑”。滇西的白族、纳西族、藏族、怒族各有一种粑粑，背后都隐含着文化意蕴。大理白族的“喜洲粑粑”，乍见初尝时颇为普通：发酵麦面团，芝麻红糖馅，平锅抹油，烘烤至熟，皮黄酥香，亦可做成咸味，与天下之饼无多大悬殊。此所谓“入浅水者见鱼虾”，不过口舌之味而已。“喜洲粑粑”另有深味。

2008 年，大理剑川县海门口的考古出土物中，除稻子以外，还有麦、粟等农作物的碳化遗存物和磨盘。海门口遗址距今有超过 3500 年的历史，(大约为商代初期)。现知甲骨文中已有“麦”字，而麦的栽种起源于西亚等地，可见麦种传入大理地区的历史非常久远。海门口磨盘的出现时间晚一些，然而有“磨”就会制作“麦面”，这是“和粑”的制作主料。可见“喜洲粑粑”这个看似不起眼的食物秉承了大理地区古老的麦食与面食基因，使得麦、粟作物南徙而过长江到苍山脚下的时间及大理地区先民“麦食享受”的时间大大提前，是农业与食品考古的重要信息。民族源流学认为，今天滇西世居的白族、纳西族、藏族、怒族等是古代北方氐、羌族群南徙而与当地土著的族群融汇、分合，经长期衍化、存积形成的，南徙的氐、羌带麦、粟到今洱海周遭。因而，从“麦食”到“喜洲粑粑”，绵延的传统见证了中华民族南北交汇 3500 年以上的渊源。

滇西纳西族的“丽江粑粑”，其最显著的特点是油脂厚重，擀面制生坯时要不断抹猪油，入锅煎制时也要注入许多猪油，做馅心时白糖中要拌入含油脂颇高的芝麻、瓜子仁、核桃仁，口感外脆里嫩，吃得个嘴油舌润。同时，“油厚”是丽江粑粑的高原环境韵味。丽江坝子海拔 2400 余米，仅比大理喜洲高出 400 米左右，因其紧邻终年积雪、峰高近 5600 米的玉龙雪山，雪风吹拂，丽江一带常年氤氲着似春的寒凉，因而居民衣着厚重。唐代樊绰《蛮书》描述纳西族先民“男女皆披羊皮”；元代李京《云南志略》记载“妇人披毡”，男子“四时羊裘”，乃至后来羊皮披肩是纳西族女子出嫁时必不可少的嫁妆。服饰的选择源于天气冷凉，“油厚”的粑粑也源于气候的制约。因此，丽江永胜县的“永胜油茶”是以猪油炒米后再加茶煮熬，油脂厚重，谚曰“丽江粑粑鹤庆酒，永胜油茶家家有”。食物是地理与气候的产物，是人们适应自然的结果。

（二）特色药膳

1. 概说药膳

从传说的“神农尝百草”开始，中国人就已经在努力探索食物与保健的关系。目前，“食医同源”“食医同理”“药膳同功”已经成为中国人对饮食生活的一种哲学思想，饮食养生也成为中国传统饮食文化的重要组成部分。早在2000多年以前，《黄帝内经·素问》篇中就有专门论述，书中说：“毒药攻邪，五谷为养，五果为助，五畜为益，五菜为充，气味合而服之，以补精益气。”

在古代，药物和食物是分不开的，《神农本草经》记载了许多治病与养生皆宜的食物，如大枣、薏苡仁、芝麻、山药、莲米、核桃、龙眼、百合、蜂蜜等。药膳，古代称为“食疗”“食治”“食补”等。我国著名医药学家，如张仲景、孙思邈、孟诜、陈直、忽思慧、李时珍、王孟英等，都曾对药膳有过论述。如孙思邈在《千金方》一书中设药膳专篇《食治门》，认为“凡欲治疗，先以食疗，既食疗不愈，后乃用药尔”。忽思慧曾著药膳专著《饮膳正要》，深刻地阐述了养生之道，特别是饮食与保健的辩证关系。陈直曾著老年保健专著《养老奉亲书》，说“人若知其食性，调而用之，则倍胜于药也。缘老人之性，皆厌于药而喜于食，以食治疾，胜于用药……贵不伤其脏腑也”。现代药膳疗法是“在中医学和烹饪学理论指导下，将药物与食物相搭配，经过烹饪加工制作出来的能防病、治病，且色、香、味、形兼具的美味保健食品”。总而言之，药膳可以取得“药借食力，食助药威”的效果。

2. 云南特色药膳文化

云南地处云贵高原，地形反差强烈，境内集高山、深谷、丘陵盆地为一体，纬度较低，具有多样性的立体气候特征，为动植物的生长和多样性创造了优越的生态环境，因而云南一直以来就有“植物王国”“动物王国”和“药材之乡”的美誉。丰富的生物资源为云南各民族提供了多种多样的膳食原料。但长期以来，由于受到交通影响及环境阻隔，云南少数民族聚集区的经济文化水平还不高，医疗条件还十分落后，所以在日常饮食当中，他们十分注重饮食保健与进养滋补，并在长期的饮食探索中形成了一类用料奇谲、技法古朴、讲求原汁原味和滋补功效的民间药膳。

《云南民族菜》中有傈僳族的大炖鹿冲，哈尼族的煮蛇圆子天麻鱼、清汤橄榄鱼、石蹦炖蛋，布朗族的油炸花蜘蛛、爆炒螺肉，藏族的糖醋喀比，壮族的白炒七花田鸡，傣族的帕哈煮螺蛳、牛撒撇、烤青苔，白族的冰糖螺豆腐、牛奶煮弓鱼、木瓜焖鸡、白参肉圆、猪脑鸽蛋葵花、首乌肝尖、砂仁肚条，苗族的薏米焖猪脚、臭参炖排骨，纳西族、普米族的天麻扣岩鸽醉鸡，景颇族的春鳝鱼，怒族的斜拉等，琳琅满目，数不胜数。在云南药膳众多名菜中，有流传百年仍为云南人和外地人长期追捧的“文山三七药膳鸡”“昭通天麻炖鸡”，版纳石斛煨老鹅、石斛花炖盅、茉菜根小炒肉、百草根煮猪、当归炖鸡、理肺散心汤、茴心草炖猪心、马蹄叶炒蛋，马龙县的当归煮羊、仙茅炖鸡、火腿炖附子、千针万线草炖鸡等美味营养滋补药膳。据说，古代的思茅部落头人也带领全部落族群尝百草，从药根中找到了吃药防治“瘴气”病毒的方法，人们用药根做成好吃的药膳取代单一的煮药根味道，身强力壮效果好，从此形成了吃药根的食俗。而真正令外省人惊叹尖叫的毒药膳，恐怕要数云南楚雄州南华县专做“毒药膳”的阿亮农家乐“特殊制”的“草乌炖火腿”。草乌有毒，人人皆知。阿亮农家乐的草乌药膳却经久不衰，不但当地人敢吃、爱吃，还带动各地的“胆大食客”慕名来品。

居住在滇东北高寒山区的彝族特别喜欢吃羊肉，而且吃羊肉时还会放一些香料，比如姜草果、砂仁。羊肉木身就是温热食物，放这些香料，一方面是除去羊肉的膻味，另一方面是帮助羊肉的温热作用运行到全身，像生姜有温经通络的作用。云南酒林药膳饭店（总店经营药膳已超过二十年），配置了 68 种补、调、养酒和 48 种药膳炖菜。如酒林牛蒡双鞭药膳汤，独享“双牛”药膳香。昆明滇池边西山新老高海公路交叉口的阳光山水江湖菜馆的“滋补药膳铜锅羊”，采用马帮炊具铜锣锅烹调出弥勒带皮羊汤锅，汤内加当归、沙参、党参、枸杞、大枣等滋补药材，煮得带皮羊肉香气扑鼻，煨得滋补药膳路人也闻香，老幼都喜欢。羊肉药材连汤带汁融为一锅，原汁原味，绵糯软烂，养嘴养身。

（三）沾益粑粑

“小粑粑”是沾益县的一道传统糕饼，沾益县属曲靖市管辖，因而“沾益小粑粑”也被叫作“曲靖小粑粑”。

定亲送沾益小粑粑是从前曲靖老百姓的传统礼俗。传统的沾益小粑粑有豆沙馅、白糖馅、酥子馅、桃仁馅等，都是圆而甜的，寓意着家庭团团圆圆、生活甜甜蜜蜜、日子长长久久。曲靖人订婚的时候，男方就要按女方家的要求，邀约要好的哥们，用谷箩挑数百个“小粑粑”，与塔盐、沱茶、红糖等作为聘礼一起送到女方家，女方则把男方送来的“小粑粑”分送到自己的亲朋好友家中。凡收到“小粑粑”的亲友，就知道这个姑娘已经许配给了人家，也意味着姑娘出嫁时将被邀请参加婚宴。所以说曲靖“小粑粑”既是定情信物，又可当作请柬来用。姑娘正式出嫁时，男方家还要准备一些“小粑粑”在婚宴上使用，叫“担糕糖”，由新郎带着新娘到餐桌上认识男方家的亲戚朋友，用担盘托着“小粑粑”和水果糖，每人送给两个“小粑粑”和两颗水果糖，亲戚朋友也会准备一点零钱回赠新娘，这是新娘到婆家收的第一笔“私房钱”，新娘会很小心地支配，给公婆和父母买些礼物，报答养育之恩。定情信物的“小粑粑”其实就是曲靖城乡一些传统样式的甜味糕饼，原来叫小饼子。原料以本地麦面为主，每个直径约10厘米，重量100克，早期是用栗炭火和铁锅烤烙，后来用电烤箱烘烤。

（四）过桥米线

过桥米线是云南滇南地区特有的小吃，已有一百多年历史，五十多年前传至昆明，属滇菜系，起源于蒙自地区，由汤料、佐料、猪里脊肉片、鸡脯肉片、乌鱼片及五成熟的猪腰片、肚头片、水发鱿鱼片制作而成。

过桥米线由四部分组成：一是汤料覆盖一层滚油；二是佐料，有油辣子、味精、胡椒、盐；三是主料，有猪里脊肉片、鸡脯肉片、乌鱼片，以及用水过五成熟的猪腰片、肚头片、水发鱿鱼片；辅料有烫过的豌豆尖、韭菜，以及芫荽、葱丝、草芽丝、姜丝、玉兰片、氽过的豆腐皮；四是主食，即用水略烫过的米线。鹅油封面，汤汁滚烫，但不冒热气。

云南米线可分为两大类，一类是大米经过发酵后磨粉制成，俗称“酸浆米线”，其工艺复杂，生产周期长。特点是米线筋道，有大米的清香味。另一类是大米磨粉后直接放到机器中挤压成型，靠摩擦的热度使大米糊化成型，称为“干浆米线”。干浆米线晒干后即为“干米线”，方便携带和贮藏。食用时，再蒸煮涨发。

过桥米线已有一百多年的历史。相传，清朝时滇南蒙自市城外有一湖心小岛，一个秀才到岛上读书，秀才贤惠勤劳的娘子常常送去他爱吃的米线，但等出门到了岛上时，米线已经凉了。有一次送鸡汤的时候，秀才娘子偶然发现鸡汤上覆盖着的那层厚厚鸡油犹如锅盖，可以让汤保持温度，如果吃时再放佐料和米线还能更加爽口。于是她先把肥鸡、筒子骨等熬成清汤，上覆厚厚鸡油；米线在家烫好，配料切成薄片，到岛上后用滚油烫熟，之后加入米线，口感鲜香滑爽。此法一经传开，人们纷纷仿效，因为到岛上要过一座桥，也为纪念这位贤妻，后世就把它叫作“过桥米线”。

（五）傣味美食

傣族主要聚集于云南的德宏、临沧地区。该地区地处亚热带，常年气候湿润炎热，物产丰富，各种奇花异草数不胜数。由于以前交通运输不便，当地人只好就地取材，形成了今天傣族人用山茅野菜烹煮食物的习惯。傣味主要以酸辣为主，辣是以鲜小米辣为主，酸主要以木瓜、柠檬为主。

1. 傣味酸肉

傣味酸肉主要以五花肉为原料腌制。加工时，将五花肉上的杂质剔去，切条、淘洗、滤干、晾冷，拌以适量食盐、辣椒、野花椒、蒜瓣、姜末，装入瓦坛密封腌渍，等到肉形成纯正酸味时食用即可。这道菜清清爽爽，味微酸、香辣适口，是当地傣味餐馆一道独具风味的主菜。

2. 傣味酸笋鸡

鸡以岁鸡为上，笋以陈年笋最佳。将鸡块在沸油中爆炒，注入砂仁、草果、胡椒、食盐、酸笋、蒜丁、姜块，加水文火煲烹。鸡块入口酸辣爽口，羹汁尤不油腻，清香袅袅、酸辣适口、回味悠长，食时配一碗酸蚁料汁，边涮边吃，酸上加酸，食趣无穷。

3. 傣味包烧鱼

包烧，是傣族的一种特殊烹饪方法，它是用天然的芭蕉叶为烹饪工具，把要烧的食物包在其中，在炭火塘中烤熟。其味道中保留了食材的原汁原味，同时又融合了芭蕉叶的清香。做法是：把新鲜罗非鱼去鳞，去掉肠肚杂物，洗净；将葱、姜、蒜、小米辣、柠檬、芫荽切细，与盐拌拢；把佐料放进鱼肚子里，将鱼肚子合拢，用二三根香茅草叶捆好，再用芭蕉叶包紧，放在炭火上烘烤，待八成熟时，抹上油，继续烘烤 5 分钟左右，即可食用。由于罗非鱼肉鲜甜少刺，细腻嫩滑，再加上在炭烤的过程中，

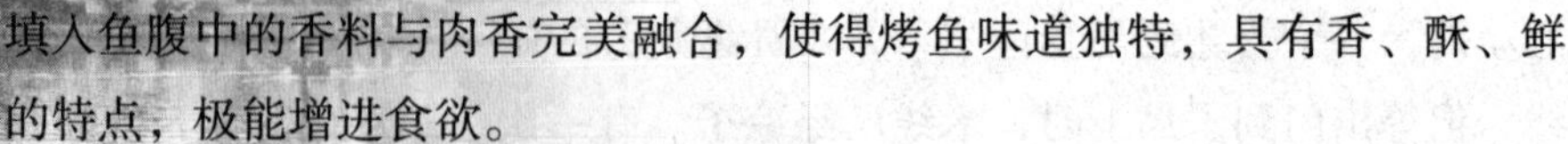

填入鱼腹中的香料与肉香完美融合，使得烤鱼味道独特，具有香、酥、鲜的特点，极能增进食欲。

四、总结

春天吃花与吃青，夏天品菌，秋天食虫，冬天吃香。所谓一年四季，五吃五品，是每个云南人最向往的生活。

至于云南的特色生态菜肴，当从另一个领域解释。中医讲究四性、五味和归经。“四性”指的是寒、凉、温、热；“五味”指酸、苦、甘、辛、咸；归经指的是药物如何在人体的脏腑经络中的某个部位作用，如传统认为杏仁可以治胸闷。无论是降血脂、解毒、抗衰老的普洱茶，清目利肺、益肠胃的菌子，还是补气的甜酱油，养颜生津的鲜花，抑或是有利于消化的春干巴，蛋白质丰富的虫宴，云南药膳等，均能从中医的逻辑上理解烹饪背后的原理。“厨师除了烧菜，也应该懂营养学”，烹饪应该遵循科学的方式“合理烹饪，科学配膳”。

一道菜能吃出一个故事、一种风情、一段历史；一口汤，能喝出一座山的气息、一个老宅的温馨、一段抹不掉的记忆；一壶茶，能品出岁月的留香、生活的色彩、情感的浪漫；一席美味佳肴，能吃出七彩的云南。

第三节　云南省昆明市乡村健康旅游发展研究

一、昆明市乡村健康旅游发展现状

（一）昆明市行政区划及地理环境

昆明市是云南省省会城市，位于中国西南云贵高原，既是中国面向东南亚、南亚的前沿和门户，也是许多去往云南各地游客的必经交通节点，具有东连黔桂通沿海，北经川渝进中原，南下越老达泰柬，西接缅甸连印巴的独特地理位置。

从行政区划看，昆明市下辖7个市辖区、1个县级市、3个县、3个不同少数民族的自治县（见表4-2）。在4个主城区（五华区、盘龙区、官渡区、西山区）中坐落着西山国家森林公园、国家级风景名胜区滇池等自然景区，其余区县内也拥有世界自然遗产石林、轿子山国家级自然保护区等独特风光。

这样的行政区划和地理环境共同形成了昆明市交通往来便利、乡村范围广阔、自然资源丰富、民族风情多彩的特点，是乡村健康旅游开发的理想场所。

表 4-2　昆明行政区划表

区县名称	面积（平方公里）	人口（人）
五华区	381.60	855521
盘龙区	886.90	809881
官渡区	632.92	853371
西山区	881.32	753813
呈贡区	461.00	310843
东川区	1858.79	271917
安宁市	1321.00	341341
晋宁区	1333.66	283784
富民县	993.00	145554
嵩明县	1357.29	287095
宜良县	1873.00	419400
石林彝族自治县	1719.00	246220
寻甸回族彝族自治县	3598.00	457068
禄劝彝族苗族自治县	4233.78	396404

数据来源：https：//baike.so.com/doc/5032514-5258895.html.

（二）昆明市乡村旅游发展概况

我国乡村旅游起步较晚。1987 年成都龙泉驿书房村举办的第一届桃花节拉开了我国乡村旅游的序幕。随着 1998 年西山区团结乡首个“农家乐”示范点的建立，昆明市成为云南省最早的发展乡村旅游的城市。

昆明农家乐和乡村景区（点）已超过千家，经过二十多年的发展，昆明乡村旅游行业已初具规模，并呈现出以下特点。

一是位置分布错落有致，昆明乡村旅游产业形成了以主城区为中心，以西山区、安宁市、富民县及盘龙区等为重点区域，辐射全市区域的格局，可以概括为“两圈”“三带”和“四块”，即近郊密集、远郊疏散的“两圈”；盘龙—官渡—嵩明带、安宁温泉一带、团结—富民—禄劝带的“三带”；西山区猫猫箐片区、团结镇片区、寻甸片区、东川花沟村片区的“四块”。二是旅游类型丰富多彩，充分利用昆明植物丰富、资源多样的特点，发展出现代农业观光、都市科技型农业观光、民俗文化村落体验、乡村休闲度假农业等多样化的乡村旅游类型。例如，安宁金色螳川、呈贡斗南、富民伽峰山乡村营地、宜良小哨等地，建立花卉、林果、蔬菜生产基地，既不耽误农业生产，又能获取观光收入。安宁温泉小镇、寻甸北大营草场、团结镇豹子箐、欢喜滑草场及白族休闲生态文化村等，利用当地的森林、草场、果园、温泉等优势，吸引昆明及周边城市更多的游客前去体验别样生活。三是乡村不断稳步扩大，一部分乡村在旅游开发过程中形成了良性循环，以点带面，逐步形成有一定规模和知名度的村落片区，如安宁螳螂川沿线区域、西山猫猫箐、官渡区福保小康文化村、沙朗东村白族家园、盘龙区双龙乡金殿后山农家乐等。四是品牌推广力度加深，宣传意识不断增强。从 2008 年至 2011 年，云南开展了四批省级旅游特色村评选活动，昆明入选 15 个乡村（见表 4-3）；2013 年至 2016 年，云南省民委和旅游发展委开展四批创建省级民族特色旅游村寨，昆明入选 12 个乡村（见表 4-4）；2019 年 7 月，全国乡村旅游重点村名录公布，云南入选 13 个乡村，其中昆明地区入选 2 个（见表 4-5）。可以看到，昆明一直在积极参与乡村旅游评比宣传工作，参评规格不断提升，这也从侧面证明了昆明乡村旅游在云南省属于较高水平，在国内的知名度不断提高。

综上所述，昆明乡村旅游有着丰富的经验，相对成熟的运营体系，较为广泛的群众基础，这些都将成为其进一步转型和创新升级的基础。

表 4-3　昆明省级旅游特色村

年度	批次	村镇名称
2008	第一批	西山区团结镇龙潭村
		五华区沙朗乡大东村
		富民县大营镇小水井村
		安宁市温泉镇后山甸村

续表

年度	批次	村镇名称
2009	第二批	盘龙区双龙乡麦冲村
		晋宁县晋城镇南门村
		宜良县狗街镇小哨
		寻甸县柯渡镇丹桂村
2010	第三批	石林彝族自治县圭山镇糯黑村
		西山区碧鸡办事处观音山居委会白草村
		安宁市八街镇磨南德村
		东川区红土地镇花沟村
2011	第四批	官渡区六甲街道办事处福保村
		嵩明县西山村委会大湾村
		富民县款庄镇香山龙村

表 4-4　昆明省级民族特色旅游村寨名单

年度	批次	村镇名称
2013	第一批	石林县圭山镇大糯黑村
2014	第二批	嵩明县嵩阳镇新大湾村
		晋宁县夕阳彝族乡小石板河村
		东川区铜都街道李子沟村
		富民县赤鹫镇平地村
2015	第三批	富民县永定街道小水井村
		宜良县匡远镇黑希村
		东川区铜都街道起嘎村
2016	第四批	五华区西翥街道陡坡社区
		晋宁区夕阳彝族乡大绿溪村
		富民县款庄镇香山龙村
		徜甸两区转龙镇恩祖村

表 4-5 昆明全国乡村旅游重点村

年度	批次	村镇名称
2019	第一批	昆明市安宁市温泉街道温泉小村
		宜良县耿家营乡河湾村

(三) 昆明市乡村健康旅游发展 PEST 分析

1. 政治环境 (Political Environment)

(1) 从国家宏观战略层面上看，乡村健康旅游模式属于国内最高规格的健康产业规划“健康中国 2030”明确支持的范围，可以说是根植在政策的沃土上，等待着遍地开花。

(2) 从地方政府认知层面上看，云南省人民政府提出打造“绿色能源、绿色食品、健康生活目的地”，对相关行业的支持力度明显加大。2016—2018 年，省级财政共筹措下发中医药事业发展专项补助资金 2.94 亿元。

《云南省生物医药和大健康产业发展规划（2016—2020 年）》（简称《云南大健康规划》）明确围绕“大力发展医疗服务业，积极发展特色诊疗业，加快发展康体保健业，打造一批知名的养生养老基地”四个方面推进医疗养生服务基地建设，力争 2020 年实现医疗养生服务业主营业务收入 1400 亿元。

(3) 从国际政治环境上来看，“一带一路”倡议的实施为云南省广泛参与国际经济市场提供了极大的便利。昆明市作为云南省会城市，面向东南亚和南亚的窗口，东南亚国家作为新兴经济体，经济增长迅速，人口众多（仅印度就有近 14 亿人口），有着巨大的市场空间。如果引入当地特色文化，还能增加昆明的异域风情，对国内游客形成难以替代的文化体验，进一步提升多边市场价值。

2. 经济环境 (Economic Environment)

(1) 从国家经济基本面来看，过去 20 年，中国几乎一直保持着世界最快的经济增速，现已成为世界第二大经济体，截至 2018 年，我国 GDP 总量达到 915887.3 亿元，较 1990 年翻了几乎 50 倍。经济增长使得人民收入水平随之增加，直接的体现是消费水平的上升，20 年来，我国居民消费总支出也增加了几乎 40 倍。2019 年我国经济依然以 6%左右的速度增长，在可预见的一段时间内，中国经济基本面仍然向好，还有无限的商机（见表 4-6）。

表 4-6　中国国民经济核算指标

指标	1978 年	1990 年	2000 年	2017 年	2018 年
国民总收入（亿元）	3678.7	18923.3	99066.1	831381.2	915887.3
居民消费支出（亿元）	1759.1	9435.0	46987.8	317963.5	348209.6

数据来源：国家统计局官网。

（2）从产业发展来看，中国增长最快的是第三产业，甚至超过居民消费的增长速度。这说明人民消费观念已发生转变，对于基础消费品的需求已接近饱和，剩余可支配收入大量分配到对生活价值有所提升的领域。着重于生命价值体验的乡村健康旅游，将对传统产业形成消费杠杆，在这样的经济环境下，获得更好的市场收益（见图 4-10）。

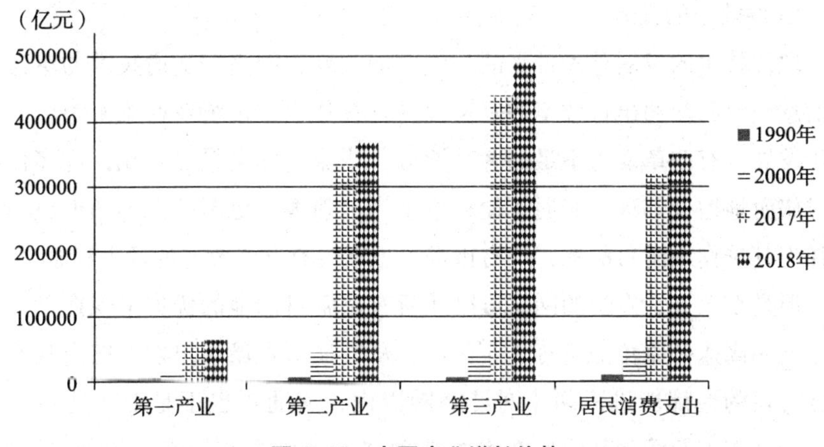

图 4-10　中国产业增长趋势

（3）从投资环境来看，昆明得天独厚的自然资源优势进一步增强了外部投资者的信心。在 2017 年第四届中国国际（云南）文化旅游投资洽谈会上，保利集团、绿地香港控股有限公司、鹏瑞利集团、云南城投集团等投资者在昆明呈贡、安宁等周边地区投资了一批国际美丽健康小镇、温泉康养特色小镇、泛户外运动休闲和养生旅游小镇等项目，总投资超过 2000 亿元。

3. 社会环境（Social Environment）

（1）大健康

健康长寿是人类永恒的追求，随着人们对健康理念的不断更新，“头痛医头脚痛医脚”已经不再是衡量人体健康的唯一标准。全方位的大健康概念提出后，不但刺激了国内健康消费市场，更成为世界范围内的共同认知。2018年世界卫生日主题是：全民健康覆盖。预计到2020年，健康产业全球总产值将达到13.393万亿美元，全球健康支出增长速度快于GDP增长速度。

（2）老龄化

随着科技的进步和人们生活水平的提高，老龄化这一社会问题日益凸显。因此，通过开发乡村健康旅游，让老年人老有所依、老有所乐，既是市场所需，也是一份社会责任，有利于社会资源的良性循环和社会福利的总体增加。

总的来看，当前社会环境为乡村健康旅游发展提供了良好的契机。

4. 技术环境（Technology Environment）

（1）效率的提升

现代技术的发展首先带来的是效率的改变，网络和交通技术的革命导致信息交流和交通出行效率的双重提升。在过去，传统乡村旅游难以更进一步发展，有改革动力不足的客观原因，毕竟与知名景点相比，许多传统乡村旅游地地处偏远，交通不便，除了当地熟客，更多的人不知道也不会选择将其选作旅游目的地，没有市场，也就没有升级改造的理由和意义。

但是在今天，发达的网络可以让所有旅游目的地的优劣呈现在世人面前。昆明高速公路覆盖所有县、区后，从交通节点昆明出发，辖内几乎所有旅游目的地都能进入两小时经济圈以内，交通再也不是游客选择的障碍。云南省旅游管理部门也在大力推动“一部手机游云南”活动。所以，未来乡村健康旅游不怕“巷深”，只怕“没啥特点”。

（2）产品力的提升

一是旅游管理水平的提升。昆明的自然禀赋毋庸置疑，但是传统的乡村旅游常以乡村甚至是家庭为单位开展，受制于管理理念的落后，自身的优势和潜能没有被有效利用。随着管理学的进步和普及，人们已经普遍能够意识到科学管理也是一种提升产品竞争力的技术手段。

由云南大学商旅学院仇学琴教授提出的“云南省乡村健康旅游目的地示范区（点）”理念得到社会各界积极响应，形成了以昆明市旅游局为指导单位，云南省乡村旅游协会、云南大学工商管理与旅游管理学院、云报集团文旅全媒体、环球旅游频道共同举办的课题研究团队。另外，外来资本进入的同时也会带来先进成熟的运营管理体系，促进区域内管理水平的提升，例如丽江设置了云南省首个由法国百年品牌婕珞芙管理的全国第一家健康养生酒店。这些都将促进昆明乃至整个云南地区能够更加科学、合理、高效地进行乡村健康旅游开发，在未来的发展中找准自身特点，发挥自身优势，获得游客认同。

二是对传统文化发展和再认识。中医药（民族医药）在“治未病”和养生保健方面一直有着独特的技术优势。随着技术的进步和理念的更新，传统文化也能够以更好的方式融入旅游生活当中。《云南大健康规划》就提出“鼓励有资质的中医人员特别是知名老中医在星级酒店、景区、旅游度假区等场所开设中医药机构，提供针灸、推拿和药膳、中药茶饮等健康服务项目。”“鼓励教育机构加快培养一批具有资质的按摩师、营养师等保健师和健康管理顾问，引导支持医疗服务机构培训专业人才进入星级酒店、旅游度假区开展药膳、药浴、按摩等保健服务以及健康咨询服务。”“以中医药民族医药理论为基础，提升一批药膳、药浴、针灸、推拿等疗效明显的特色康体保健服务项目，构建一批亚健康调理中心、高端保健中心。”可见，中医康养旅游已具备可行性。只要找准结合点，乡村健康旅游还能进一步体现特色，发挥自然资源优势，形成独特的产品竞争力。

二、昆明市乡村健康旅游实地调研

2019 年 7 月，由云南大学工商管理与旅游管理学院乡村健康旅游课题组、云南省乡村旅游协会、云报全媒体、环球旅游频道联合发布了“关于开展‘云南省乡村健康旅游目的地示范区（点）’推选活动的通知”，经昆明市各市、县文化旅游局推荐申报了 34 家企业（项目单位）。本项目组组织相关专家，从 2019 年 8 月至 2020 年 1 月对相关申报企业进行了调研、评审。

（一）调研企业简况

对调研对象的选择，主要考虑到下述表格中企业（项目单位）是全省乃至全国乡村健康旅游的先行者和实践者，体现了昆明在乡村健康领域的最高水准和最新动态，同时申报资料较为齐全，开展调研工作较为方便。

为了较全面反映调研企业的情况，下面以表格形式展示（见表 4-7）。

表 4-7 昆明乡村健康旅游实地调研情况

序号	景点名称	景点位置	村寨户数、员工数	接待规模	特色项目	乡村健康旅游类型	困难及诉求	获奖称号
1	安宁太平秋麟山庄	安宁市	37 人	容纳 500 人聚餐，有 1000 平方米表演活动场地	乡村土菜、粗粮细作、野菜、白族菜、川味、滇味、傣味烧烤等，还有烤全羊、全羊汤锅等	1. 健康饮食（无农药残留）； 2. 爬山、骑行	希望能够增加可建筑的场地，增办多媒体室	
2	安宁洪园山庄	安宁市	50 人	3 个餐厅，20 间民宿，2 处表演场地	1. 自然山坡及平地，用于爬山、骑行、徒步、慢跑等体育、娱乐活动； 2. 配套：餐厅、会议、住宿、歌舞表演设施设备等；生态养殖：鸡、鱼、鸭、鹅、兔等； 3. 无公害种植：桃、葡萄、梨、枣、杨梅、杏等水果及各种蔬菜	1. 健康饮食（无农药残留）； 2. 体育、娱乐活动； 3. 徒步、慢跑； 4. 爬山、骑行； 5. 参加农事活动，种植、养殖、采摘水果等； 6. 特色医药、治疗方法； 7. 歌舞； 8. 温泉疗养	需要帮助解决宣传不足问题，通过指导改进，争取早日入选乡村健康旅游线路	优秀企业、安宁市特色餐饮美食推荐接待单位、安宁市十大名席金奖等
3	海湾村自然营地	安宁市	带动村民 70 余户，职工 32 人	集装箱房 42 个，湖景房 12 个，特色住宅 10 个，餐厅数量 3 个，表演场地 5000平方米以上	1. 皮划艇、桨板、平台舟、扎筏泅渡、攀岩攀高、地壶球、专业编带、激光真人 CS、露营等 40 多个课程； 2. 农业体验项目：做果酱、果糖、冰糖葫芦，菊花熏蒸、金银花熏蒸，自制红糖、自制糍粑、自制豆腐、自制腐乳、自制刀切腌辣椒，采茶、炒茶、垂钓、采摘、农耕体验等； 3. 火把节、葡萄节、营地开放日	1. 健康饮食（无农药残留）； 2. 体育、娱乐活动； 3. 爬山、骑行； 4. 参加农事活动，种植、养殖、采摘水果等	需点状供地、贴息、政府采购	云南省青年创业省长奖、安宁市“螳川先锋党员模范”、昆明市十大创业之星等

续表

序号	景点名称	景点位置	村寨户数、员工数	接待规模	特色项目	乡村健康旅游类型	困难及诉求	获奖称号
4	骅鼎农家乐生态园	安宁市	16人	56张餐桌，13张烧烤桌，13间住宿，250平方米表演场地	1. 观赏野生动物，养殖有鸡、鹅、鸭、兔子、羊、土猪、生态鱼、乳猪等； 2. 自种的有：苞谷、毛豆、小瓜、茄子等； 3. 娱乐有：水上乐园、自助烧烤长廊、钓小龙虾、钓鱼、儿童娱乐区、会议室多功能厅、棋牌室、KTV、小广场、停车场； 4. 美食有：烤羊、烤猪、烤鸡、烤兔、烤鱼及自种的时鲜蔬菜和安宁本地的特色美食	1. 健康饮食（无农药残留）； 2. 体育、娱乐活动； 3. 徒步、慢跑； 4. 爬山、骑行； 5. 参加农事活动，种植、养殖、采摘水果等； 6. 歌舞； 7. 互动娱乐	1. 建议列入文旅厅向旅游行业推荐名单； 2. 建设水上乐园配套设施； 3. 建议在街道道路安置指示牌； 4. 建设配套的功能房； 5. 建设特色歌舞、体育项目	
5	水井湾生态园	安宁市	40人	49张餐桌，4间住宿，200平方米表演场地	1. 养殖的有：土鸡、鹅、鸭、兔子、绵羊、山羊、土猪、乳猪、蜜蜂等； 2. 自种的有：苞谷、毛豆、小瓜、茄子、辣子、小白菜、小苦菜、萝卜等； 3. 娱乐有：湿地自助烧烤长廊、钓小龙虾、钓鱼、沙滩、草坪、棋牌室、KTV、小广场； 4. 美食有：烤羊、烤猪、烤鸡、烤兔、烤鱼及自种的时鲜蔬菜和安宁本地的特色美食	1. 健康饮食（无农药残留）； 2. 体育、娱乐活动； 3. 徒步、慢跑； 4. 爬山、骑行； 5. 参加农事活动，种植、养殖、采摘水果等； 6. 歌舞； 7. 互动娱乐	1. 建设儿童游乐场； 2. 建设景观长廊、木屋、花卉景观园； 3. 建设水井湾配套的功能房	经营优绩岗； 十大名厨金奖

续表

序号	景点名称	景点位置	村寨户数、员工数	接待规模	特色项目	乡村健康旅游类型	困难及诉求	获奖称号
6	安宁温泉街道·温泉小村	安宁市	1050人	14家餐厅，30家民宿，1处表演场地	1. 文物资源：温泉小村辖区现有省级文物保护单位摩崖石刻、市级文物保护单位，共11处文物单位； 2. 地热水资源：安宁温泉的开发历史可以追溯至汉代，为全国仅有的碳酸钙镁泉，现有热水井24眼；泉水含有多种人体所需的物质和微量元素，可饮可浴，且具有较高的医疗价值； 3. 森林资源：温泉森林面积15.5万亩，森林覆盖率达80.11%，负氧离子含量居全国第二，仅次于青岛；风光秀丽四季如春，“天然氧吧”名副其实，丰富的负氧离子和新鲜的空气使温泉拥有得天独厚的自然条件，吸引着大量崇尚自然康养、身心愉悦的游客； 4. 特色项目：温泉民宿，温泉酒店（温泉心景花园度假酒店、温泉宾馆），天下第一汤；露天温泉、水上乐园；龙山洋芋、核桃占地面积120亩，	1. 健康饮食（无农药残留）； 2. 体育、娱乐活动； 3. 徒步、慢跑； 4. 爬山、骑行； 5. 参加农事活动，种植、养殖、采摘水果等； 6. 歌舞； 7. 温泉疗养； 8. 互动娱乐	1. 加大宣传力度，吸引更多的游客； 2. 引进特色项目，吸引外出村民回村就业，提高村民经济收入	“全国环境优美乡镇”“国家卫生镇”“中国最佳温泉旅游目的地”“云南省生态小镇”“昆明市文明小城镇”，入选首批全国乡村旅游重点村名录

续表

序号	景点名称	景点位置	村寨户数、员工数	接待规模	特色项目	乡村健康旅游类型	困难及诉求	获奖称号
7	后甸花海	安宁市	15人	占地面积120亩	有儿童娱乐、划船、划竹筏、钓鱼、钓龙虾（小龙虾可现场加工）、骑马、小吃、荡秋千、网红桥、农户产品超市、自酿正宗禄劝小锅酒、工夫茶、葡萄种植、八月瓜种植、莲子出售等。景点是周边居民游客节假日出游的首选，景点内主要种植万寿菊、油菜花、向日葵、荷花，每到花季鲜花绽放。依托具有乡村性的自然和人文景观，成为吸引游客的独特卖点和鲜明标志。举办丰收摸鱼节活动	1. 体育、娱乐活动； 2. 徒步、慢跑； 3. 参加农事活动，种植、养殖、采摘水果等； 4. 互动娱乐	1. 恳请政府出台相关扶持政策，给予一定发展资金； 2. 上级部门加强指导，对相关时事政策予以解读	云南广播电视台国际频道《约吧主播》栏目最佳诚信合作单位
8	温泉镇木羊缘农家乐	安宁市	58人	1家餐厅，3处表演场地	创建于2003年3月，是伴随着安宁金色螳川之旅宣传促销活动的开展而兴办起来的农家乐企业，自开业以来，就以优越的自然生态环境、一流的旅游服务设施、优质的服务质量和地道可口的农家饭菜，赢得了省内外游客的赞誉，是一个休闲观光与餐饮结合的世外桃源。在经营餐饮企业中，坚持以人为本、追求卓越的宗旨，15年接待游客350万余人次，企业依法诚信，证照齐全	1. 健康饮食（无农药残留）； 2. 体育、娱乐活动； 3. 徒步、慢跑； 4. 爬山、骑行； 5. 参加农事活动，种植、养殖、采摘水果等； 6. 歌舞； 7. 互动娱乐	无	1. “昆明市名牌产品”； 2. 昆明市“休闲与乡村旅游示范企业园区”； 3. “2011年度经济工作优秀农家乐”； 4. 昆明市“四星级农

续表

序号	景点名称	景点位置	村寨户数、员工数	接待规模	特色项目	乡村健康旅游类型	困难及诉求	获奖称号
8								家乐”； 5. 昆明市“十佳农家乐”等
9	安宁润俊蔷薇庄园都市农庄	安宁市	70人	1个餐厅（120个餐位）	1. 丰富的蔷薇种植经验，多样的蔷薇品种； 2. 螳螂川由基地南侧穿过，地块内部有水系穿过，水资源充沛，自然景观基础较好； 3. 北部植被丰富，森林覆盖率高，为天然的氧吧，为蔷薇的种植、观光产业的发展奠定了良好的基础； 4. 公司有自营的农畜养殖场、鱼塘和种植基地，能够提供生态有机的食材原料，进而生产高品质的餐饮厨品； 5. 拓展培训和全地形车竞赛	1. 健康饮食（无农药残留）； 2. 体育、娱乐活动； 3. 徒步、慢跑； 4. 爬山、骑行； 5. 参加农事活动，种植、养殖、采摘水果等； 6. 特色医药、治疗方法； 7. 歌舞； 8. 温泉疗养； 9. 互动娱乐	庄园建设符合国家产业政策和科技发展战略，符合昆明市都市农业发展要求，希望能得到国家、省、市政府相关政策的有力支持	
10	云南王家小院种植有限公司	安宁市	农户118户，429人	11家餐厅，2家民宿，1处表演场地	园区拥有水果种植试验示范生产基地500余亩，建园以来，示范园集试验、示范、展览、推广种苗、生态旅游观光于一体，推广先进水果生产技术，发展优质的樱桃、杨梅、板栗等经济林果2825亩，建成了“青龙界牌樱桃示范基地”	1. 健康饮食（无农药残留）； 2. 徒步、慢跑； 3. 爬山、骑行； 4. 参加农事活动，种植、养殖、采摘水果等	给园区提供相应的帮助与扶持，使其能够得到进一步的完善及提升，打造出更具乡村旅游特色的景点	

续表

序号	景点名称	景点位置	村寨户数、员工数	接待规模	特色项目	乡村健康旅游类型	困难及诉求	获奖称号
11	安宁市金方温泉假日有限责任公司	安宁市	236人	138间客房，1间餐厅	1. 露天森林养生温泉区设有泳池、地热、沙疗、净桑拿及37个露天中草药、鱼疗、鲜花、果蔬等养生功能泡池，完美展示了露天森林洗浴的独特温泉文化；水上娱乐区建有欢乐水世界海盗船游乐区、中国龙及蛇滑道、大人国温泉及造型各异的小品露天温泉池；新颖、魔幻、刺激，给人一种忘我、脱俗而愉悦的全新体验； 2. 尽情享受以地方特色菜为主的美味佳肴； 3. 金方森林温泉森林覆盖率达79.29%，氧负离子极高；因其温泉水中含有大量的碳酸、钙、镁等微量元素及矿物质而备受各地宾客青睐	1. 健康餐饮（无农药残留）； 2. 徒步、慢跑； 3. 爬山、骑行； 4. 温泉疗养	无	云南省驰名商标，是第二届中国金汤奖最佳新锐温泉、最具特色露天温泉
12	晨农生态园	呈贡区	220人	5家餐厅，21间民宿，3处表演场地，1个展览馆	1. 农耕文化博物馆：展示的是从刀耕火种到现代农业的发展历程，是园区重点展区； 2. 现代农业科技馆：展示世界蔬菜的高新成果、名特优新品种和先进的现代农业培育技术和设施； 3. 休闲度假：可以亲自体验农耕的乐趣，识五禽六畜，辨五谷杂粮，感受田园生活的悠闲，找回童年的乐趣；	1. 健康饮食（无农药残留）； 2. 体育、娱乐活动； 3. 徒步、慢跑； 4. 参加农事活动，种植、养殖、采摘水果等； 5. 互动娱乐； 6. 民俗	推广宣传渠道少	

续表

序号	景点名称	景点位置	村寨户数、员工数	接待规模	特色项目	乡村健康旅游类型	困难及诉求	获奖称号
12					4. 晨农生态美食：设有晨农私房菜、老村长过桥餐厅、晨农印象餐厅（食药同源餐厅）、晨农花园酒店、早餐店5家餐厅； 5. 生态酒店/会议会务：园林花园式的别院，白族风格民宿酒店，设施齐全的会议中心，环境幽雅、宁静与和谐			
13	狗街镇小哨社区	宜良县	486户，1492人	38家餐厅，11家民宿，1处表演场地	云南省第一家以野生菌为主要特色的生态旅游村，全年气候温润宜人，盛产干巴菌、冬桃、板栗、红梨等，彝族人口占总人口的70%，属于典型的彝汉杂居村，具有浓郁的彝乡风情；年平均接待游客近12万人次；成功举办了13届彝族火把节和7届干巴菌节，有6户经旅游部门授权的接待点，8个村山上均有各类菌子和300亩冬桃基地可供游客自主采摘。 生态旅游的特色："山上有林子，山中有菌子，山间有塘子，山沟有谷子，村中有游子""春赏花、夏拾菌、秋尝果、冬吃杀猪饭"，一年四季均有不同体验。游客中心组建	1. 健康饮食（无农药残留）； 2. 体育、娱乐活动； 3. 徒步、慢跑； 4. 爬山、骑行； 5. 参加农事活动，种植、养殖、采摘水果等； 6. 歌舞； 7. 互动娱乐； 8. 采摘野生菌； 9. 垂钓、摸鱼； 10. 摔跤； 11. 火把节狂欢舞	1. 小哨乡村旅游发展虽然较早，但仍处于起步阶段，需要大量资金用于基础设施的完善和提升； 2. 旅游从业人员服务意识差，技能不强，急需对从业人员组织相对应的培训，提升服务质量	全国生态文明村、两山实践创新基地

续表

序号	景点名称	景点位置	村寨户数、员工数	接待规模	特色项目	乡村健康旅游类型	困难及诉求	获奖称号
13					有村文艺演出队，邀请专业舞蹈老师编排教学，排练有《小哨美景》《大家一起跳》《彝汉情深》等60多个特色演出节目为游客表演			
14	靖安哨68道拐	宜良县	115户，490人	16家餐厅，3家民宿，2处表演场地	靖安哨气候温和湿润，四季分明。主要农作物有各类无公害蔬菜、林果、可食野果，特色干巴菌等山珍野生菌类，花椒、土蜂蜜、无公害猪、腊肉等产品。靖安哨村村民为彝族支系撒梅人，村中建有戏台、斗牛场、火把场，成功举办了五届火把节及两届民族民俗文化节。闻名全国的68道拐起点海拔1500米，终点海拔1800米，垂直高差300米，仅7公里的公路上共有68道弯，堪称世界公路奇观。靖安哨400余年的历史古驿道、烽火台及白云古刹等景观是滇中宜良的重要文化遗产。靖安哨森林覆盖面积较大，是天然氧吧	1. 健康饮食（无农药残留）； 2. 体育、娱乐活动； 3. 徒步、慢跑； 4. 爬山、骑行； 5. 参加农事活动，种植、养殖、采摘水果等； 6. 歌舞	1. 集体资金薄弱，项目推进难度大； 2. 宣传渠道单一，营销力度不够	

续表

序号	景点名称	景点位置	村寨户数、员工数	接待规模	特色项目	乡村健康旅游类型	困难及诉求	获奖称号
15	河湾村	宜良县	72户，292人	3家餐厅，3间民宿，1处表演场地	1.“稻非稻、稻亦稻”、彩色水稻创意农业； 2. 农乐园：开展插秧及田间管理的传统农耕方式的体验活动等各类农趣活动； 3.“亭嬉荷花”农旅项目：在进村沿路百亩农田种植新品种荷花； 4. 节庆活动：举办彝族摔跤节、苗族花山节，承办了首届中国农民丰收节昆明市分会场； 5. 乡传百味：打造并销售“生态宏山”河湾系列绿色农产品； 6. 归派村庄：人潮回流田园养生村； 7. 现代综合农业园； 8. 民族原创文艺演出； 9. 民俗文化类：①民族摔跤；②背秋娃；③彝族苗族刺绣；④河湾彩色水稻泡缸酒；⑤宏山公社旧址，昆明市级文物保护单位；⑥普济桥，昆明市级文物保护单位；⑦玉鼓村锁水阁，县级文物保护单位；⑧彝族摔跤节、苗族花山节、丰收节	1. 健康饮食（无农药残留）； 2. 体育、娱乐活动； 3. 徒步、慢跑； 4. 爬山、骑行； 5. 参加农事活动，种植、养殖、采摘水果等； 6. 歌舞； 7. 互动娱乐	1. 政策扶持力度不足，存在融资难、用地难等政策瓶颈； 2. 水、电、交通等基础设施不完善； 3. 精品旅游路线缺乏；休闲农业观光点还处于“盆景”的状态，规模尚小、开发水平低、景区特色不明显、不能串点成线，“过夜经济”尚未形成规模	1. 宜良县10个乡村旅游示范村之一； 2. 云南省首家与浙江大学农学院合作的彩色水稻创意农业示范基地； 3. 全国“100个特色村庄”之一； 4. 全国首批乡村旅游重点村

续表

序号	景点名称	景点位置	村寨户数、员工数	接待规模	特色项目	乡村健康旅游类型	困难及诉求	获奖称号
16	麦地冲	宜良县	47户，170人	民宿8家，农家乐3家，烧烤餐饮10家，停车场2个	1. “彝家欢歌”彩稻景观区； 2. “向阳花开”彩色向日葵景观区； 3. “我心向党”荷塘景观区； 4. 红色文化区； 5. 森林氧吧区； 6. 农事体验区； 7. 田园美食区； 8. 烧烤露营休闲区； 9. 农特产品销售区； 10. 节会品牌培育和旅游推介项目	1. 健康饮食（无农药残留）； 2. 体育、娱乐活动； 3. 徒步、慢跑； 4. 爬山、骑行； 5. 参加农事活动，种植、养殖、采摘水果等； 6. 歌舞； 7. 互动娱乐； 8. 景观农业； 9. 红色文化	1. 资金投入不足； 2. 土地用地无指标； 3. 招商引资困难，缺少项目资金支持	宜良县乡村旅游示范村、县级文明村
17	农家香谷庄园	官渡区	12人	占地面积170亩，养鱼塘1个1.2亩，建筑面积660平方米，1个餐厅，4个表演场地	庄园内配有秋千、儿童游乐园、鱼塘、练歌房等设施。农庄内种植有各类果树：核桃、桃、板栗、樱桃、杨梅、梨、苹果等，庄园内的蔬菜均采用露天和温室大棚种植方法，味道自然，健康无毒害，同时为旅客提供蔬菜基地参观、自行采摘蔬菜等。庄园畜牧类、禽类采用放养式养育，目的是为旅客提供安全、放心的食材。每年庄园都会来大批的徒步爱好者、登山者，深受大众喜爱。除此之外，庄园还会针对各季度不同的果蔬面向大众	1. 健康饮食（无农药残留）：生态健康水果、蔬菜和禽类； 2. 体育、娱乐活动：荡秋千、练歌； 3. 徒步、慢跑； 4. 爬山； 5. 参加农事活动，种植、养殖、采摘水果等； 6. 歌舞； 7. 互动娱乐：儿童游乐园	无旅客住房、卫生间数量少、绿化不完善，垃圾桶数量少。需要集中改造为旅客提供一个更为舒适、文明，具有乡土人情的庄园。还需建设3~4公里的林荫小道，让旅客近距离感受大自然的魅力	“大众点评”长期占据第一位

续表

序号	景点名称	景点位置	村寨户数、员工数	接待规模	特色项目	乡村健康旅游类型	困难及诉求	获奖称号
17					举办各类丰富的采摘活动，让旅客们自给自足，感受本地的饮食文化与风俗			
18	清溪果香园农家乐	官渡区		占地面积69.8亩，养鱼塘3个19.6亩，建筑面积668平方米	农庄内种植有樱桃、葡萄、梨、苹果等多种经济水果，园内的水果均采用物理防虫种植方法，果实味道纯正，健康无毒害，采摘的游客只要做简单的水洗就可品尝；同时农庄采用自己种植和养殖的蔬菜、肉、蛋等纯生态的食材，为游客提供安全、放心的食材。每年农庄都按照农时开展樱桃节、杨梅节等活动，吸引更多市民到农庄体验乡间生活	1. 健康饮食（无农药残留），生态健康水果、蔬菜和禽类； 2. 爬山； 3. 参加农事活动，种植、养殖、采摘水果等； 4. 互动娱乐：棋牌、体育项目	为了提升体验的舒适度，基础设施尚需提升改造，特别是部分路面还要进行硬化处理，房间设施及卫生间也要进行升级改造，以满足游客需要	
19	云南文化旅游创意博览园	官渡区	213家	10家餐厅，3处表演场地	云南省委、省政府在“十一五”期间确定的标志性文化建设项目，是全球最大的艺术家聚集地。园区云集了1270余名国家级、省级艺术类工艺师，成为“云南省文化创意与相关产业融合发展示范基地”。以非遗记忆传承为载体，着力打造云南文化品牌。现已呈现云陶、云画、云绣、云茶、非物质类的特色街区，入驻艺术	1. 健康饮食（无农药残留）； 2. 体育、娱乐活动； 3. 徒步、慢跑； 4. 歌舞； 5. 互动娱乐	园区人流量不够，需加大宣传推广	云南省文化创意与相关产业融合发展示范基地

续表

序号	景点名称	景点位置	村寨户数、员工数	接待规模	特色项目	乡村健康旅游类型	困难及诉求	获奖称号
19					家工作室 213 家，年创造经济效益 2.3 亿元。此项目在推动云南民族文化强省建设、带动云南文化提升和产业发展方面起到引领作用。园区是“生活乐园”和“天天文博会”，并成为云南省和外来游客观光购物、旅游的好去处			
20	丹桂红军村	寻甸县	1132 人	3 个餐厅，1 处表演场地	1. 红军长征柯渡纪念馆是全国 30 条红色旅游精品线路、全国红色旅游百个经典景区之一，以及云南省重点培育的十大红色旅游景点景区之一； 2. 丹桂村中央红军总部驻地旧址包括“中央红军总部驻地旧址”“毛泽东等中央首长驻地旧址”两部分，前者为清代合院式结构，后者为一进两院的合院式结构和三间两层楼的广式阁楼结构，为全国重点文物保护单位； 3. 丹桂清真寺位于寻甸县柯渡镇丹桂村委会丹桂村中部，始建年代不详，清光绪二十二年（1896）重建，为省级文物保护单位；	1. 健康餐饮（无农药残留）； 2. 徒步、慢跑； 3. 参加农事活动，种植、养殖、采摘水果等	红军长征柯渡纪念馆位于丹桂红军村，受制于无游客接待中心，纪念馆面临较大接待压力	全国文明村、省级文明村、省级卫生村

续表

序号	景点名称	景点位置	村寨户数、员工数	接待规模	特色项目	乡村健康旅游类型	困难及诉求	获奖称号
20					4. 丹桂村杨氏宗祠位于寻甸县柯渡镇丹桂村委会丹桂村中部，始建于光绪二十六年（1900），为县级文物保护单位			
21	凤龙湾国际旅游度假区	寻甸县	134 人	5 家餐厅，370 间民宿	1. 水域风光景观资源：以凤龙湾水库为代表的水域风光，山为凤、水为龙，蜿蜒曲折、景观奇特。水域形成以石板河、小三峡、大叠水为代表的瀑布等水景观。 2. 气候景观资源：凤龙湾常年气候温和，空气湿润，整个规划区内森林茂密，植被覆盖率高，是个难得的天然氧吧，非常适宜休闲养生度假。 3. 民族特色文化：寻甸境内居住着汉、回、彝、苗等 16 个民族；寻甸各民族既保留了自己独特的民族特色，又吸收了其他民族优秀的风俗习惯，形成了独特的民族风情；每年都要举办回族的“开斋节”“落灯节”、彝族的“火把节”“立秋节”、苗族的“花山节”等民族节庆活动。 4. 聚焦回族民族歌舞、民族节庆、民族服饰、回医回药、民族手工艺、民族建筑艺术、民族美食等旅游文化资源，以一千零一夜寓言故事	1. 健康餐饮（无农药残留）； 2. 体育娱乐活动； 3. 徒步、慢跑； 4. 翻山、骑行； 5. 参加农事活动，种植、养殖；采摘水果等； 6. 特色医药、治疗方法； 7. 歌舞； 8. 温泉疗养； 9. 互动娱乐	1. 请求省市有关部门帮助协调缺口资金，优先确保易白旅游专线完工通车； 2. 请市自然资源局帮助协调解决建设用地指标不足问题； 3. 请省市县政府尽快启动大坝者、小坝者“十镇百村”乡村振兴联动发展； 4. 请求市交运局协调安装昆曲高速路特色小镇旅游交通标示导引牌	省级特色小镇、四个一百重点项目、搜狐网全国十佳文旅小镇

续表

序号	景点名称	景点位置	村寨户数、员工数	接待规模	特色项目	乡村健康旅游类型	困难及诉求	获奖称号
21					为蓝本，将故事场景融入建筑风貌、商业业态之中，重现童话故事中的梦幻景象			
22	腊味村	寻甸县	2713 人		全村拥有耕地面积 2087.86 亩，主要种植水稻、烤烟等农作物；林地面积 5551.5 亩，主要种植板栗、花卉、橘子、梨等经济林果。经济来源主要以种、养殖业为主，烤烟、水稻、畜牧业是全村的主导产业，农副产品主要有水稻、玉米、小麦、大麦、马铃薯、绿叶菜、绿豆芽、橘子、香菇、板栗及肉猪、肉牛、肉羊等	1. 健康饮食（无农药残留）； 2. 徒步、慢跑； 3. 爬山； 4. 参加农事活动，种植、养殖、采摘水果等	无	
23	西翥街道办事处陡坡社区	五华区	398 户，1583 人；企业员工 240 人	15 家餐厅，1 家民宿，2 处表演场地	陡坡白族村，突出白族风格民居特点和白族文化、白族餐饮的农家乐；有西游洞旅游区，成为昆明周边小有名气的旅游景区；有 800 余亩的樱花谷，目前已成功举办了三届樱花节；有 1000 亩的小石林，林内各种奇石林立，别有一番风景；有 6000 亩的黑松林，是一个天然的大氧吧；2017 年底修建了一条 5.5 公里的自行车骑行道，2018 年度成功举办了第一届自行车骑行赛	1. 健康饮食（无农药残留）； 2. 体育、娱乐活动； 3. 徒步、慢跑； 4. 爬山； 5. 参加农事活动，种植、养殖、采摘水果等； 6. 歌舞； 7. 互动娱乐	1. 给予发展乡村旅游政策和资金扶持； 2. 给予配套基础设施、公共服务设施土地用地的政策； 3. 引进企业合作共赢； 4. 给予发展乡村旅游的经验指导	2017 年国家民委授予“中国少数民族特色村寨”称号

续表

序号	景点名称	景点位置	村寨户数、员工数	接待规模	特色项目	乡村健康旅游类型	困难及诉求	获奖称号
24	富民县小水井民族特色村	富民县	150余户，常住人口456人	1处约600平方米的表演场地	2002年成立了“富民县小水井苗族农民合唱团”，小水井苗族农民合唱团是一支四声部合唱的团队，他们的演唱方式和技巧是祖祖辈辈口口相传，所有队员都没有参加过专业训练。2003年10月，参加“中国首届西部合唱节”获得青年组第一名，后走进人们的视野。至今，已受邀与中国爱乐乐团、俄罗斯国家爱乐乐团、美国纽约爱乐乐团、英国伦敦爱乐管弦乐团等在美国纽约林肯中心的费舍尔大厅、英国皇家节日大厅、利物浦、牛津大学等剧场演出，用被世人称为“天籁之音”的美妙歌声，向世界讲述“云南故事”	1. 健康饮食（无农药残留）； 2. 体育、娱乐活动； 3. 徒步、慢跑； 4. 爬山、骑行； 5. 参加农事活动，种植、养殖、采摘水果等； 6. 歌舞	无	曾获多项国家、省、市一等奖
25	富民南西桥草莓温泉庄园	富民县	50人（企业员工）271人（石桥村人口）	11家餐厅，11家民宿，6块约6000平方米的表演场地	1. 百亩草莓基地，坚持统一耕种、统一施肥、统一技术、统一收获、统一销售“五个统一”的合作模式，确保草莓的数量和质量，近两年草莓供不应求，吸引了大量的游客前来采摘，草莓年销量共计33吨，销售额达150万元；	1. 健康饮食（无农药残留）； 2. 体育、娱乐活动； 3. 徒步、慢跑； 4. 爬山、骑行； 5. 参加农事活动，种植、养殖、采摘水果等；	计划建设二期项目，包含： 1. 建设拓展训练基地； 2. 多功能文化广场； 3. 农事体验区； 4. 儿童游乐城；	

续表

序号	景点名称	景点位置	村寨户数、员工数	接待规模	特色项目	乡村健康旅游类型	困难及诉求	获奖称号
25					2. 现已建成项目旅游栈道1期、采摘观光田园风光1期、养生广场、农家美食餐厅、生态烧烤、鲜花饼屋、会议室、棋牌室、住宿、养身泡池、游泳池、土特产超市、停车场和娱乐配套等设施； 3. 少数民族敬酒歌舞、篝火晚会、童趣运动、游泳、儿童游乐园、春节、中秋节、火把节、端午节	6. 特色医药、治疗方法； 7. 歌舞； 8. 温泉疗养； 9. 互动娱乐	5. 旅游景观大道，观光步道； 6. 公厕； 7. 传统榨油坊； 8. 民宿30户； 9. 观光植物100亩； 10. 水上旅游设施。希望获得资金支持及补助	
26	滇源樱花山谷家庭农场	盘龙区	20人	2个餐厅，26间民宿	1. 优美的原生态森林景观：项目位于青龙潭西侧，四周山岭环抱，万亩人工针叶林漫山遍野，天然杜鹃、山茶戌片成带，山下龙潭清流舒缓、形成了优美的自然景观； 2. 神往的地文景观：清朝光绪皇帝所赠御笔之宝“盘江照佑”九龙巨匾现存于黑龙潭，清末著名文人陈荣昌亲题“盘江之源”现存于青龙潭，均为重点文物保护单位；还可以上山捡菌、采摘水果、登高眺远、水边小憩亲近自然、放松身心，是理想的健康休闲度假胜地；	1. 健康饮食（无农药残留）； 2. 体育、娱乐活动； 3. 徒步、慢跑； 4. 爬山、骑行； 5. 参加农事活动，种植、养殖、采摘水果等； 6. 歌舞	无	

续表

序号	景点名称	景点位置	村寨户数、员工数	接待规模	特色项目	乡村健康旅游类型	困难及诉求	获奖称号
26					3. 秀美的水文景观：青龙潭周边溪流蜿蜒曲折、鸟语回荡山谷之中。本项目集“山、水、林”于一体，形成“谷在山间，山被箐环，水流谷底，林到天边”的自然生态景观，光照充沛，空气清新，负氧离子含量高，是昆明繁华都市的后花园，甜美的山泉水养出的鱼等生态食品更是让客人津津乐道			
27	锡伯龙文化园	盘龙区	32人	餐桌数86个，160个床位，10亩表演场地	“锡伯龙农家乐”已成为占地300亩，有山林果园、鱼塘、家禽养殖场、户外运动场、休闲娱乐区、民族文化展示区、停车场等的大型综合餐饮娱乐旅游休闲胜地。景区内有锡伯族南征纪念馆，红歌红舞民族舞表演。 该村下一步还准备建造300亩山坡地，建休闲农业基地和3000～5000平方米果蔬大棚，昆明市14个县（市）区农业土特产品将在这里集中展示并通过展示交易到省外、国外，为昆明市县（市）区农家乐和乡村旅游起到带动作用。正在组织申报成立都市农庄	1. 健康饮食（无农药残留）； 2. 体育、娱乐活动； 3. 徒步、慢跑； 4. 爬山、骑行； 5. 参加农事活动，种植、养殖、采摘水果等； 6. 特色医药、治疗方法； 7. 歌舞； 8. 互动娱乐	缺乏有效的宣传渠道	“十佳农家乐”荣誉称号；“云南省十佳特色餐饮企业”；“新派滇菜金奖”

续表

序号	景点名称	景点位置	村寨户数、员工数	接待规模	特色项目	乡村健康旅游类型	困难及诉求	获奖称号
28	昆明市盘龙区双龙街道	盘龙区	1292 人	1000 间客房	辖区内有金殿国家森林公园、云南野生动物园及昆明世界园艺博览园等知名旅游区，实现了村村通公路，并开通了公交车。民族主要以汉族为主，少数民族有彝族、回族、苗族、傈僳族等，耕地以种植玉米、小麦、蔬菜等为主；森林覆盖率达到 72.4%。常年光照充足、雨量充沛、气候温和，四季呈亚热带湿润气候，森林资源丰富，生态环境优美，乡土气息浓郁，素以“昆明主城后花园、都市的森林氧吧”而著称，是城市居民休闲、度假的旅游胜地	1. 健康饮食（无农药残留）； 2. 医疗护理； 3. 文体活动	无	
29	香草芳林农庄	西山区	专职 6 人，兼职 15 人	餐厅 1 个，表演场地 1 个，房车住宿	香草芳林近年开发的“云香”系列产品有鲜花洁面皂、香薰蜡烛/蜡片、天然线香/盘香，初步打开市场，已经具备一定的知名度； 商业业态布局：企业+农户；香草芳林农庄基地与合作的苗木种植基地零售体验店（昆明 3 个分店）；海南康家共享农庄、北京蓝调庄园线上销售平台；微信公众号——香草芳林及商城，微信公众号——共享农庄及商城，注册商标——香草芳林	1. 科普活动：芳香植物及其应用科普； 2. 体验互动：鲜花手工皂、精油蜡烛、香草蛋糕等； 3. 香道插花培训及体验活动； 4. 健身活动：缓坡爬山、森林音乐瑜伽（天然香薰氧吧）； 5. 参加农事活动：香草盆栽种植体验； 6. 特色香草餐	1. 道路； 2. 公厕； 3. 宣传	昆明最美十佳农庄；西山区十佳美食农家乐；农业部 2014 年农庄景观银奖

续表

序号	景点名称	景点位置	村寨户数、员工数	接待规模	特色项目	乡村健康旅游类型	困难及诉求	获奖称号
30	昆明市西山区团结街道	西山区	3.17万人		下辖16个行政村、119个村民小组、136个自然村，居住着彝、白、苗、汉4个民族，总人口3.17万人，其中少数民族人口占总人口的71.2%。有高原山地、河谷山地、山间小盆地等多种地貌，有金沙江水系的永胜河等河流，森林覆盖率为75.3%。耕地面积2037.4公顷，农作物主要以水稻、玉米、小麦、经济林果等为主。辖区内森林茂密，立体气候明显，生态环境优美，民族风情浓郁，乡土特色浓郁，有火把节、花山节等多个民族节日	1. 健康饮食（无农药残留）； 2. 体育、娱乐活动； 3. 参加农事活动，种植、养殖、采摘水果等； 4. 歌舞	无	“全国民族团结进步模范乡”“全国精神文明建设示范乡”“全国造林绿化百佳乡”“全国农业旅游示范点”“国家级生态街道”“云南省生态乡镇”
31	云南太阳谷·千鼓彝寨	东川区	102人	餐厅可供500人用餐，民宿17间，表演场地2000平方米	依托东川红土地、轿子雪山、国际泥石流越野赛等旅游优势，结合阿旺镇彝族人口众多、彝族文化浓厚等特点，精心打造一个集彝族农耕文化观光体验、农产品开发销售和彝族文化历史保护发扬的原始村寨。“望得见山、看得见水、听得见乡音、记得住乡愁、留得住乡情”，不仅是新时代中国美丽乡村的理想，更是东川旅游发展的目标，走“文化搭台，经济唱戏”的路子，是阿旺	1. 健康饮食（无农药残留）； 2. 体育、娱乐活动； 3. 参加农事活动，种植、养殖、采摘水果等； 4. 歌舞	彝寨宣传渠道闭塞，恳请相关部门给予宣传推广	昆明市龙头企业

续表

序号	景点名称	景点位置	村寨户数、员工数	接待规模	特色项目	乡村健康旅游类型	困难及诉求	获奖称号
31					镇根据实际特点总结出来的经济转型新思路，在各级政府的正确领导与支持下，太阳谷·千鼓彝寨项目将成为东川文化旅游新名片			
32	糯黑村委会大糯黑村	石林县	272户、1006人	8家餐厅，10户民宿，3处表演场地	1. 乡村资源状况：九石阿旅游专线过境，交通便利。森林覆盖率达86%；居住着彝族、汉族、壮族，其中彝族人口比率达99%。经济结构主要由烤烟、玉米、养殖业和旅游业构成；大糯黑村具有鲜明山区地域特色，是石林县独一无二的石头寨，自然生态保护较好，环境优美。 2. 历史悠久、传统文化底蕴深厚：大糯黑村具有浓郁的地域和民族文化特色，是彝族传统文化保存较完整的典型的彝族村落。具有独特的自然、人文景观；具有地方特色的撒尼刺绣品、食品（核桃、人参果、乳饼、骨头生等），吸引了国内外的画家、学子和游客；大糯黑村现有业余文艺队7支，人数达200余人，有各种乐器、道具200余件；每年的春节、妇女节、火把节、密枝节，都要组织盛大的文艺展演、斗牛、拔	1. 健康饮食（无农药残留）：生态健康水果、蔬菜和禽类； 2. 体育、娱乐活动：斗鸡、斗羊、斗牛、篮球、拔河、撵山； 3. 爬山； 4. 参加农事活动，种植、养殖、采摘水果等； 5. 特色医药、治疗方法：山上野生各种草药； 6. 歌舞； 7. 互动娱乐	1. 乡村旅游发展缓慢，缺乏投资； 2. 特色民居保护面临诸多问题； 3. 农田基础设施薄弱； 4. 农民科技文化素质偏低； 5. 村庄环境较差； 6. 公共事业发展滞后	市级文明村、昆明市卫生村、昆明市旅游特色村、云南民族特色旅游村寨、云南省特色文化产业示范村、国家级生态村，入选中国传统村落名录、国际人类学与民族学联合会第十六届世界大会学术考察点

续表

序号	景点名称	景点位置	村寨户数、员工数	接待规模	特色项目	乡村健康旅游类型	困难及诉求	获奖称号
32					河、斗鸡等活动，丰富了群众的业余文化生活，陶冶了情操			
33	石林中医药文化康养小镇	石林县	600人	4个餐厅，6家民宿，4处表演场地	1. 自然资源：石林自然资源丰富，生态环境优越，气候宜人，无重工业污染；小镇汇集石林世界自然遗产、传统中医药文化、撒尼阿诗玛风情、氟疗温泉等多种康养特色要素； 2. 彰显特色：石林康养小镇坚持传承和发展传统中医药文化，融入中医养生文化精髓，形成了中药材种养→加工→销售→中医药文化展示→游览→研学→医疗→康养全产业链，开创了心疗、食疗、水疗、药疗、理疗“五位一体”中医药健康服务新模式； 3. 文化风俗：项目地位于石林彝族自治县石林台创园核心区，石林县以“山石冠天下、风情醉国人”闻名于世；石林民族文化底蕴丰厚，以“阿诗玛”为代表的彝族撒尼文化内涵丰富，被誉为“歌舞之乡”“摔跤之乡”“中国民间艺术之乡”“现代民间绘画之乡”；	1. 健康饮食（无农药残留）：品樱花峪药膳美食； 2. 体育、娱乐活动：阿诗玛文化广场练五禽戏、跳广场舞； 3. 徒步、慢跑：园区樱花（梨花）大道徒步、慢跑； 4. 爬山、骑行：景区游览，樱花（梨花）大道骑行； 5. 参加农事活动，种植、养殖、采摘水果等； 6. 特色医药、资料方法：看中药材基地、观中医文化展览馆、游国药博览园； 7. 歌舞：赏《那古木斯》户外水幕实景剧场；	一是石林台创园区高速入口及交通条件亟待改善，园区基础设施投入仍需加大；二是增加建设用地，用于公司游客服务中心、中医药观摩体验中心等配套项目建设；三是民营企业融资仍然十分困难，企业营商环境仍需改善	

续表

序号	景点名称	景点位置	村寨户数、员工数	接待规模	特色项目	乡村健康旅游类型	困难及诉求	获奖称号
33					4. 农业生产：现有种养殖基地约1600亩；始终坚持“做老实农民、盘肥沃土地、养家常禽畜、产健康食品”的原则，着力打造“畜禽放养→粪便发酵→果蔬种植→酿制白酒→酒糟喂养”有机循环农业；主要农副产品有：①三七等中药材；②绿色果蔬；③生态养殖	8. 温泉疗养：泡石海偏硅酸氟疗温泉； 9. 互动娱乐：儿童游乐园、CS真人野战场、户外拓展训练营		
34	马鹿塘乡	禄劝县	20122人		马鹿塘高山杜鹃花海景区，涵盖了大团包、风帽岭、尖老包等地的杜鹃花海及高山草海，平均海拔3000米，植被覆盖率高达70%以上，自然环境较好，农业景观层次丰富，风光绮丽、水质优良，保持了原生态的自然风貌和景观。景区内满山遍野的杜鹃花，花朵仪态万千，颜色丰富多彩，且每一种颜色又自然“调配”出诸多个色系来，如浅红、殷红、洋红、橙红等，是令人心醉的美景。主景区距离昆明市城区仅16公里，属于昆明2小时旅游经济圈范围	1. 健康饮食（无农药残留）； 2. 徒步、慢跑——园区杜鹃花占道徒步、慢跑； 3. 参加农事活动，种植、养殖、采摘水果等； 4. 民族风情体验	无	

（二）调研企业类型

昆明当前的乡村健康旅游形成了一定的产品梯度和层次，可以大致分为以下几类（见图 4-11）。

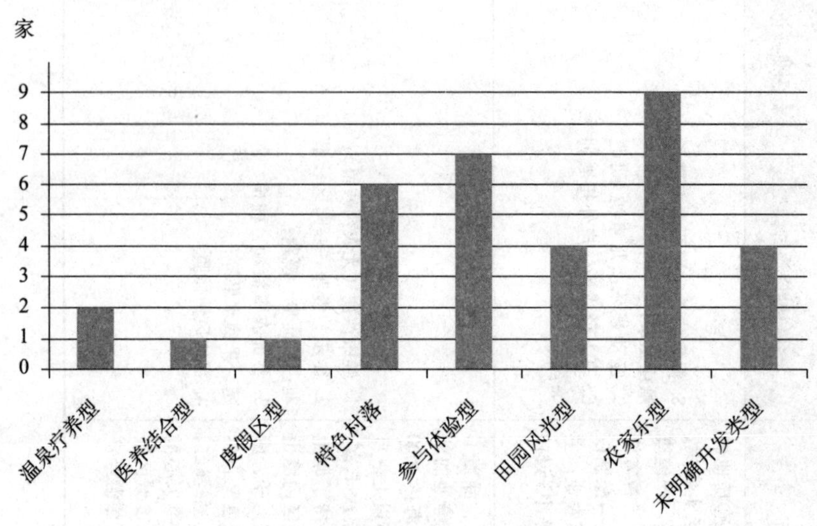

图 4-11　昆明乡村健康旅游类型分布

1. 温泉疗养型

研究表明，温泉对于健康有着综合理疗效果。仅从其本身的理疗效果看，就可以通过对日常环境中不同的物理（包括热能促进心血管、关节、肌肉的疏通等；压力增加腹内、心容、静脉等内压；浮力改善运动机能等）、化学（微量元素改善人体酸碱平衡、总固、电位因子等）、荷尔蒙水平等方面的调节对机体施加复合型刺激，从而激发身体的自愈和恢复能力。

昆明安宁温泉属于非常稀有的碳酸温泉（碳酸泉绝大部分为冷泉），对多种慢性心血管疾病的治疗尤为有效，其作用机理是通过沐浴，使泉水中的二氧化碳进入体内，促进血管扩张及静脉血回流，减轻心脏负担。同时，通过碳酸产生的游离二氧化碳气泡及氢离子对人体的刺激，对皮肤、呼吸系统、人体酸碱度、消化系统均有改善作用（见图 4-12）。

金方森林温泉全称安宁市金方温泉假日有限责任公司，位于昆明西郊的安宁“天下第一汤”温泉旅游度假区小镇。金方森林温泉的自然资源得

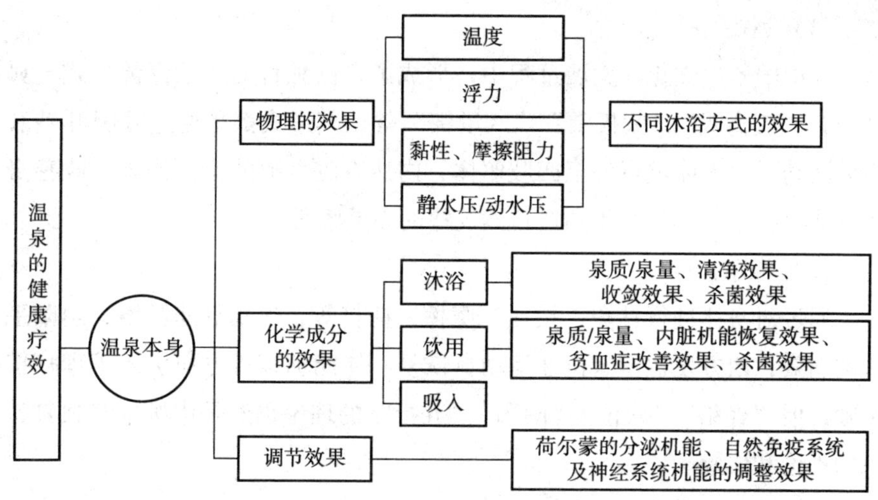

图 4-12　温泉健康疗效

天独厚，森林覆盖率达 79.29%，负氧离子极高。因其温泉水中含有大量的碳酸、钙、镁等微量元素及矿物质而备受游客青睐，具有极好的口碑。

金方森林温泉目前经营的项目主要有三大板块——露天森林养生温泉、温泉水上娱乐及半山温泉酒店。露天森林养生温泉区设有泳池、地热、沙疗、净桑拿及 37 个露天中草药、鱼疗、鲜花、果蔬等养生功能泡池，具有露天森林洗浴的独特温泉文化。温泉水上娱乐区建有欢乐水世界海盗船游乐区、中国龙及蛇滑道、大人国温泉及造型各异的小品露天温泉池。半山温泉酒店坐落于龙山半山的森林之中，酒店设有山景、园景大床房，标准间，无障碍房，林景亲子套房，连通房，总裁套房等共计 138 间。酒店客房有观景的功能，房间阳台设有温泉泡池和榻榻米休闲区。酒店设有会议中心，有能力举办 30 人至 300 人不等的各类活动。配套设施齐全，服务专业。餐饮楼设有宴会厅、中西式餐厅及温馨小包房，环境幽雅，有专业的厨师团队提供高品质的服务。

因此，包括温泉小村、金方温泉假日酒店的这类企业，可以围绕原生温泉资源的疗养优势，全力打造全方位的休闲、疗养生态周边产品和服务，让游客快乐生活之余得到身心的休养。

2. 医养结合型

传统的中医药养生产品主要包括以下几种类型。

（1）运动养生

在中国养生文化的发展过程中，形成了自己独特的运动保健形式，典型的有“五禽戏”“太极拳”“八段锦”等，其形式都是通过呼吸吐纳和机体活动，对人体进行外至四肢躯体，内达五脏六腑的全面锻炼，改善身体机能，甚至进一步升华到对自然规律的心灵感悟。

（2）推拿按摩

通过对身体进行针灸、按压、摩擦、捶打等，达到舒筋活络、阴阳平衡的功效，西方发达国家也在运动员恢复、体能训练等方面引入了理疗按摩师，但“经络”“穴位”“阴阳”“五行”的理论仍然是中医推拿独具特色的理论和体验。

（3）食疗文化

“食药同源”是中医一以贯之的饮食理念，不同于西方营养学主要局限于对食品营养价值的认知，中医本身的治疗手段就是加工自然原材料生产复方制剂，因此也一直强调合理的饮食搭配对人体保健甚至疾病治疗的功效，并总结、推出了许多食疗菜谱及药方，可以针对不同疾病、不同季节产生不同的作用，具有很强的实用价值。

（4）理念传播

数千年的中药医疗发展，让中医药成为一门实践经验和理论体系齐全的学科。通过参观中药种植加工全过程，解读中医典籍等活动，可以将“治未病”的健康理念传播给游客，从而能够让其在未来的岁月中，更加合理有效地对自己的健康投资，管理好自己的人生，这也是一种康养作用的体现。

石林中医药文化康养小镇突出了中医药医疗保健的作用，从吃、住、行、游各方面都力求体现医药保健手段介入的效果，是中医药养生旅游的典范企业。

石林中医药文化康养小镇由昆明杏林大观园健康产业（集团）有限公司打造，是一个集中医药文化旅游、中医药科普教育、中医药康复保健为一体的综合性康养项目，旨在普及中医药文化、满足养生养老市场需要。康养小镇内的产业涵盖观光旅游、休闲农业、科普教育、会议展览、健身娱乐、药膳美食、餐饮住宿、养生养老、文化演艺、影视基地等。

昆明杏林中医药康养小镇项目位于石林台湾农民创业园核心区，交通四通八达，区位优势明显，铁路、公路、旅游公共交通皆可通达。石林康养小镇依托石林世界自然遗产和台创园国家级农业园区区域优势，充分利用石林喀斯特地貌独特的空气、海拔、温度、日照等各种优质康养要素，汇集石林世界自然遗产、传统中医药文化、彝族撒尼阿诗玛文化、氟疗温泉等多种康养特色，传承和发展传统中医药文化，以养生养老服务为主业，面向旅居养老人群、休闲度假游客和中小学生三大目标群提供旅居养老、休闲度假旅游和研学旅行等康养旅游服务。园区内包括珍稀中药材管道水培种植示范、中医药文化科普教育、省级文化创意产业影视和中医养生养老四个基地，形成了“中药材种养→加工→销售→中医药文化展示→游览→研学→医疗→康养”一条完整的产业链。

石林中医药文化康养小镇内的杏林农场的农业板块现有种养殖基地面积约1600亩，坚持“做老实农民、盘肥沃土地、养家常禽畜、产健康食品”的原则，着力打造“畜禽放养→粪便发酵→果蔬种植→酿制白酒→酒糟喂养”有机循环农业，严格控制农药、化肥施用量，杜绝转基因食品，为游客们提供绿色、生态、有机、安全的健康食品。农场的主要农副产品有管道水培三七等中药材、绿色果蔬、生态养殖家禽牲畜、手工加工食品。农场打造了绿色生态农产品的“种植养殖→采摘体验→展览展示→游览参观→产品加工→销售推广→消费康养”产业链条。

3. 度假区型

凤龙湾国际旅游度假区通过有效整合，利用区域内自然、民族资源，开发成为综合性的休闲养生度假区。

凤龙湾国际旅游度假区的自然资源和人文资源丰富，囊括了森林、水域、沼泽地、河滩等多样的地理地貌，森林覆盖率较高，空气中负氧离子含量高，高水域风光景观独特，自然生态环境优美，气候四季如春，民族风情多样，资源丰富，以此为依托开发出一系列具有特色的乡村旅游产品，非常适宜休闲养生度假。度假区依托回族民族歌舞、民族节庆、民族服饰、回医回药、民族手工艺、民族建筑艺术、民族美食等旅游文化资源，将民俗风情融入建筑和商业业态之中。

度假区内功能齐全，包括了住宿、交通、餐饮、旅游、娱乐、购物等旅游的各个要素，能够满足游客各方面的需求，其中住宿类型包括木屋、洞穴酒店、城堡酒店、露营等，丰富多样，创新创意突出，在同类产品中处于领先水平。

度假区占有一片相对独立、完整的区域，在区域内可以进行自主开发或者引入项目，灵活性和综合性较强。单从凤龙湾国际旅游度假区来看，就集合了其他本次调研的温泉、民族医药、民俗文化、自然景观、特色饮食等6种项目类型的核心康养元素，能够带给游客较为全面、丰富的项目选择和康养体验。但是也应该看到，由于其他企业类型存在一些独占性资源的现象，度假区型项目不可能在每一方面都做到最好，为了避免最后发展陷入“样样通，样样松”的窘境，建议度假区型项目与周边其他特色项目展开合作，进一步提升自身价值。随着行业的发展，其他类型中实力较强的项目如安宁温泉村、云南太阳谷·千鼓彝寨等综合实力也在提高，相信在不远的未来，昆明还将涌现出一批既有特色资源，又有度假区实力，能够提供综合性康养服务的优质乡村健康旅游项目。

4. 特色村落

特色村落包括石林县大糯黑村、狗街镇小哨社区、富民县小水井民族特色村、丹桂红军村、靖安哨68道拐、西翥街道办事处陡坡社区。其依托村落本身的人文、地理、民族特点吸引游客，从而进一步开展健康旅游产品的营销。

这类项目大部分具有休闲康养的先天条件，例如空气对人体身心的净化，安静对平复心情的促进，绿植的镇静效应，负离子浓度对血液循环的促进，植物的芳香对情绪的缓解等，均有一定的健康功效。但是这类项目的核心吸引力还是来自其特色的民俗、历史等，与健康没有直接的关联，没有进一步突出康养效果。因此这类项目的健康旅游发展可以有两种思路，一是成为周边康养基地的目的地，从全局的高度进一步丰富当地乡村健康旅游产品，这样投资小、发展安全，但是难以进一步升级为独立的健康旅游项目。二是引入更多的健康旅游元素，成为具备完整功能的乡村健康旅游基地，这样将会产生更好的综合效益，但是发展面临客流、知名度、资金等种种困难。总体来看，其下一步的发展策略还是要综合考虑当地健康旅游市场规模和自身实力，量身打造。

5. 参与体验型

参与体验型项目包括海湾村自然营地、安宁润俊蔷薇庄园都市农庄、云南王家小院种植有限公司、晨农生态园、云南文化旅游创意博览园、富民南西桥草莓温泉庄园、香草芳林农庄，其以一些特有、专业或具有知识产权的参与型项目吸引顾客，从而进一步开展旅游健康产品的营销。

这类项目虽然没有对人的身体健康产生直接的影响，但从"大健康"的范畴来说，通过与游客开展互动，对健康产生了积极的促进作用。例如，海湾村自然营地，通过开展一些较有挑战性的项目、拓展训练等，能够使参与人在专业人士的指导下，突破自我，打破心理障碍，在团队项目中通过分工协作，提高人际沟通能力，改善思维模式，提高处理、解决问题的能力，从而促进身心健康、人格健全；晨农生态园，通过引导游客从事农耕、采摘等园艺活动，使其充分体验到培育、收获的快乐，促进个体社会意识的成长，甚至还能在专注从事农活的过程中充分认识自然规律，健全心智。此类项目对认知障碍、人际关系障碍等心理和精神疾病患者有辅助治疗作用。当然，通过自己生产获得绿色食物，本身也避免了摄入不明来源的不安全食品，保证了自身的身体健康。

6. 田园风光型

田园风光型项目包括后甸花海、河湾村、麦地冲、滇源樱花山谷家庭农场，其以乡村形成的自然风光或田园规划吸引游客，从而进一步开展旅游健康产品的营销。

这类项目的康养价值主要依托自然的田园风光，带给人们身心的愉悦，也可以通过规划一些体验项目，改善人们心理健康。但与特色村落和参与体验型项目相比，总体开发程度较低，既没有核心的吸引力，也没有成规模的体验项目，总体还处在相对野蛮生长的阶段。总之，从身心放松、有利健康的角度来说，不失为一个去处，但是能获得的康养效果很难量化。正因为开发晚，这类项目既有先天基础也有后发优势，如果能够找准方向进行合理开发，将直接步入时代的前沿，成为乡村健康旅游发展壮大的生力军。

7. 农家乐型

农家乐型项目包括温泉镇木羊缘农家乐、安宁太平秋麟山庄、安宁洪园山庄、骅鼎农家乐生态园、水井湾生态园、云南太阳谷·千鼓彝寨、锡伯龙文化园、农家香谷庄园、清溪果香园农家乐，其以特色饮食、生态食品为核心卖点吸引游客，从而进一步开展旅游健康产品的营销。

这类项目属于传统的乡村旅游项目，康养效果主要体现在休闲时光对身心的放松和生态饮食对健康的助益上，相对来说准入门槛不高，因此能以较低的价格吸引一定数量的游客。但是同时也带来严重的同质化问题，在长期发展中始终没有取得突出的核心优势，很容易被同行赶超。有一些实力较强的企业意识到这个问题，如云南太阳谷·千鼓彝寨，已经在规划、开发更多的康养项目，朝着度假区标准的综合性生态健康农家乐发展，以期在未来的发展中获得更好的效益。对于大部分实力较弱的农家乐型项目，可以通过开发民族特色食疗等投入较少的项目进一步突出自身的康养价值。

8. 未明确开发类型

未明确开发类型项目有马鹿塘乡、腊味村、昆明市盘龙区双龙街道、昆明市西山区团结街道，其特点是具备进一步开发成乡村健康旅游目的地的基础，但是目前没有完整的规划和核心竞争优势，仅有部分零星的餐馆等。

（三）调研企业特点

1. 自然优势突出

从实地调研情况来看，昆明乡村健康旅游自然资源的特点是普遍具有自然资源且质量较高，部分具有不可替代性。例如，安宁市温泉作为全国仅有的天然碳酸钙镁温泉（其余均为硫黄或人工温泉），在疗养方面有着独特的功效，被誉为“天下第一泉”，深受游客喜爱；云南土壤及气候环境适合植物生长，包括中药材（尤以三七、石斛等养生保健药材最为出名）、野生菌（占全世界野生菌市场一半以上的产量，品种全、质量好）、花卉（拥有亚洲最大的鲜切花市场，也有将薰衣草等芳香植物安神保健功能运用到生活中的项目）、绿色果蔬（品种多，本次调研的大部分项目都包括绿色果蔬采摘）等；大部分项目地森林覆盖面积超过70%~80%，超过全国大多数城市，是天然氧吧。

2. 民族康养文化丰富

昆明民族生态的丰富和独特性相比自然资源也不逊色。云南是全国少数民族分布最多的省，拥有26个民族。本次调研的项目中，包含了近10个少数民族的村落，不同民族的文化和生活习惯、节庆祭祀方式的交融，形成了一幅独特的画卷，吸引了四方的游客。其中，以“富民县小水井苗族农民合唱团”为代表的少数民族原生态歌舞和以石林大糯黑村为代表的少数民族特色建筑已经具有了全国乃至国际知名度，其余少数民族村落也有多个在国家、省、市特色乡村评选中获得认可。

特别值得一提的是云南多民族的民族医药、养生历史。傣、藏、彝、白、佤、壮、纳西、景颇等众多少数民族都形成了自己的独有医疗思想及治疗手法。随着对少数民族医药认识的不断加深，其科学性、合理性、有效性、独特性也逐步获得认可。2006年，傣医医师资格考试纳入国家医师资格考试系列，与全国执业医师资格考试同步进行。云南省已出版了傣医本科教材和傣族、彝族、佤族、纳西东巴医药等民族医药书籍10余部，研发民族药院内制剂400余种。西双版纳州、楚雄州研究制定了一批傣药、彝药民族药标准，西双版纳州还建立了傣医医院。

以上这些都是昆明及云南乡村健康旅游开发的独有的、无可替代的特色项目，有望在后续的旅游发展中成为新的经济增长点。

三、昆明市乡村健康旅游示范区（点）评定

（一）评定体系构建

1. 制定评定标准

《乡村健康旅游目的地示范区（点）评定标准（试行）》由云南大学工商管理与旅游管理学院、云南省乡村旅游协会提出，由云南省乡村旅游协会颁布并负责解释，主要起草单位为云南大学工商管理与旅游管理学院、云南省乡村旅游协会。

2. 组织评定专家

评定专家由云南大学教授、云南省文化旅游发展委员会相关处室负责人、昆明市文化旅游局相关处室负责人、云南省乡村旅游协会领导、云报集团负责人组成，每组不少于5人。

（二）专家评审

专家对乡村健康旅游示范点的评价审查步骤如下：参评的各企业单位首先提交纸质版申报材料；由示范区（点）负责人向省检查组做现场汇报；检查组审查增项资料（照片、录像等）；检查组进行实地检查；检查组根据实地检查情况填写《乡村健康旅游目的地示范区（点）评分细则》；检查工作小结。

评定按评分细则进行打分，满分为500分，分值高于400分（含400分）者通过云南省乡村健康旅游目的地示范点评定。A类为400分及以上，即基本达到试验示范区标准，试行后可以挂牌；B类为350~399分，即部分整改后可以达到示范区的标准；C类为250~349分，需要进行较大的整改才能达到示范区标准，D类为250分以下，即基础较差需要整体重新规划和全面整改。

根据各县市区文化和旅游局的推荐，创建工作组委会检查组初评，对此次参评的单位进行打分，按照得分不同分为ABCD四类，已评估单位评估结果如下：

A类4家：凤龙湾国际旅游度假区、云南太阳谷·千鼓彝寨、晨农生态园、石林中医药文化康养小镇（杏林大观园）。

B类6家：海湾村自然生态营地、木羊缘农家乐、水井湾生态园、安宁洪园山庄、丹桂红军村、香草芳林生态园。

C类5家：蔷薇庄园、安宁太平秋麟山庄、陡坡村、清溪果香园农家乐、农家香谷庄园。

D类2家：骅鼎农家乐生态园、后甸花海。

（三）网络评价

参评企业的网络信息收集来源主要为大众点评网和美团APP，包括以下单位：秋麟山庄、洪园山庄、海湾村自然生态营地、骅鼎农家乐生态园、水井湾生态园、后甸花海、木羊缘农家乐、蔷薇庄园、香草芳林生态园、晨农生态园、陡坡村、农家香谷庄园、清溪果香园农家乐、云南太阳谷·千鼓彝寨、凤龙湾国际旅游度假区、丹桂红军村。

通过在网站和 APP 上输入企业名称，搜索该企业在大众点评网和美团 APP 上的有关记录，将消费者对企业的评价整理归纳。根据网站的归类将用户评价划分为好评、中评、差评，其中好评为 4~5 星，中评为 3 星，差评为 1~2 星。

（四）评定结果

经过创建工作组委会 2019 年 11 月 26 日会议研究讨论通过，获得“云南省乡村健康旅游目的地示范区（点）”称号的共有 8 家单位，分别是：

- 石林中医药文化康养小镇（杏林大观园）
- 晨农生态园
- 凤龙湾国际旅游度假区
- 云南太阳谷·千鼓彝寨
- 丹桂红军村
- 石林万家欢农业科技开发有限公司
- 云南古耕农业科技开发有限公司
- 水井湾生态园

乡村健康旅游目的地示范点在获得称号后要严格执行标准，并接受行业协会、各市县级旅游行政管理部门的日常监督管理和社会监督。在此之后每三年接受 1 次云南省乡村旅游协会的复核检查。

（五）存在的问题

1. 评价标准及过程

在使用《乡村健康旅游目的地示范区（点）评定标准（试行）》对参评单位和企业进行实际评价和打分的过程中，发现此标准存在的不合理之处如下。

项目 1. 1 评价标准中对于健康旅游资源的界定不明确。

项目 1. 2. 1 根据年游客接待量打分、评分细则中，年游客接待量越多得分越高，没有区分高端和低端产品；存在某些品质好、价格高，但消费人数少的产品，如高端酒店或健康按摩。故此项分数需要调整。

项目2中的空气质量、地表水水域环境质量等项目，在评价过程中由于时间仓促，没有官方文件的参考和证明，评价小组成员通过目测等方式评价，得出的结果可能有偏颇，不够严谨和准确。

项目4.2根据企业单位的住宿设施接待能力打分，但存在不经营住宿服务的单位，需要分类评价。

项目4.3.3中根据企业和单位提供的健康餐饮中的健康食材打分，对生态、绿色、有机食材占比有要求，但实际上大多数单位并不持有健康生态的相关凭证，食材的来源渠道都由企业人员向评价小组讲解介绍，可能存在过于主观的问题。

项目5.2讲解服务中只提到讲解内容与健康主题密切相关，没有对讲解内容的系统性和完整性做出要求。

项目5.3.1中根据每年举办健康讲座的次数打分，对于企业单位举办健康知识讲座的受众是员工还是游客没有明确。

项目5.3.2中未明确健身项目和活动项目的区别，没有说明是否有教练参与的才可归为健身项目。

项目6.3游客管理中，对游客满意度的评判缺乏调查问卷等一手资料，信息来源主要是企业单位自身，准确性和公正性存疑。

项目6.4.1中上岗人员培训的合格率由企业提供，大多数企业单位没有为员工提供专业的外部培训，企业对员工评价的客观性存疑。

项目6.4.2中根据具有大专以上文化程度的中高级管理人员比例评分。没有区分大型企业与农家乐的管理体系和人员组成的差别，一些体量较小的单位或家庭经营的农家乐，对管理人员的学历要求的必要性存疑。

2. 经营管理

大多数乡村健康旅游示范点的管理人员专业性不足，企业内部无系统科学的管理和运营体系，中层管理水平有待提高，现有从业人员水平参差不齐，服务意识较差，服务能力有待提升，标准化规范化程度较低。一些农家乐由于是家庭经营，存在粗放管理、营销和宣传渠道单一导致知名度较低、客源主要是本地市场等普遍性问题。

在吃、住、行、游、购、娱方面同样存在问题，包括餐饮服务质量不高，体现在菜品摆放不专业，健康菜品有待提升，无特色主打健康菜品；住宿服务设施很少或无住宿设施，卫生设施老旧，导致游客停留时间较短，过夜游客数量少；缺乏专业或特色的康养项目，健康活动类型少，接待能力不足，难以满足客人的健康养生需求，不能提供专业的旅游讲解服务；核心的主打健康产品无明确发展规划和运营策划；无整体市场营销计划，宣传推广不成系统；交通可进入性较差，路标及其他标识不清晰；农副产品等旅游产品开发滞后，销售额少。

四、昆明市乡村健康旅游 SWOT 分析及存在的问题

（一）昆明市乡村健康旅游的 SWOT 分析

1. 优势

（1）丰富多彩的自然资源和民族生态

这是昆明开展乡村健康旅游最大的优势。一成不变的风景最消磨游人的心情，在昆明，游客可以一边养生放松，一边体验不同的民族风情，获得新的刺激，能够以更多的耐心流连在这片美丽的土地上。更重要的是，不同的自然资源和特色疗法，赋予了健康不同的含义，也为探寻健康之道提供了不同的途径，游客在这里总能找到一个适合自己的旅游方式，这是昆明自然资源和民族文化最不可替代的优势。

（2）昆明市的气候和空气条件

昆明的空气质量常年在全国重点城市中排名前列（例如 2019 年 1 月，昆明市空气质量在全国 168 个重点城市中排名第 3 位），适宜的温度、干燥的空气、良好的空气质量，对人体健康有着促进作用，特别适合患有呼吸系统疾病、关节疾病的人们长居，这为昆明开展乡村健康旅游提供了良好的气候条件。上海交通大学安泰经济与管理学院《2019 中国候鸟式养老冬季栖息地适宜度指数》中，昆明在南方 51 个城市中排名第 9，再次说明了昆明的宜居性。同时还需指出的是，昆明四季如春的气候不但有益健康，而且使得昆明一年四季都适宜旅游，冬可取暖夏可纳凉，没有其他旅游城

市的“窗口期”，进一步放大了昆明旅游行业的优势。

（3）昆明的交通和地理位置

昆明地处西南交通要冲，也是与东南亚、南亚交流的窗口，交通工具齐全，有着天然的交通和地理优势；拥有国际机场和高铁站，其中长水国际机场在2015年世界百大机场中位列第46位，而高铁则是中国唯一通往南亚、东南亚的枢纽站点。因此，昆明除了自身客源外，一方面可以截留远去云南各地及东南亚的国内旅客，另一方面可以针对进入我国的东南亚旅客进行营销。

2. 劣势

从昆明当前的乡村健康旅游项目来看，最大的问题是绝大部分项目小、散、弱，并由此引发一系列的问题。因为小，客人会快速丧失新鲜感，然后，匆匆赶往下一个目的地，失去了追求健康养生的意义；因为散，项目之间没有产生联系和合力，难以形成品牌效应和规模效应，不能将各个项目的特色传导到客户身上，从而浪费了昆明丰富的资源优势；因为弱，无论是自身产品的定位还是管理运营水平都找不到足够吸引人的地方，找不到核心竞争力，与传统旅游景点相比没有名气，很难有人专门来寻求乡村健康旅游服务。

从项目自身来看，进一步发展需要大量的资金支持。对于经济比较落后的云南，地方政府难以给予大力支持。对外融资过程中，受限于项目规模和企业实力，又很难在金融市场有所斩获，从而形成恶性循环，贻误发展时机。

3. 机会

从短期来看，昆明乃至云南对于健康目的地认识较早，特别是其乡村健康旅游模式，几乎没有其他城市的经验可以参照。一旦发展良好，就很可能抢占市场高地，固化区域概念，使人们一旦出现远离都市，去乡村健康生活的旅游需求，首先想到的就是昆明，真正成为全国健康生活目的地。

从长期来看，发展乡村健康旅游是提前布局，可以为即将到来的全民大健康和全面老龄化市场做好准备。“安全和健康”将成为未来旅游宣传中最重要的一张王牌，现在的投入将让昆明在下一波需求蓝海中占得先机。

4. 威胁

目前，昆明乡村健康旅游的产品体系仍然很不完善，除了屈指可数的几个相对高端的项目外，大部分乡村健康旅游产品只不过是乡村旅游的变种，没有形成全产业链。特别是相对于发达城市，昆明的医疗、服务水平相对落后，对于许多专业性的健康旅游需求，开展起来相对困难。例如，术后恢复疗养（缺乏一批高水平的医院），对老年人的健康陪伴服务（服务水平落后、人员缺失），对心理健康、音乐治疗、运动理疗的专业指导（缺少相关专业人才）。

因此，乡村健康旅游的发展与相关行业的水平有着密切的联系，如果不能将相关行业的发展维持在一定水准之上，整个乡村健康旅游产业会有被其他城市反超的可能。

（二）昆明市乡村健康旅游存在的问题

与优异的自然资源和民族生态相对的是昆明市乡村健康旅游管理水平和理念的落后，没有将最好的体验带给游客，主要表现在以下几方面。

1. 乡村健康旅游发展需求与政府规划存在矛盾

我国当前实行的农村土地开发利用政策主要包括“占补平衡”“增减挂钩”等，即占用一块耕地用于项目建设，需要补充一块同等面积的新耕地，或者拆除同等面积的建设用地用于复垦，以保证我国耕地总规模不减少，建设总用地不增加。这项政策对于我国这一人口大国有着重要意义，可以保障全国十几亿人最基本的口粮，同时更好地平衡城乡发展。

但乡村健康旅游模式根植于乡村土地，要想进一步扩大规模，不可避免地需要占用更多的土地，对于小型项目来说，专门报批土地规划流程，让当地政府协调用地指标是非常不现实的。调研过程中，有企业（项目单位）反映规划外路面不能硬化（即地面不能有砖石和建筑），导致原来建设的民宿、接待房屋被拆，预想的经营效果大打折扣。从长远来看，当前农村土地政策手段可能会有微调，但是目标不会动摇，习近平总书记说

“中国人要把饭碗端在自己手里”，再次说明了保障充足的基本农田和其他农用地是我国乡村用地规划中的根本性要求。

总之，乡村健康旅游的发展与当前我国农村土地流转政策之间存在着比较突出的矛盾，这决定了未来乡村健康旅游模式不可能漫无边际地扩展。在此背景下，如何发挥好项目之间本身的优势，做到“贵精不贵多”，是乡村健康旅游发展过程中需要解决的一个重要问题。

2. 低端模式同质化严重

从本次试点申报情况来看，数量最多的农家乐型所能提供的服务项目和乡村健康旅游类型的几乎一模一样。对于熟悉情况的本地人来说，或许还能从口味、规模、管理者的交情等方面作出选择，但对于外地游客来说，根本不能分辨哪家更符合自己的需求。即便是像特色村落、特色参与型、田园风光型项目，虽有自己的特色资源优势，但是其服务类型与农家乐型依然没有本质的差别，游客在新奇感过后，难以找到驻足停留的理由，也就很难形成“回头客”消费。由于健康感受的提升需要一定的时间积累，停留时间较短，使游客体验到的是“乡村旅游”而不是“乡村健康旅游”，难以推动乡村健康旅游进一步发展。

3. 缺乏健康概念的产品化植入

纵观昆明市上报的乡村健康旅游试点项目，其本质仍接近于乡村旅游甚至传统农家乐的升级版，与健康相关的切入点仍停留在人们的主观认知上，停留在基础自然资源上，没有被进一步提炼和深加工。例如，本次申报的项目中，绝大多数乡村旅游类型都有健康饮食（无农药残留）、徒步、爬山、参加农事活动、绿色蔬菜种植等。这些项目在人们的认知常识中的确对健康有益，但是效果却没有经过可量化的论证，同时可替代性太强，每一个农家乐都可以做到，也就没有了为了健康体验而形成的特殊附加值。

调研过程中也发现石林中医药文化康养小镇、温泉心景花园度假酒店（包含在安宁温泉小村项目中）两个项目深度挖掘了健康的内涵和意义，能够在旅游过程中为游客提供一整套的健康解决方案，明显区别于传统乡村旅游，应该说代表了乡村健康旅游未来的发展方向。

石林中医药文化康养小镇提出“中药材种养→加工→销售→中医药文化展示→游览→研学→医疗→康养”全产业链，开创了心疗、食疗、水疗、药疗、理疗“五位一体”中医药健康服务新模式。在健康饮食方面，打造樱花峪药膳美食；在体育、娱乐方面，引导游客练五禽戏；在医养知识方面，带领游客参观药材基地、中医展览馆，让游客获得更多的健康升级体验。

温泉心景养生酒店作为中国第一家加入世界养生酒店联盟（HHOW）的品牌，引入先进的管理理念，通过有机健康餐饮、健康教育课程、身心灵保健服务、健康体适能、健康诊断和健康护理、住宿设施六个维度带给游客健康目的地的服务体验。具体健康产品包括以二十四节气养生理念引入菜品而设计打造的养生系列菜品、顺应四时的四季养生 SPA 疗程、私人教练、健康导师的养生一对一服务、传承中国传统文化的健康教育课程、特色香薰、温泉等放松、助眠服务等。

4. 亮点不够突出

虽然此次参评的项目中，大部分以当地自然和民族生态资源为依托进行开发，但是基本停留在“靠山吃山”的初级开发阶段，没有进一步挖掘特色资源背后的意义。

①本次申报项目中有着大量的回、彝、白等少数民族聚集区，除了凤龙湾国际旅游度假区明确开展回医、回药服务以外，没有其他项目挖掘少数民族医药的特色食疗、理疗方案。②富民县小水井苗族农民合唱团以天籁之音享誉全球，但在当地的申报材料中没有进一步挖掘其净化心灵、提升精神境界的心理健康价值。③都将野生菌产地的项目作为特色饮食项目进行包装，却没有将其作为珍贵的野生保健食材进行宣传。④对于少数民族传统的歌舞、竞技项目的健康价值没有挖掘。

5. 管理水平有待提高

本次调研过程中明显感受到，安宁温泉街道·温泉小村、安宁市金方温泉假日有限责任公司、石林中医药文化康养小镇、凤龙湾国际旅游度假区 4 个项目引入了先进的管理理念，或者是形成了自己的管理体系；河湾村与浙江大学农学院开展产品合作；香草芳林生态园开发了线上销售平台、合作农庄、零售体验店等模式，其余项目还处在老板甚至村集体的打拼过程中。虽然多数项目受制于经营规模，没有必要投入更多的管理成本，但是目前来看，这些项目已经明显地出现小、散、弱和没有核心竞争力的问题，未来发展的空间受到一定限制。

6. 发展规模参差不齐

从本次调研情况来看，除了温泉疗养、医养结合、度假区三种类型的4个项目发展较为成熟，配套较为齐全，能够给游客带来完整的旅游服务外，剩下的30个项目规模明显偏小。特别是大多数项目本身具有吸引游客的能力，但没有成规模的住宿接待能力，不但失去了“过夜经济”市场，而且有违那些对于盼望身心放松，静心养性，愿意投入一定时间常住的健康游客初衷，不利于乡村健康旅游的发展。

7. 建设、融资渠道不畅

通过对参评项目上报存在的困境进行统计分析，可以将问题合并为40个，其中主要划分为建设、融资渠道需求问题17个。从各项目规划来看，目前许多经营情况较好的项目开始着手二期或者配套设施的改扩建建设。但是对于大部分民营企业来说，想在资本市场获得融资较为困难，也有一些项目做出了规划，但苦于没有项目启动资金而被闲置。

8. 政府支持不足

参评企业中急切需要政府支持的有10个。从企业对政府支持的需求来看，主要集中在两个方面：一方面是贴息、补助等资金支持，另一方面是土地规划、道路畅通等基础设施方面的支持。从我国当前宏观政策层面来看，国家正在加大对政府隐形债务的清理力度，除直接关系到国计民生的问题（如国家战略储备，易地扶贫搬迁等）外，想要列入地方财政预算，直接获得政府补助相对困难。而土地出让手续，目前也日趋严格，如果未能缴足土地出让金，就很难完成整个土地出让流程。从目前普遍的运作模式来看，争取政府支持的最好办法仍然是PPP（政府和社会资本合作）模式。

9. 宣传力度不够

参评企业中，要求加大宣传支持的有10个。随着省政府相关规划和政策的实施，只要是符合乡村健康旅游类型的项目，在未来都应该是宣传的重点。因此关键还是在于做出特色，能够与未来市场和需求紧密贴合，同时也可以利用先进的社交手段、科技成果，进一步提升自身知名度。

其他 5 个问题分别是“引进特色项目，吸引外出村民回村就业，提高村民经济收入”（安宁温泉街道·温泉小村）；“上级部门加强指导，对相关时事政策予以解读”（安宁温泉后甸花海）；“旅游从业人员服务意识差，技能不强，急需对从业人员组织相对应的培训，提升服务质量”（狗街镇小哨社区）；“给予发展乡村旅游的经验指导”（西翥街道办事处陡坡社区）；“特色民居保护面临诸多问题”（糯黑村委会大糯黑村）。从项目分布看，都来自昆明最早的旅游开发区域，问题也集中在进一步提升产品竞争力和服务水平上。这说明对于有运营经验的企业来说，他们不再简单地着眼于外部条件的扶持，而是意识到应通过精细化管理，提升自身产品质量的优势。可以想象，随着乡村健康旅游的不断发展，要想在同行业竞争中取得优势，进一步强化管理，利用先进的理论和科学的方法是必不可少的。

五、昆明市乡村健康旅游发展策略

（一）构建乡村健康旅游产品体系

通过上文研究，可以看到昆明乡村健康旅游发展亟待解决的问题是建立一个完整、科学的产品体系，为游客提供一整套的旅游方案，才能够从容应对游客不同的旅游需求。

从旅游学最基本的定义要素出发，一个完整的旅游产品体系包括食、住、行、游、购、娱等。

1. 食

“民以食为天”。面对新冠肺炎疫情，在云南省乡村旅游协会、休闲文化养生协会的倡议下，省、市级农业龙头企业、示范企业建立了“康涞健康餐桌”，将新鲜的健康蔬、果、肉类配送到社区，打响防疫阻击战，获得了居民们的好评。未来该企业还会进入养生领域。由此可见，作为健康旅游服务，绿色、生态、健康的饮食是对“食”这一要素最基本的要求。

从现状来看，本次调研的项目都具备了餐饮条件，大部分都能提供以绿色、生态的食物为主的饮食，也有部分商家进一步推出了野餐烧烤等项目，对于乡村旅游，都可以算得上是不错的选择。但对于乡村健康旅游这一新的旅游方式来说，还有潜力可以挖掘。

一方面是对健康的挖掘。乡村健康旅游区别于乡村旅游的最大特征，就是将健康作为主要元素参与到旅游方式的打造中，本次调研过程中只有石林中医药文化康养小镇、心景酒店明确提出了养生食谱的理念，其他项目在食疗方面则缺乏显著的竞争力。当然，开展食疗项目也要考虑自身实力，不能盲目跟风，一是不能丢了一开始吸引人的味道，否则“画虎不成”，反而失去了自己的特色；二是开展药膳食疗要有一定的理论支撑，否则提高了成本却无法体现附加价值，得不偿失。另一方面是对特色的挖掘。本次调研过程中，仅有晨农生态园算是全方位地打造了特色饮食体系，通过农家菜、小吃、健康菜、花园酒店、早餐店五大板块对应五个不同的餐厅，全面展示了当地特色的饮食文化，形成了丰富的层次感，照顾到了客人各方面的需求。本次调研中，很多项目都拥有当地特色的饮食文化资源，但是大部分局限于初级加工，满足于完成一道原生态、无污染的菜肴，没有对食材进行成体系的开发，也没有赋予其健康价值的灵魂，相比晨农生态园的运营方式，缺少的正是那“点睛一笔”。

未来乡村健康旅游“食”的发展趋势将会是“健康”与“特色”的融合，两手抓、两手都要硬，才能形成良好的品牌竞争力。

2. 住

从住宿条件的现状来看，昆明乡村健康旅游除了一些规模较大的项目，如安宁温泉系列、石林中医药文化康养小镇、凤龙湾国际旅游度假区外，其余项目都缺乏团体住宿条件。经过调研，一些项目也在着力改善住宿条件，例如，云南太阳谷 · 千鼓彝寨已在开发成规模的住宿区，晨农生态园也形成了上百人的住宿接待能力，但是受限于项目重点是农业种植，文旅基础较弱，没有达到较高的住宿服务水准。

总体来看，“住”是当前昆明乡村健康旅游六要素中最大的短板。考虑到酒店开发受地理环境、整体客流量、投资规模等诸多因素的影响，盲目升级住宿条件带来的收益较低，如果开发过程中不能形成自己的特色，还会造成更大的浪费。因此在下一步发展策略中，除了已有规划、少量投入的民宿、现有规模改扩建的情况，不宜在新建住宿项目上投入过多。

3. 行

与住相同的是，出行便利性的提升也将有助于整体客流量的提升，通过建立项目之间的便捷交通连接，游客对于住宿地点的敏感度会有一定程度的下降，毕竟不管住在哪里都不影响游玩其他项目。游客规模的发展最终会超过区域大本营的接待能力，在这个过程中，重新规划住宿发展，形成错位竞争，可以获得更精准、更大的收益。对于一定区域内的旅游活动，住和行是相辅相成的。

昆明市近年来也加大了对交通的投入，高速公路贯通所有区县，通往安宁的轨道交通和连接呈贡斗南花市的地铁都在建设当中，进一步将市区通行时间压缩到半小时以内，周边区县的通行时间压缩到了 2 小时以内。从昆明出发，不论租车、自驾还是公交通行，到达辖内任一旅游大本营的出行成本都能控制在较为舒适的心理范围内，不会形成游客的选择障碍。而从大本营到周边项目的交通建设，就需要企业联合当地政府，解决调研过程中部分项目反映的交通旅游专线建设问题。

随着科技进步和交通的发展，未来昆明乡村旅游的出行将会越来越便捷，将形成以昆明为核心，数个重要旅游目的地与更多旅游项目之间交叉覆盖的网状交通结构。

4. 游

与传统游山玩水的旅游最大的不同在于，景观游览不再是乡村健康旅游最重要的核心，游客最重要的目的是追求健康生活，比如青藏高原固然雄奇壮美，但对于心脏不佳、有高原反应的游客反而是种负担。但是作为乡村健康旅游的组成部分，丰富旖旎的游览体验依然有利于提升游客的旅游体验，更是留住中长期游客的重要筹码。因此，打造乡村健康旅游产品，既要从“游”入手，还要突出“闲”“养”的要素，三位一体，共同发展，才能体现其真正的价值。

从这个意义上来说，如果把“游”看作一次旅程中最重要的核心体验产品，那么乡村健康旅游这一要素的内涵还可以进一步挖掘为在以健康为前提的情况下，合理开发游玩项目：如温泉疗养、中药体验、农耕活动等；有效利用周边环境，如森林的富氧效应，草地的绿色效应等；丰富人文体验，如不同民族的文化、饮食、医疗、节庆等，让游客在旅程中不仅玩得开心，还玩得舒心、玩得健康。

5. 购

在中国旅游市场上，强制购物模式越来越受到人们的厌恶，而网购的发达使得人们在选择自己想要的物品时不再需要专程去往原产地。因此，在开发产品的策略上，应该根植于最核心、最原始的竞争力，即无可替代的健康体验与民族风情。为此可以考虑从以下几个方面着力。

（1）线下重体验，线上重宣传。乡村健康旅游最核心的卖点依然来自健康的体验，因此开发销售产品的核心在于让顾客体验到自身健康状况的改善，线下体验是最好的抓手。当游客进入旅游项目地时，一切周边环境都可以朝着健康的方向进行开发配置：舒适的环境、充足的氧气、现场的理疗、专家的指导，都是健康体验的重要组成部分。因此针对线下顾客，要抓好这最好的时机，给游客留下美好的健康体验，开展最好的产品和服务营销。

更重要的是，旅游是一时的体验，健康则是一辈子的需求。当游客离开后，出于对实体健康体验的认可，可能会形成长期、持续购买当地健康旅游制品的消费习惯，线下营销结束后特色旅游产品仍然具有广阔的后续市场空间。当前的物流和网购渠道十分发达，包括无公害蔬菜、肉类等生鲜都可以在保质期内送达全国各地，更别说药品制剂等保质期更长的产品了。

因此，只要做好核心产品、线下体验，昆明乡村健康旅游的购物产品市场还是有很大发展空间的。同时，线上销售模式宣传成本低，成功方式多样，可能因为一个热点话题成为爆款，也可能通过详细的介绍获得消费者认可，甚至可以通过对生产全程的监控拍摄进行宣传而成为热点，可以说是行动胜过千言万语，品质好坏自在人心。

做好线上线下营销的联动，充分利用信息化科技成果，是未来产品销售的趋势和发展方向，并且也能满足调研过程中许多项目提出的加大宣传力度的诉求。但目前昆明市几乎还没有运用好现代化宣传渠道和手段参与市场竞争，只有香草芳林农庄算是走在前沿，其发展思路和经验值得借鉴。

（2）聚集一批老字号及知名品牌。老字号和知名品牌代表着经受了岁月的洗礼和群众广泛的认可，既体现了社会对企业本身实力的褒奖，也是企业对外营销的窗口。在一些大型旅游城市，总有几条繁华的街道，而坐落于这些街区最好位置的商店往往就是当地老字号和知名品牌，这就是老字号和知名品牌带来的影响力。例如，北京前门的“全聚德”、重庆磁器口的“陈麻花”、广州北京路的“太平馆”等。反观昆明最繁华的南屏步行街，也就背街角落里的“建新园”算得上知名度较高，但顾客大部分是本地人，所生产的产品为熟食，也不便于携带。在此条街上没有形成一批能够支撑起整个旅游业的知名品牌。

因此，发展乡村健康旅游的“购”，可以考虑培育、认定一批叫得响、质量过硬、有特色的品牌，比如民族医药制剂、健康养生速食、花卉植物干果、果蔬生鲜、野生菌等，既有保健功能又有当地特色；集中一批特色品牌入驻步行街区、旅游项目，以品牌企业为主，当地个体经营户为辅，带动整个行业购物水平的提升。

6. 娱

娱乐要素本身不是乡村健康旅游的重点，但却是提升产业吸引力的重要元素。从某种程度上来说，寓乐于养、养乐结合脱离了以治疗为主的康养理念，进一步转为追求陶冶情操、提升心境、强身健体的大健康内涵。

从调研情况来看，娱乐方面做得比较好的首推安宁海湾村项目，依托当地宽广的自然场地资源，开发了皮划艇、桨板、平台舟、扎筏泅渡、攀岩攀高、地壶球、专业编带、激光真人 CS、露营等多 40 多个项目，可以让游客在与大自然的对话中，锻炼身体，体验极限，超越自我，放松心情。可见娱乐项目提升了整个乡村健康产品的质量，但是在后续开发中，应该注意以下几点。

（1）如果采取全面模仿海湾村项目开发娱乐产品的策略，虽然产品丰富且独特，但是对于场地、资金的投入要求较高，同时还需做得专业、新奇，需要聘用独立的教练团队引导游客，人、力、物的投入要求都比较高。但如果简单地开展部分模仿，投入虽然较少，却容易让游客失去新鲜感，达不到改扩建的效果。

（2）昆明并不缺少有趣的乡村旅游健康娱乐项目，缺少的是对健康意义的解读和挖掘，例如，以晨农生态园为代表的许多项目提供的农事参与活动，体现了中国文化中“日出而作，日落而息，道法自然”的健康养生思想；富民小水井农民合唱团，是一个自发组建的唱诗班形式的合唱团体，歌曲内容大多以民族歌调、圣歌圣咏为主，充分体现了中国传统礼乐以“善”与“和”为中心的审美思想，给人“充满天地，包裹六极”的感受，给人们带来平和的心境。

（3）近年，国家体委倡导支持在全国建立2万块足球场，每块球场给予5万元经济支持，对乡村开展体育健康旅游是个机遇。城市由于土地有限，要新建球场很不容易，而乡村有较多闲置土地，足球场又不需要土地硬化，符合国土资源部门的要求。安宁水井湾生态园就把原来用来种植玉米、养鸡的用地划出一块修建乡村足球场，没想到吸引了一批足球爱好者，他们常常来足球场踢球，踢完球就在水井湾生态园用餐。对于在餐厅用餐的足球爱好者，可免费使用足球场。

纵观昆明乡村健康旅游娱乐资源，如果有良好的规划和管理，有望发展成为各有所长、各有特点，能够在一定范围内满足客户定制化需求，让客户能够自行选择的完整产品体系。

7. 商

“商”指的是商务旅游，从现状来看，存在和“住”相同的问题，除了几个高端、完整的项目外，大部分项目无论从接待条件还是项目设置来说，都不符合商务旅游的要求。从发展方向来看，商务旅游的要求也与乡村健康旅游的追求不太搭边。

但这并不意味着乡村健康旅游没有打入商务旅游活动的空间。一些大型、高端的乡村健康旅游项目本身具备商务旅游的条件，再加上能够体现地域文化特色，对于一些喜欢远离尘嚣、感受民俗特色的宾客有着天然的吸引力。

8. 养

“养”指的是养生旅游。毋庸置疑，乡村健康旅游与养生旅游高度贴合，如果从旅游目的来看，乡村健康旅游可以看作是养生旅游的分支。因此，乡村健康旅游的发展直接关系着整个地区养生旅游的发展。特别需要指出的是，与国内发达省份和城市相比，昆明的城市化进程还比较低，尤其是医疗资源的相对薄弱（主要指没有全国领先水平的医疗条件和医院）和生活水平的相对落后，导致难以开展疾病治疗、术后恢复的医疗、康养旅游（比如对于有条件的，可能会选择去北京进行心脏手术，去韩国完成整形微调，并在当地完成术后恢复，顺便完成一次旅行），也没能在都市养生旅游中占得绝对优势。

相反，作为一个省会城市，昆明周边丰富的乡村资源对开展乡村健康旅游有着得天独厚的优势。可以预见，昆明未来的养生旅游市场，最重要的支柱和着力点或许就是乡村健康旅游。还应该看到的是发展乡村健康旅游对周围产业的带动效应，特别是促进食品、住宿、土特产加工、特色保健、医疗行业的水平提升，从而进一步促进旅游业的发展。因此，从昆明旅游发展“养”的角度看，乡村健康旅游模式是值得花大力气投入和推广的。以此为契机，这一模式的规模在今后的发展中有望继续扩大，如果能够进一步奠定全国行业领先的地位，也可以进一步促进对这一模式相关支撑理论的发展，从而达成对养生方式和健康内涵的新的探索和突破。

9. 学

“学”指的是研学旅游。从乡村健康旅游模式来看，昆明本身并非高校、科研院所等高精尖产业聚集地，没有发展修学、科考旅游的根基和土壤。但是也应该看到，昆明乡村健康旅游项目所依托的自然和人文资源十分丰富，有进一步发展成为农产品种植实验区（如晨农生态园）、医药养生实践基地（如石林中医药文化康养小镇）、人文及少数民族文化研究场所（大糯黑村）、野外训练及夏令营举办场地（安宁海湾村）的潜力。

从理论上来说，昆明的乡村健康旅游中，“学”的因素很难占据主导地位，但是对于有这方面发展意向的项目来说，也有机会通过与高校、科研机构的广泛合作，进一步壮大成为特殊学科（如少数民族医药、少数民族生态学科等）的校外实践场所。这样一方面能够开拓出学术考察这一稳定项目源，另一方面也能进一步增加自身知名度，吸引更多旅客。

10. 闲

“闲”指的是休闲旅游。与“养”相同，“闲”也是乡村健康旅游的重要组成部分，从历史渊源来看，休闲文化是产生乡村旅游需求的文化根基，而在此基础上进一步细分出对健康生活有更高要求的旅游形式就是乡村健康旅游。经过多年的农家乐等形式的运营和发展，昆明的乡村旅游行业已经初具规模。但是与一些发达的休闲之都相比，最大的差距在于没有形成独具代表性的养生文化。譬如说到成都，首先想到的是茶馆文化；说到广州，首先想到的是早茶文化；而说到昆明，明明是一座生活节奏不算快的城市，却难以想到什么标志性的休闲方式，似乎休闲等于无所事事。

大健康的时代下，昆明获得难得的发展机遇，能够有机会建立自己的健康休闲文化，特别是乡村健康旅游，昆明目前还处于船头浪尖的位置。如果能够加快发展，先发制人，一举奠定昆明在全国乡村健康旅游的地位，那时候，昆明也就可以为自己打上“回归自然”“以闲养生”“健康休闲”的休闲文化之都烙印。因此，打造乡村健康旅游“闲”的关键，是找到“闲”背后蕴藏的生活智慧与精神诉求，传导一种理念比开发一家农场更重要。

11. 情

“情”指的是情感旅游。从定义上来看，包括婚庆、婚恋、纪念日等旅游方式。其背后潜藏的消费心理可以大概总结为：在特殊的日子里做一件特殊的事情来留住对这一天的回忆，而这恰恰是昆明乡村旅游资源能够提供的。例如，去一个风景美丽的地方；学一项手工工艺；找一个安静的地方慢慢等天黑；了解一种新的民族生活；吃一顿平时吃不到的山茅野菜；做一次对自己和家人身体有益的按摩等，无一不属于乡村健康旅游的产品范畴。另外，乡村健康旅游地点普遍比较安静、悠闲，有利于人们交流沟通和深化感情，是情感旅游的理想场地之一。总体来看，情感旅游不失为乡村健康旅游发展的一个附加增长点，昆明乡村健康旅游未来在打造自身核心产品的同时，不妨考虑与情感旅游兼容的空间，进一步拓宽市场和目标群体。

12. 奇

“奇”指的是探奇旅游，而以攀岩、滑雪、赛车、跑酷等为代表的极限运动过度刺激人体感官和身体，与休闲养生的原则相违背，过度发展此类项目，会逐渐偏离乡村健康旅游的轨道，成为其他类型的旅游方式。但是换一种角度理解，昆明乡村旅游资源也有“奇”，奇山异水（如石林）、奇珍异宝（如野生菌等）、奇特风俗（如 20 多个民族的不同文化）、奇妙美食（如各类民族不同口味饮食）。

因此，只要抓住特点，深度发展，昆明乡村健康旅游还能在“奇”字上做文章，并且能够谱写出与其他地方完全不同、色彩斑斓、馥郁多姿的美丽篇章。

（二）塑造昆明市乡村健康旅游品牌企业

塑造昆明市乡村健康旅游品牌企业，需要经过科学的评估和权威机构的认定，这项工作需要政府、企业、社会各界共同参与，所幸经过调查了解，昆明市乡村健康旅游示范区（点）（第一批）工作推进比较顺利，评审工作已经基本完成，再次印证了当地政府发展乡村健康旅游的决心和各界人士对项目发展前景的信心。这为整个行业朝着品牌化、规范化管理迈出了坚实的第一步，既能够给参与评选的企业指出不足和发展方向，也能为昆明进一步加大乡村健康旅游政策支持提升宣传效果，为打造健康生活目的地提供依据，还能将昆明休闲养生城市的形象定格在游客心中。

从评选数量来看，第一批参评企业（项目单位）没有完全覆盖本书实地调研中的全部 34 个企业（项目单位），考虑到昆明乡村健康旅游市场项目存量和广阔的发展前景，评审工作应该还会持续推进。从评选范围来看，本次评选是以项目整体为单位开展的，对于一些特色突出但是整体规划和发展还不够成熟的项目来说相对不利，如果下一步能够从乡村旅游的周边产品行业的角度进行评选，诸如“民族医药特色示范点”“民俗文化特色示范区”“民族特产知名品牌”等，还能进一步丰富和完善品牌管理的内涵，也能给予那些有特色但不够完善的项目（例如香草芳林生态园）应有的认可。

乡村健康旅游品牌体系的建立和评价的深入，无疑将推动整个行业的发展和价值提升。另一个不可忽视的潜在影响在于，评价过程中不断积累的理论和经验，将更好地帮助旅游行业找准自身定位和发展思路，推进昆明甚至全省旅游业的转型升级。

（三）打造昆明市乡村健康旅游精品路线

有了对昆明乡村健康旅游的科学评判，就可以基于调研结果，打造旅游精品路线。通过交通网络，最大限度地发挥各个旅游项目之间的优势，规避当前项目间的基础设施差距，从而在品牌项目和特色项目之间形成广泛的合作共赢局面。路线的选择应充分考虑便捷性、舒适性、丰富化、精品化，让游客在较短的时间内可以体验到精彩的健康生活。

从现有条件来看，可以选择“一点带动多星，多星辐射四周”的商业圈，即以昆明市区为交通旅程的出发点和交通节点，利用自身拥有的机场、高铁、高速公路等交通枢纽，会聚各地游客；从昆明市区出发后将游客分散到周边数个设施齐备的明星项目，可闲可玩，开始健康休闲生活的初体验，并作为未来向周围特色项目进发的大本营；明星项目和周边特色项目可以统一规划，通过开通定期的交通车辆等方式形成交通网络连接，让旅客在充分的休息后还能根据自身需求自由选择目的地，寻找新鲜感，健康生活与特色体验两不误，使旅游价值体验获得进一步提升。

游客希望体验农事劳作的快乐，品味绿色食品的甘甜，同时放松身心，体验特色文化的新奇。因此，可以考虑不同产品的组合，打造昆明市乡村健康旅游精品路线，以下是比较适合昆明乡村健康旅游的一日游和二日游精品路线。

1. 一日游路线

A 线：［呈贡］晨农生态园。呈贡离高铁站等交通枢纽近，特色项目与游客需求高度贴合，走进田间地头学习都市里学不到的知识，在收获果蔬的过程中获得成就感，体验无公害饮食的魅力。

B 线：包括 5 条线路：

①［安宁温泉村］日式金方森林温泉；体验温泉疗养。

②［安宁温泉村］心景酒店健康体检→健康餐→特色温泉理疗；体验层次较高的系列康养产品。

③［安宁温泉村］曹溪寺心灵之旅→摩崖石刻→佛教学院；通过佛学交流、书法审美，获得心灵放松。

④［安宁］青龙峡→木羊缘农家乐；通过徒步、登山活动，健康体魄，中餐或晚餐品尝木羊缘农家乐生态餐。

⑤［安宁］海湾村自然生态营地；参与各种康体活动。

C线：［西山区］香草芳林生态园；体验各种香草之美，台湾风格手工制作，品尝生态西餐。

D线：［盘龙区］锡伯龙文化园；体验锡伯族文化，品尝烤全羊、烤乳猪。

E线：［石林］石林中医药文化康养小镇（杏林大观园）。

F线：［石林］大糯黑村。

2. 二日游路线

A线：包括3条线路：

①安宁：第一天，曹溪寺心灵之旅→摩崖石刻→佛教学院→日式金方森林温泉；第二天，青龙峡→木羊缘农家乐。

②安宁：第一天，海湾村自然生态营地；第二天，日式金方森林温泉/心景酒店健康产品。

③安宁：第一天，青龙峡→木羊缘农家乐；第二天，日式金方森林温泉/心景酒店健康产品。

B线：包括3条线路：

①东川-寻甸：第一天，云南太阳谷·千鼓彝寨；第二天，丹桂红军村。

②东川-寻甸：第一天，云南太阳谷·千鼓彝寨；第二天，凤龙湾国际旅游度假区。

③寻甸：第一天，丹桂红军村；第二天，凤龙湾国际旅游度假区。

C线：包括2条线路：

①石林：第一天，大糯黑村；第二天，石林中医药文化康养小镇（杏林大观园）。

②石林-东川：第一天，石林中医药文化康养小镇（杏林大观园）；第二天，云南太阳谷·千鼓彝寨。

游客可以根据自己的兴趣爱好进行不同的线路组合。健康生活是一种长久的习惯行为，在一个良好的健康环境中长期生活，随着时间的推移，追求旅游中的健康体验动机会越发明显。本次调查过程中，搜集了由云南省乡村旅游协会、云南省休闲养生产业协会、慢性病院外康复管理专业委员会等参与的新起点自愈疗法体验营的相关内容，该体验营就是借助昆明滇池度假区的自然风光，通过专家指导、教练培训的方式，开展针对慢性病人自愈的为期30天的体验活动。表4-8和表4-9是该体验营的日程表及作息时间表。

表4-8　新起点自愈疗法体验营日程

日期	内容	备注
第1天	报到接待	建立健康档案
第2~10天	康养旅居	方案—干预—调整
第10~30天	办理返程	实现既定目标

表4-9　新起点自愈疗法体验营作息安排

时间	内容	备注
6：30	起床	
7：00	健身经络操	
8：00	生态食材营养早餐	
9：00	健康讲座1~30节课	全景展示自愈力医学
10：00	加餐：抗氧化汁	200毫升
12：00	生态食材营养中餐	午休至14：00
14：00	加餐：抗氧化汁	200毫升
15：00	户外活动徒步、运动、趣味游戏	
17：00	生态食材营养晚餐	
18：00	散步	
19：00	健康沙龙、音乐疗法、理疗	
21：00	休息	

以该训练营为例，我们可以看到，一次完整的针对疾病患者的训练疗程是比较严格并且需要投入较长时间来确保疗效的。虽然在正常游客身上不需要进行如此严格的健康规划，但对于有条件的企业或项目，可通过与各类理疗、培训团队合作，打造中长期健康旅游产品，一方面能够让客户获得更多、更好的健康体验，产生更高的附加价值和稳定的消费流量；另

一方面也能够更加从容地安排旅游项目，与走马观花的短期旅游相比，能够让游客更加深入地了解当地民风民俗，感受当地人文风貌，享受旅游时光，获得更好的旅游体验。

（四）建立高质量运营及管理团队

通过调研，昆明乡村健康旅游当前突出存在发展不平衡、运营和管理水平参差不齐的问题，但迟迟未得到解决。难点在于聘用高端运营和管理团队有着严苛的准入条件和费用要求，除了部分自身条件较好的项目可以负担得起外，对于其他项目来说既不经济，也不实际。长此以往，各旅游项目之间运营、管理水平的差距越来越大，形成“强者恒强，弱者愈弱”的格局。

考虑到当前的项目之间已经具备开展量化评比的条件，可以实施“统一评价、分级管理”，逐步推进。即基于科学的评价体系（如昆明市乡村健康旅游示范区（点）），判断出各旅游项目的运营水平，在此基础上对不同的企业实行差异化管理。对本身运营良好的项目挂牌认可，以鼓励其继续保持自身特点，扩大市场优势；对运营水平一般，但具有特色和优势，值得继续发展的项目，统一提供运营、管理团队支持，将资源进行整合串联，发挥出更大的作用。

建立统一的项目运营、管理团队至少可以带来以下收益：游客在不同项目间游玩时，始终能够享受到一定水准的服务，不会因为服务水平影响对项目的评价；通过引进团队的中间人作用，形成品牌联盟，最大程度发挥各个项目独有的优势，满足客人不同的定制化需求；通过分担费用，能够以较低的投入获得较大的运营、管理水平提升效果。但也应该警惕，过度统一的管理可能会加剧项目之间的商业化、同质化，反而失去了项目原有的魅力。因此，统一运营、管理应该以不破坏项目原生态特色为前提，在适度范围内统一。

1. 服务管理公司

基础服务至少应包括保洁、引导、接待等，统一管理可以给游客创造舒适、整洁、规范的旅游环境，给游客带来愉悦的心情，甚至培养消费习惯。当游客去往同一家公司管理的其他项目时，可以很快适应，全身心投入到旅游过程当中。这也能较好地解决调研中企业提出的“服务队伍水平低”“需要建设接待室”等问题。

2. 旅行社

通过引进旅行社能够更好地把握最有优势的项目，通过旅行社提供的交通工具，也能更好地实现各个项目之间的连接，实现“只要走进一家门，就能通往千百家”的效果。同时，旅行社的营销与宣传也可能带给一些冷门项目新的增长点。需要注意的是，引入旅行社同时也需要引入竞争机制，防止其主观导向性破坏旅游项目间自然的竞争关系。

3. 康养机构

统一的康养机构可以将各项目的健康亮点作为整套健康方案的有机组成部分进行统一规划，在达到更好的康养效果的同时，极大地丰富方案的多样性，既能给不同的项目带来稳定的客流，又能够增加游客的新鲜感，特别是对于长居旅客有着更佳的吸引力。

4. 政府层面

从政府层面来说，引入统一的高质量运营、管理团队将会对行业信息的认知提供极大的助力，通过大数据管理，可以清晰勾勒出整个行业的发展状态。有利于为未来发展规划提供依据。另外，“授人以鱼不如授人以渔”，引进团队是对企业发展的一种有力支持，通过对聘用费用的共同分担，让企业以低于市场价格的价格成本获得高质量的管理服务。相比较传统的贴息、直接纳入财政预算的补助方式，这样的支持形式更加精准，可以直接作用到具体的运营环节，反映在企业日常经营、管理活动中，避免了传统补贴方式作用于整个项目而导致补贴资金真实用途难以被监管的问题。

5. 企业层面

对于企业来说，是一次以全新视角梳理日常经营、管理工作的机会，为企业解决一些长期存在却解决不了的痼疾，改善企业工作效率和资本运营成本，更为企业控制人分担了工作压力，解决后顾之忧，能够让他们更加专心地投入到谋划未来发展的工作中来。

（五）加强与高校合作

高校代表着当前行业的较高水平和先进理念，对行业未来的发展有着较为清晰的判断。市场经济下，高质量的运营、管理团队更多的是为资本提供服务，对于比较小、弱的项目来说，直接引入高质量的团队可能不太现实，在这样的情况下，与一些高校展开合作也是提升自身竞争力的有效途径。就现状来看，昆明乡村健康旅游项目与高校合作还处于萌芽阶段，仅有河湾村项目与浙江大学农学院开展了彩色水稻种植的合作，并已成为该项目的特色产品。因此，昆明乡村健康旅游项目与高校存在很大的合作空间。

特别是一些民族特色的实践性项目，例如开展民族特色医药、理疗、养生体育运动、制作应季食疗药膳的项目，更适合与省内中医院校民族医药学科广泛合作。通过建立实习基地、专家定期指导、名医工作室等方式，一方面能够进一步提升项目特色，深化民俗生态的开发，另一方面也为小众的民族医药学科提供实践场所与市场需求，从而促进行业发展，进一步成为当地不可替代的资源优势。

对于缺少少数民族资源结合点的项目，也存在与高校合作的空间，例如通过与高校的农学院、食品学院开展合作，进一步提高种养殖效率、开发特色种植、改良食谱，更加有效地利用当地特产资源。更重要的是，通过与高校的合作，能够获得对自身饮食产品的健康认证，让健康理念不再停留在想象中，而是实实在在通过数据和科学反映出来。

对于有条件的企业，可以通过加强与高校商学院、旅游学院等相关专业院系的合作，进一步探索更加有效的管理、运营方式，也可以有效地利用高校平台进行宣传推广，不但能让企业本身的经营水平更进一步，也能在一定程度上解决企业普遍反映的宣传渠道不畅的问题。

（六）出台扶持政策

乡村健康旅游示范点的建设需要符合国家的旅游产业政策，政府通过指导企业解读和学习现行的相关政策和法规，并出台地方扶持政策，发放扶持资金，优化资源配置，帮助企业发展健康旅游产业。

乡村健康旅游示范点的建设能够帮助解决村民的就业和收入问题。政府引导村民回村就业，并提供资源对从业人员进行培训，实现就业脱贫。针对交通、水电、通信网络等基础设施不完善的问题，需要企业与政府合作，当地政府发挥其职能，帮助企业进行规划和融资。政府与企业合作，发挥自然和人文优势资源，打造特色健康旅游品牌。乡村健康旅游示范点在政府与企业的合作下实现文旅融合，促进康养产业的发展。

（七）提高服务质量

了解分析游客对乡村健康旅游产品的需求，进一步建设专业康养或保健中心，提升旅游和康养服务能力，开展和完善乡村健康旅游项目，以健康旅游为主题开展系列产品和旅游活动，丰富健康旅游产品的内容。结合当地发展规划引入房车、小木屋、帐篷等特色住宿体验项目，提升登山、徒步等户外运动的品质。

充分挖掘当地优势自然资源和民俗文化，以及当地民族文化中的医药和康养要素，提升企业的文化内涵，研发相关文创产品和健康产品，延长康养产业链，增加附加值，在保证当前产品质量和服务水平的基础上，适当扩展健康旅游产品规模，满足游客多样化、个性化的体验需求，带动当地经济的增长。

完善园区内的购物、标识、医疗卫生等各类服务设施，对服务人员开展系统的健康旅游知识讲座和专业技能培训，培养团队的旅游服务意识，提高服务能力；结合企业主营业务对中医药和健康知识进行系统的整理，并将其编辑为园区内讲解导览内容，以最容易理解的方式传达给游客。

（八）提升管理水平

乡村健康旅游的从业人员中缺乏专业性强、服务理念与意识良好的管理人才。企业可通过与专业院校合作，为院校提供实习基地，院校对企业工作人员进行理论知识讲授等方式，启动人才培养计划，提升已有从业人员的各方面能力，为乡村健康旅游行业输入专业管理人才。

企业单位通过引入国内外先进管理机制，分析游客需求和市场发展趋势，与自身情况相结合，探索适宜有效的管理方法。培养具备专业服务知识和技能的服务团队，打造专业性强、具有较高运营执行能力的管理团队，有效地降低投入成本。提升工作效率，建立完善的服务监督和投诉机制，建立与乡村康养旅游目的地服务标准相匹配的服务规范和运营管理体系。

六、昆明市乡村健康旅游实施保障

（一）形成政府与企业联动机制

一个行业的兴旺离不开一方政府的支持。从宏观政策层面上来说，昆明市乡村健康旅游行业契合了云南省打造“绿色能源、绿色食品、健康生活目的地”三张名片的整体战略，随着探索试验的不断加深，云南省政府甚至已经将其意义从“因为健康所以宜居”提升到了“因为宜居所以能够吸引人才发展”的高度。在调研过程中，一些企业（项目单位）都提到需要政府支持，想更进一步获得政策支持，在深度领会政策精神后通过提升品质实现更多的价值。从社会参与度来看，虽然政府开展了对行业品牌的认证工作，但也没有直接给予企业（项目单位）大范围的实质性（包括资金、政策绿色通道等）支持或者支持效果不明显。事实上，根据相关政策，云南省和昆明市政府共给予 15 个省级旅游特色村和 12 个省级民族特色旅游村寨各 300 万元补助资金，但是依然杯水车薪。在本次调研中，资金缺口依然是各企业（项目单位）反映得最多的问题。

从政府与企业的联动机制来看，常见的支持方式包括：财政补贴（包括贴息、拨款、减免税费等）、政策绿色通道（直接划拨用地、加速证照办理）、配套支持（交通、管网、水电升级）、对外宣传（各大媒体宣传报道）、招商引资（发布招商公告）等。上述联动模式都存在一定的局限性，特别是财政补贴方式，是典型的增加地方政府隐性债务风险的举措，在当前很容易被认定为违规行为。直接划拨用地也与当前的土地政策格格不入，配套支持需要视当地财力和发展状况而定，对外宣传方面，对于立足于昆明周边县区的项目来说，很难找到有影响力的媒体，招商引资则需要本身具有足够的投资价值，而对于新兴旅游模式来说，未来收益难以预料。

需要特别指出的是，上述支持方法最大的局限性在于，无论怎么补贴，归根结底都是一种政府和企业之间分割资源的行为，可供分配的资源永远只有政府和企业的总和，并没有形成有效的杠杆，撬动更大的支持。如上文提到的，近几年省、市政府已投入了近 1 亿元资金用于扶持特色乡村旅游的发展，效果却并不显著。如果换一个思路，这笔资金足够成立一家规模较大的旅游管理公司，再通过这家公司进行融资等方式，将会获得数倍的资金，投入到特色乡村旅游的发展中，可以对整个行业形成更加充足、有效的资金支持。

如图 4-13 所示，假设某甲市下辖乙、丙两县，两县分别有民营企业 A、B 和 C、D 参与乡村健康旅游经营。可以看到，目前的状况是民营企业仅遵循属地管理原则，但是实际与两县政府之间并无关联。一边是需要政策支持的企业，另一边是没有切身体会的政府，双方井水不犯河水，难以形成有效沟通。

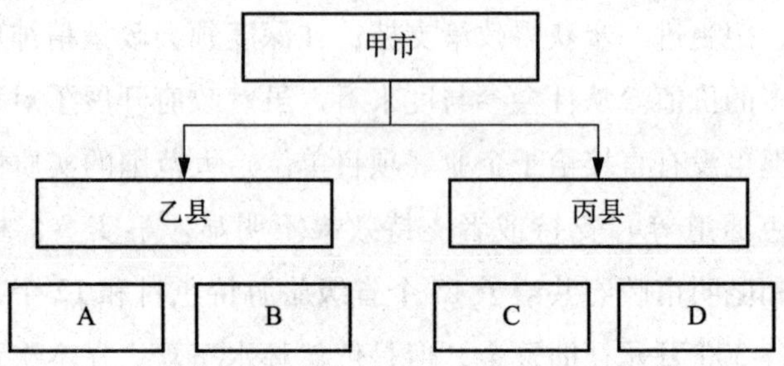

图 4-13　两县民营企业参与乡村健康旅游属地管理运营图

在此情况下，我们可以考虑设置一个新的政府投融资平台 E，通过参股民营企业而形成政府和企业间联系的纽带。甚至可以直接与更高级别的政府形成利益共同体，形成之前无法达到的发展平台（见图 4-14）。

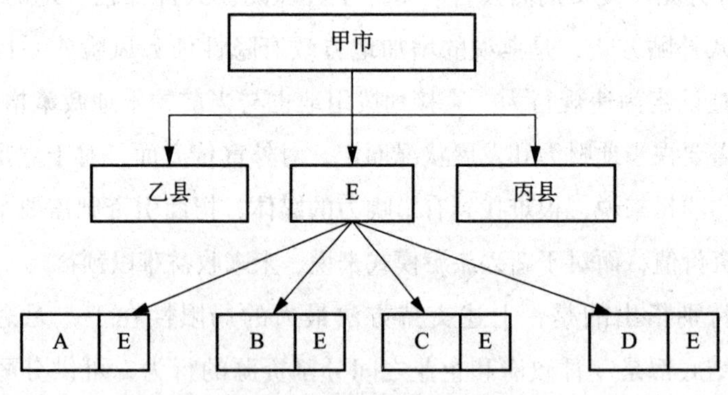

图 4-14　政府投融资平台参与民营企业运营图

当然，县级民营企业在与政府跨级对话时，可能因为所处层级的不同导致出发点的迥异，最终难以形成共识。但作为纽带的 E 公司也可以由多级政府共同出资，齐抓共管，形成一个既有格局，又接地气，还能发挥整体品牌效应的联盟（见图 4-15）。

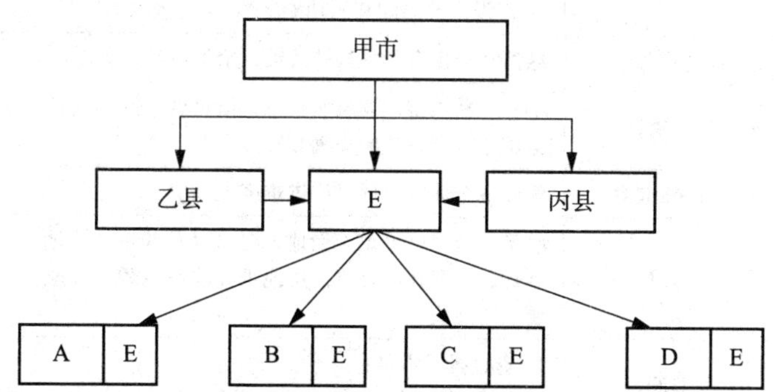

图 4-15　政府投融资平台参与民营企业运营协调图

政府能够站在统一全局的高度成为总协调人，充分发挥各个企业（项目单位）的优势，把旅游点做成景区圈，把单打独斗的项目做成覆盖全辖区的品牌，真正形成昆明乡村健康旅游的品牌效应和规模效应，促进项目之间的共赢共生、和谐竞争。

（二）加强金融支持

前期调研过程中，企业（项目单位）反映得最多的问题集中在融资需求方面（本文把建设需求、资金扶持需求计入融资需求，主要是因为上述两类需求产生的根源还是自有资金不足，需要进行融资），共有 17 家企业（项目单位）反映相关问题，占到全部调研样本的 50%。具体需求整理统计如表 4-10 所示。

表 4-10　融资需求

序号	景点名称	存在困境
1	安宁太平秋麟山庄	希望能够增加可建筑的场地，增办多媒体室
2	海湾村自然生态营地	建设用地点状供地、融资、贴息、宣传、政府采购
3	骅鼎农家乐生态园	1. 建设骅鼎农家乐生态园水上乐园配套设施； 2. 建设骅鼎农家乐生态园配套的功能房； 3. 建设骅鼎农家乐生态园特色歌舞、体育项目

续表

序号	景点名称	存在困境
4	水井湾生态园	1. 建设儿童游乐场； 2. 建设景观长廊、木屋、花卉景观园； 3. 建设水井湾配套的功能房
5	后甸花海	恳请政府出台相关扶持政策，给予一定发展资金
6	狗街镇小哨社区	小哨乡村旅游发展虽然较早，但仍处于起步阶段，需要大量资金用于基础设施的完善和提升
7	靖安哨68道拐	集体资金薄弱，项目推进难度大
8	河湾村	政策扶持力度不足。受地方财力以及环境、土地、产权等条件制约，还存在融资难、用地难等政策瓶颈，投融资体制与发展要求不适应
9	麦地冲	1. 资金投入不足； 2. 招商引资困难，缺少项目资金支持
10	农家香谷庄园	需要集中改造为旅客提供一个更为舒适、文明、具有乡土人情特色的庄园。还需建设3~4公里的林荫小道，让旅客更贴近感受大自然的魅力
11	清溪果香园农家乐	基础设施尚需要提升改造，特别是部分路面还要进行硬化处理，房间设施及卫生间也要进行提升改造，满足游客需要
12	丹桂红军村	红军长征柯渡纪念馆位于丹桂红军村，受制于游客接待中心设施不足，纪念馆面临较大接待压力
13	西翥街道办事处陡坡社区	给予发展乡村旅游政策和资金扶持
14	富民南西桥草莓温泉庄园	计划建设二期项目，包含： 1. 建设拓展训练基地1个； 2. 建设多功能文化广场1000平方米； 3. 建设农事体验区20个等。希望获得资金支持及补助
15	香草芳林农庄	1. 道路； 2. 公厕
16	糯黑村委会大糯黑村	乡村旅游发展缓慢，缺乏投资
17	石林中医药文化康养小镇（杏林大观园）	1. 石林台创园区高速入口及交通条件亟待改善，园区基础设施投入仍需加大； 2. 增加建设用地用于公司游客服务中心、中医药观摩体验中心等配套项目建设； 3. 民营企业融资仍然十分困难，企业营商环境仍需改善

从项目类型分布来看，反映相关问题的企业大部分集中于一些特色型企业（项目单位），也包括石林中医药文化康养小镇这样已经发展得不错，

还有着更进一步发展目标的成熟项目。相对高端的项目已形成足够的现金流支撑自身发展，融资需求并不强烈，而相对来说模式比较成熟，进入门槛较低的农家乐类型项目资金需求也不是很大，未明确开发类型项目尚不成熟，也没有资金需求。可以说这些有资金需求的企业大部分正是前文定义的有发展潜力的企业，是未来乡村健康旅游的中坚力量，大部分受困于资金问题没办法做大做强，实在是可惜。因此，做好金融支持工作，就是对促进行业发展极大的保障。

使用金融工具时，企业应该审慎选择借款人，否则过高的利率或者贷款条件反而可能成为压垮自己的最后一根稻草，得不偿失。本书经过调研后认为，使用国家政策性银行贷款是一个不错的选择，原因是：国家政策性银行本身是执行国家宏观调控的金融机构，对政策的敏感性比较强，对于乡村健康旅游这类从根本上符合国家战略，但是短期内有可能效益不太明显的项目能够给予较大的支持。而其他金融机构本身是以盈利为核心的，对于整体效益不太明显的项目，必然会以高利率等方式匹配风险，对企业的支持力度将会大打折扣。

以中国农业发展银行（简称农发行）为例，通过查阅其相关办法和营销手册可发现，健康扶贫贷款（用于国定贫困县等贫困地区）、改善农村人居环境贷款、城乡一体化贷款、生态环境建设与保护贷款、农村养老设施建设贷款等多个金融产品明显贴近于上述具有融资需求的项目。而这些贷款明确了其用途主要为：解决借款人在公共基础设施、生态环保、农村发展和其他农业农村领域新、改、扩建、开发所需资金。从用途上来看，也全部涵盖了调研过程中的企业（项目单位）提出的融资需求。从贷款利率看，农发行一直秉持“对标同业，体现优惠”的原则，对于支持范围内的项目可以给予金融同业间的优惠报价，对于贫困地区、使用 PSL（人行再贷款）等符合政策的项目，还有着更加优惠的利率政策。在我国其他两家政策性银行（国家开发银行、中国进出口银行）也有着类似的规定。

但是以昆明乡村健康旅游现状来看，申请政策性银行贷款并不容易，最主要的原因还是在于项目过于小和分散，对单一项目的支持没有明显的行业带动效应，社会效益不够显著，不能体现出宏观政策调控的价值。另外，政策性银行贷款也有一些相对严格的条件，还是以农发行贷款品种为例，均要求“原则上采用担保贷款方式”“项目资本金比例不低于国家规定的行业最低比例标准”，这对于缺乏自有资金和有效资产的民营企业来说是难以逾越的障碍。

但是，如果能够推广政府参股经营模式，问题将迎刃而解。假设政府平台公司E，参股A、B、C、D四家公司，E公司即可将四家公司的所有项目和融资需求打包，统一向政策性银行甲申请贷款，有效解决单一项目小、散、弱的问题，而贷款发放到E公司后再分配到四个具体项目上，有效促进了整个行业的发展，带动效应显著。E公司的参股行为是向四家公司注入权益性资本金，解决了这几家公司缺少项目资本金的问题。而E公司作为政府平台公司，拥有协调本级政府其他平台公司或专业担保机构担保的资源，也可以整合集团内部资产担保，有效解决担保能力不足的问题。同时，E公司作为国有企业，作为债务人也更加可靠，更容易获得贷款支持。

E公司打包项目后，也不存在项目过大，超过银行审批权限的问题。对于大型建设项目，目前银团贷款操作也很成熟，可以同构引入另一家银行乙来形成银团，双方在各自审批权限内即可完成对整个项目的金融支持。而对于政策性银行有时存在的审批程序较严，办贷时间较慢的问题，也可以引入乙银行，先发放过桥贷款解决项目急需的资金，再由政策性银行发放长期贷款，解决企业长期资金需求。因此，推广政府参股经营模式，能从全流程上对企业提供有效的资金支持，流程详见图4-16（虚线为非必要环节）。

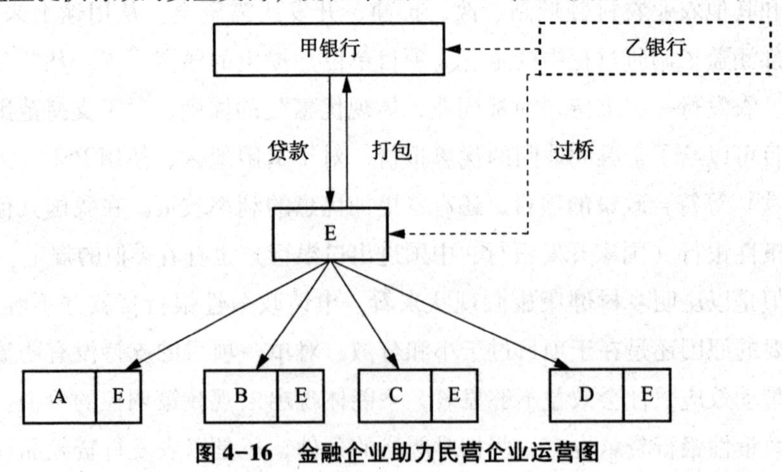

图4-16　金融企业助力民营企业运营图

（三）加强市场营销

对于企业普遍反映的另一个问题：宣传力度不足，本书认为应该从两个方面来解读。从自身产品策略的角度，提升自身品质，让昆明乡村健康旅游业能够撑得起“健康生活目的地”这张名片，就是开展宣传的最大底气；从对外宣传的角度，则需要进一步拓宽市场，挖掘更多的市场需求。

从国内营销来看，目前云南省政府在战略推广时，并没有明确乡村健康旅游是“三张名片”的组成部分，究其原因，还是由于行业比较新，整体发展不均衡，没有明显的影响力。因此，本文前述的建立品牌管理理念，成立统一的政府平台公司等构想都是手段，最终目的是提升产品竞争力，实现行业价值，让乡村健康旅游在“三张名片”中真正占有一席之地，做到提起“三张名片”时就能对应到这一旅游产品，形成更加直接和有效的市场营销。

从国外营销来看，“一带一路”倡议带来的是对外营销的最佳机会，特别是对于云南省来说，本身具备面向亚洲特别是东亚、南亚、东南亚地区的良好地理优势，而且从历史数据上看，也与其他亚洲地区建立了良好的互通关系，具备开展地区营销的基础。有研究表明，2015 年云南入境游客中，东亚和东南亚国家占据了前十名中的六位，分别是日本（250 万人次，第 2 位）、越南（220 万人次，第 3 位）、马来西亚（第 6 位）、菲律宾（第 8 位）、新加坡（第 9 位）、印度（第 10 位）。

这就需要云南省政府在未来的发展规划中，积极推进与亚洲地区的沟通交流，一是对于当地小语种、对外贸易等专业人才的培养力度继续加大，通过整个周边行业的发展，带动国际交流需求的增长，从而影响乡村健康旅游行业的需求。二是鼓励企业走出去和引进来，一方面加强中国文化传播，促进当地市场进入中国的消费，另一方面通过引进特有文化，进一步丰富云南边疆异域特色，对国内游客形成更加独具魅力的吸引力，反哺国内市场营销。

（四）不断培育乡村健康旅游示范企业

昆明乡村健康旅游业的发展，并不能只靠无条件的支持，要能够容忍自然的优胜劣汰，才能形成良性竞争，避免有的企业依靠补贴不发展，没有充分发挥自身能动性，形成大量“死而不僵”的烂尾工程。据了解，云南省乡村旅游协会将长期开展乡村健康旅游示范企业的评选工作，同时对已经评上的企业每年进行年检，能够通过年检验收的才能继续保留示范资格，达不到条件的需要整改，整改后仍未达到条件的将采取摘牌等限制措施。这既是对行业中做得好的企业的鼓励和保护，也是对行业中经营成果不如人意的企业的限制和鞭策，还为新的参与者获得行业认可提供了机会，更是对整个行业和品牌质量的保障。

七、结论

乡村健康旅游具有“乡村旅游”和“健康旅游”两方面的属性。“乡村”可以理解为田园风光的惬意、民风民俗的迷人、特色小吃的爽口等，“健康”可以理解为锻炼过后的精神、药膳理疗的滋润、心灵升华的宁静等，人们能获得最大满足感的旅游方式来自两种属性的有机结合。因此，对于大多数人而言，一次乡村健康旅游体验中，既有乡村旅游的轻松惬意，又有健康旅游的身心疗养，是最有性价比的选择。

在探索昆明乡村健康旅游的发展前景时，一方面抬头看路，从市场需求谋发展，另一方面回神自省，查找自身存在的问题。

昆明未来的乡村健康旅游发展将立足于“康”（人们对于大健康的需求）和“老”（人口老龄化的市场），以“特”（即特色生态、民族资源）和“专”（即专业乡村健康旅游模式）为核心，以“政”（政府参股）和“金”（金融产品）为双腿，以“品”（品质提升和品牌打造）和“营”（运营管理和市场营销）为方向，在乡村健康旅游行业中努力保持领跑者的位置，并进一步发展，成为真正的国际性乡村健康旅游目的地。

第四节　云南省昆明市乡村健康旅游目的地建设案例

退伍军人的红色庄园——锡伯龙文化生态园

他是辽宁省新民市新一代的锡伯族汉子，一个有着“英雄的民族”血统的后裔；他低调内敛、诚实、坚忍和执着，面对目标永远保持着探索的精神和创新的动力；他就是云南锡伯龙企业董事长兼总经理，昆明市盘龙区劳动模范——瓜尔佳·宝仓，也叫关保昌。

1990 年，年近 40 岁的关保昌脱下了伴随他 20 年的军装，转业到地方当了一名干部。这时正是中国改革开放的火热时期，大批的干部和知识分子下海经商，大批的农民工蜂拥进入城市寻找他们的梦想，城市正在进行轰轰烈烈的建设以容纳那些从四面八方涌进城市淘金寻梦的人。一瞬间，仿佛所有人的内心都充满了激情、躁动和不安。

也许是城市里的这种激情感染了关保昌，也许是他本就有做一番大事业的野心。1991 年，关保昌不顾亲友的反对，毅然朝着自己的梦想出发了。

一、千里找寻，只为本民族的一段历史

清乾隆年间，在云贵两省交界的土路上，一支千人骑兵部队冒着蒙蒙细雨疾速前进。这是一支由盛京（今辽宁省沈阳市）出发行至北京郊外，领命后再向中国西南前进的锡伯族官兵，他们的目的地为中缅边境。

据清代满文《月折档》中记载：公元 1769 年（清乾隆三十四年），缅甸孟艮土司召散等不断侵犯我国云南普洱、东里等地，烧杀抢掠、无恶不作。清政府即命云贵总督明端率军反击，结果为缅军所败。战报送达北京后，乾隆皇帝从以骁勇善战闻名于当时的锡伯族官兵中急调 1000

名精兵强将，从盛京（今沈阳）出发，经过两个多月的艰苦行军来到中缅边境。数次交战后，缅军慑于清军威力被迫议和，锡伯族官兵取得了胜利。而后此次南征作战获胜后的 895 名锡伯族官兵由原路返回沈阳，途经昆明并休整几日……

关保昌这 20 年的故事，正是从寻找这近千名锡伯族官兵的南征足迹开始。可以说，如果没有这段史实，很可能就没有关保昌来到云南扎根这 20 年；也就没有了如今闻名遐迩的锡伯龙烤全羊、烤香猪等美味佳肴；也就没有了关保昌的传奇故事。

20 世纪 90 年代起，锡伯族人关保昌在对其本民族的相关历史进行了解后，决定寻找锡伯族千名官兵的南征足迹。他从贵州进入云南后，根据史料中的记载，从云南师宗、石林、玉溪、建水，再到普洱、大理等地，广泛地进行实地了解，查找相关的文献资料。

1999 年，在中央经济工作会议作出“要不失时机地实施西部大开发”的战略决策后，关保昌抓住了这次西部开发热潮的机遇，在云南省昆明市招商引资的项目中，选择了云南省政府“办好乡村旅游”政策支持的农家乐餐饮旅游项目，决心沿着祖先 250 年前的足迹，扎根哈马者村，研究和发扬锡伯族民族文化和餐饮文化。

二、克服重重困难，创办农家乐

1990 年，空军少校转业的关保昌被安置到广西商业局的一个部门，开始了按部就班的“正常工作”，工作内容闲适而无聊。此时，正是“改革春风吹满地”的年头，关保昌舍弃了 21 年的军龄，放弃了虽不能让自己富贵但还算丰厚的工资下海了。顺着改革潮流一路闯荡的关保昌在广西承包了一个酒楼，成了酒楼“掌柜的”，整整 8 年他把经营酒楼的喜怒哀乐都融进了迎送南来北往食客的充实生活中。

1999 年，国家西部大开发战略正式实施，作为一名老党员也是一名服役 20 余年的退伍军人，关保昌积极响应国家西部大开发战略的号召，怀揣着自己的梦想找到了双龙乡政府。2000 年，关保昌在哈马者村创立了第一家锡伯龙农家乐。

万事开头难，在关保昌创业初期至创业后的五年时间里，关保昌遇到了一个又一个难题。千禧年初时哈马者村的基础设施建设十分落后，进村的道路都为土路；村里除了两辆摩托车以外没有任何机动车作为出行和迎接旅客的交通工具；村里没有能够长期稳定供水的饮水工程，村民都得自己去山里引水；全村两个村小组共用一台 30 千伏的变压器，当地用电严重不足。

面对这些困难，关保昌身先士卒，每个星期都会带着村民去修缮道路。在关保昌的长期努力和坚持下，哈马者村终于有了一条像样的进村公路。由于村庄四周山林众多，每到干旱时节常有山火，每有山火关保昌必冲在最前面。因为没有水井，在很长一段时间内，村里的农家乐都是靠山上引来的山泉水解决生活、经营用水问题，为了解决吃水难的问题，关保昌投入 4.15 万元为村里打下一口饮水井，基本上解决了村民与农家乐日常的饮水问题。在解决了道路和饮水问题后，农家乐的生意也渐渐有了起色。

关保昌说，抛去那些林林总总、虚虚实实的头衔和获得的荣誉、赞誉，每当大家亲切地喊他一声“关老爷”时，一种痛快、温暖、自豪的感觉就会在心里升腾。

然而，生意才刚有起色，关保昌的农家乐又遇到了新的困难。随着一人 3 元的农家饭的推出，农家乐的客人逐渐多了起来，但由于地理位置比较特殊，客人们每次来访都要徒步走几公里的山路，这也让一些不法分子有机可乘：前来游玩的旅客时常会在半路遇到抢劫，客人人身安全受到巨大威胁；更可怕的是此地还出现过命案。

面对日益严重的治安问题，身为一名退伍军人的关保昌难以容忍。因此，以关保昌为会长的农家乐协会成立了护村队，村里选出五位年轻力壮的青年作为队员，配合公安部门抓捕抢劫团伙。同时每天派人送客出山，每天都有人在路上巡逻，平时的 5 人护村队在节假日时还会增加人数。护村队的报酬是由农家乐协会和协会负责人关保昌一同承担的，为此，关保昌必须在一人 3 元的农家饭中“抠”出 2 角钱作为护村队的报酬。经过一年多的时间，在公安部门和护村队的密切配合下，抢劫团伙被一一抓获，哈马者村的治安也日益改善，农家乐的生意也渐渐好转。

三、结合云南当地口味——改善烤全羊口味

关保昌从 1990 年由部队转业到广西商业局，1991 年随着“让一部分人先富起来”的口号开始下海创业，开启广西等地的酒店管理之路；到 1999 年西部大开发，通过调研考察来到云南做起了餐饮，直至今天。我们不难发现，每一次选择，关保昌都紧跟政策和形势变化。

最初，在昆明市西昌路开锡伯龙餐饮店，因为口味掌握不到家，短短半年时间里几十万元的投入所剩无几；揣着仅剩的几万元钱，关保昌心里“七上八下”，但“认输”这样的字眼从来不能打倒一个敢闯敢干的人。于是，经过认真钻研和学习，关保昌发现了金殿后山这片山沟沟里的宝地，锡伯龙农家乐开张了。他想以此为样板，号召村里的父老兄弟们都来开办农家乐，成立农家乐协会，带领着大家共同致富。

农家乐除了正常的经营以外还需要不断地创新，不能长期停留在每人 3 元一餐的农家饭水平上一成不变。怎么革新？关保昌又进行了深入的思考，左思右想后他决定对自己民族的特色菜肴进行加工整理、推陈出新。锡伯族素有狩猎的习俗，每每外出狩猎常常数日不归，吃的方式就是一个：烧烤。于是，他对烤制的用具、烤料的选择搭配等方面都进行了研究和探索，一心想研制出不同以往的烤全羊。经过深刻的总结和对云南人口味的研究，2002 年的国庆小长假，锡伯龙推出的特色烤全羊火起来了。锡伯龙烤全羊很受客人们的欢迎，生意火爆。随后，周边的农家乐都学着烤全羊，哈马者村不久就成为名副其实的烤全羊村。就这样，2002 年成为关保昌商海弄潮的转折点。

四、创新烤全羊技术

关保昌凭借他几十年来对食材的理解，十多年来对锡伯龙第一至第五代烤炉的不断钻研创新和对烧烤调味料的不断创新，推动锡伯龙的烤全羊与时俱进、精益求精，在菜品和发明创造等方面收获了无数荣誉。关保昌精益求精，在不断探索烧烤等烹饪技术的过程中研究出了锡伯龙第六代多功能烤全羊焖炉，使得每一个烤炉在不到一个半小时的时间里一次就可以烤出六只羊。

锡伯龙采用第六代烤全羊技术后，不仅在时间上节省了一半，而且节省了燃料。以前是三个小时烤熟一只羊，用的是明火，现在不到一个半小时烤熟六只羊才用3公斤炭，平均半公斤炭烤熟一只羊，并且既环保，又卫生，效果不错，烤出来的锡伯龙烤全羊更好地达到了外酥里嫩的效果。在20年的技术创新发展过程中，随着烤炉的一次次升级换代，烧烤技术等各个方面均与时俱进，现在的锡伯龙烤全羊达到了色、香、味、形兼具的效果，已形成拥有3种类型、4种吃法、5种口味的完善体系，堪称市面上烤全羊中的精品。

在经过了成百上千次的试验后，关保昌终于研制成功了一种新的、独特的调味品——锡伯龙三十香。三十香这种独特的调味品以锡伯族传统的调料为基础，融合了云贵川三省的传统饮食美味的精华，深受群众喜爱。除了锡伯龙第六代烤全羊技术（含锡伯龙第六代多功能烤全羊焖炉）、锡伯龙三十香调味料之外，关保昌研究出的第三个产品就是锡伯龙彩色陶罐。陶罐结合现代设计制作手法，采用不同的瓜果形状制造，既好看又实用，可摆在居家的屋子里或是厨房中作为茶叶罐或调料罐，具有独特的创新意义。

五、寻找自身特色，做强做精乡村旅游

从最简单的农家乐起步，到日益丰富的乡村旅游兴起，从农家乐协会到乡村旅游协会的角色转变，关保昌身在其中，见证了行业变迁。昆明锡伯龙企业为顺应形势的变化和促进企业发展，把企业文化建设与企业经营活动紧密结合，充分发挥企业文化的导向凝聚约束和激励作用，推动企业持续发展。

随着乡村旅游需求的日益升温，全国乡村旅游规模不断扩大，凭借得天独厚的自然、历史和民族风情，云南省乡村旅游迅速发展。在此背景下，关保昌也看到目前全国发展乡村旅游的人都很多，但要做好很难，所以他提出："发展乡村旅游一定要紧跟形势，根据自己的优势做出特色，做精做强。"遍地乡村旅游热，关保昌身在其中，时刻以"别人无我有，别人有我精，别人精我变"的思路前行，也正因其不断摸索创新，从中积累了很多经验。如今作为云南省乡村旅游协会的书记、副会长，从行业出

发，关保昌和行业内的专家就乡村旅游中交通、环境、吃、住、经营效果等方面研究制定出一套标准，从标准中抓重点树典型，做出行业的样板。

同时，关保昌也指出，协会平时要多“走出去”，学习外省做得好的乡村旅游发展模式；协会还要“走进去”，多联系、多支持云南各州市、各县域的乡村旅游，根据各地的情况派专家提意见、作指导，打造特色、打造精品，切实推动云南乡村旅游发展。

六、心怀大家，带富山沟沟的一群人

关保昌研究总结云南人口味后推出的特色烤全羊火了，经营者也多了起来，整个金殿后山的农家乐都开始做烤全羊。但是他并不保守，也不排斥市场的“同质化”，他期望有钱一起赚，有市场一起挖。

提供烤羊器具、培训烤羊技术、提升服务水平……关保昌心怀大家，积极为大家出谋划策，也许正是这样无私的心态，哈马者村的村民有事都会找关保昌帮忙。一个东北来的外来汉子征服了云南本地人的心。通过关保昌的努力，哈马者村开创了特色烤全羊，成立了最初的农家乐协会，组织村民成立护村队保护游客安全，慢慢地哈马者村变了，农家乐也火了，村民也富了。关保昌说：“十多年来，经过相关部门同意，我们为社会开展了一些义务培训方面的工作，比如说，去给这个乡村或是那个乡村举办农村劳动力转移就业培训班，这些培训都是不准去赚钱的。十多年来，我们锡伯龙培训学校总共培训了农村劳动力 3 万多人，可以说为政府做了点我们可以做到的事。我们培训学校的老师们一次次地下到乡村去，直接跟村民、跟老百姓、跟各民族的兄弟姐妹接触，直接把课堂设到乡村，同时聘请专业老师，给村民们进行种植、养殖、服务、绿化、烹饪等多个工种的专业培训。这种直接下到乡村去培训的方式确实比较实用，收到了很好的效果。还有挖机、装载机等培训，效果也非常好，培训完了学员们马上就可以去就业了。在具体的培训过程中，我们还给当地村民们做了很多事情，比如帮着多个村子修村子周围的路、修村子里面的土路。在我们进行挖机装载机学员实作培训的时候，就把当地的村子的路修整了。”时间过得很快，近 100 户人家的哈马者村人均年收入早已经超过了 10 万元，并一举夺得了“2019 年度省级美丽村庄”的荣誉称号。

从3元一餐到30元、300元的餐饮消费水平的提升，从一个村民一年收入几百元、几千元到现在一年收入十万元，一串串数字在增长，关保昌带领着村民一路奔小康。也许正是这样长期的积累，也许历经风霜、名声在外，来向这位老者取经的人络绎不绝，而每一次他都将“技术创新，把质量做到最美”作为成功信条，毫无保留地传授自己一路研究琢磨得来的“真经”。

七、盘龙区“锡伯龙”学英雄红色教育基地

2006年，关保昌被评为盘龙区劳动模范，他的名字以及他“品锡伯龙猎餐猎宴，了解锡伯族文化，用兵团连锁管理法，推广乡村生态旅游”的宣言，被中华爱国英才报效祖国活动委员会镌刻在北京居庸关长城的“爱国宣言墙”上。

关保昌已不必在商业上进行更大的突破，守成即好。他需要保持初心，流淌在他的血液里，铭刻在他的骨子里，一直未曾被他忘却过的是雷锋精神，是一颗深埋于他内心的爱国的红心。

在少年关保昌的记忆里，有段时间，不论在学校、在家还是在其他地方，人们都在谈论着雷锋的故事，都在践行着“做好事、做好人”、助人为乐的信条。随着报纸上陆续刊登出了雷锋故事和《雷锋日记》，周围浓烈的学雷锋热潮也在他的心里落地、生根、萌芽并茁壮成长。直到现在他也忘不了的是：那时候，晚上临睡前一定要把第二天学雷锋做好事的事情想好，把工具准备好，否则一夜都睡不好觉，就怕第二天落后别人。那种学雷锋的积极性和热情劲头在他少年时代就一直保持着，也永远镌刻在了他灵魂的最深处。这种爱憎分明的阶级立场、言行一致的革命精神、公而忘私的共产主义风格促使他在少年时期坚定从军的决心，也让他将小时候学习英雄、争当英雄的精神传承下来，并且建立了以红色文化传承和教育为主题的锡伯龙红色文化庄园。

2014年以来，关保昌就开始自行设计规划，准备做一些宣传纪念英雄人物的工程，现在锡伯龙已逐步建起了雷锋广场。截至2019年3月，焦裕禄花园正在建设中，杨善洲的塑像已基本完工。接下来还会有董存瑞、黄继光、邱少云、江姐、刘胡兰、赵一曼、狼牙山五壮士等一大批英雄人物

的塑像出现在锡伯龙农家乐园中，以肃穆、庄重的氛围再现英雄的往事。

关保昌把所有资金甚至个人积蓄都用于红色文化传承中。现在的锡伯龙生态园不仅是农家乐，还是红色文化教育基地、拓展训练基地和退役军人就业创业孵化基地。他希望盘龙区退役军人就业创业孵化基地能完善退役军人就业培训、信息服务体系，强化宣传教育，让更多的人能够受到影响，学习红色文化，受到教育。

退役军人是重要的人力资源，是建设中国特色社会主义的重要力量。促进他们就业创业、引导他们积极投身“大众创业、万众创新”实践，对于更好实现退役军人自身价值、助推经济社会发展、服务国防和军队建设具有重要意义。

“有一点余力，做一点事，发挥一点余热。”这是质朴的关保昌告诉云报文旅全媒体记者的话。2019 年初，初具雏形的锡伯龙红色文化庄园开始对外开放。年近七旬的关保昌精神抖擞地当起了讲解员，不管刮风下雨、风吹日晒，只要身体条件允许他都会亲自为前来参观、学习的团队宣讲红色文化，两年时间就亲自为 5 万多参观学习者举办了数百场别开生面的红色文化活动。这位有讲不完故事的老人还修建了雷锋、焦裕禄塑像，并做了“红船精神”“长征精神”“抗战精神”等一系列的红色精神展示。他说：“现在的人，把有些好的传统、好的精神都丢弃了，我希望通过自己的一点能力，传播积极向上的红色精神，希望更多人通过党建基地的参观，传递更多的正能量。”

关保昌表示，将把基地打造成为“两新”党建组织，及党员党性教育、党史教育、红色文化教育、科普教育、游学研学行、民族文化、乡村振兴、休闲养生、大学生创业、军转民创业、精准扶贫项目等教育培训的专门机构，成为党员干部永葆革命青春的加油站。通过名师授课、基地学习、访谈教学、体验教学等多种方式，提升学习者的整体素质。

八、心系疫情，带头支援后方

在关保昌极其传统而又朴素的思想里，他给爱家、爱民族、爱国家做了一个排序：首先要齐家，让属于自己的小家庭走出贫困；其次传承民族精神、挖掘民族文化；最后是贯穿始终的爱国。

当关保昌还是解放军空军战士时，为了有最好的表现，他和战友们常常比赛似的在凌晨四点就起床，悄悄地将干校的道路、院子、食堂、厕所都打扫得干干净净。

突如其来的新冠肺炎疫情，在2020年的春节期间影响了中国，也影响了世界。关键时刻，关保昌作为一位年近七旬的老党员主动递交请战书，“作为一名老党员，我恳请街道党工委安排我加入疫情阻击战，为防疫控疫尽一份绵薄之力。另外，我以一名普通党员的身份捐赠一万元，希望能为坚守奋战在一线的医护人员做点贡献！我目前在盘龙区双龙街道家里过年，听候调遣，随时待命。”字里行间流露出一名辖区“两新”组织老党员响应党的号召，积极发挥模范带头作用抗击疫情的决心和信心。

在疫情战争中，关保昌主动签署《抗击疫情我参与党员承诺书》，带头关停了自己的山庄，当好疫情防控宣讲员，组织支部党员和员工做好对周边农户及协会会员疫情防控的正面宣传和引导。他率先请缨一头扎进防疫前线，主动联系社区帮忙排查辖区武汉返乡人员、在卡点处登记出入人员信息、测体温、发放宣传资料，每天活跃在“防疫卡点”“党员先锋岗”“党员责任区”中，让盘龙区防疫网更加致密，让居民的安全健康更加有保障。在得知双龙卫生院10多名医务人员自抗击疫情以来夜以继日奋战在疫情防控一线，防护物资短缺的情况下，他主动找到组织捐款人民币一万元，尽自己的绵薄之力，献一份爱心，表达对抗击疫情工作的支持。当了解到疫情期间大部分村民存储的蔬菜、肉类等生活用品都所剩无几，急需外出购买，但苦于买不到口罩，难以进行有效防护后，他第一时间站出来向村民保证：大家的口罩我想办法来解决。通过各种渠道，几经周折，他筹集到了600个口罩，发放到每一户村民的手中。许多在一线战斗的防疫工作人员同样也面临着口罩短缺的问题，于是关保昌给麦冲防疫劝返点也送去了口罩。

“一个党员一面旗帜。”关保昌用自己的方式传播着抗击疫情的正能量，不仅保护了村民的生命健康安全，也为年轻党员树立了标杆和榜样，用自己的行动换得村民的平安，充分地诠释了一名“两新”组织党员的初心与使命。

九、结语

从“要做事，做好事”开始，20 年来，关保昌做了很多很多的事。

锡伯龙企业二十年如一日无休，始终每天开门坚持为顾客服务；关保昌同样也 20 年如一日没有休息——每天不是在走访、考察、学习，帮助他人做好事，就是在想着今后要做的事、怎么做，还要去做些什么。

人生最精彩的不是实现梦想的瞬间，而是坚持梦想的过程。莫道桑榆晚，红霞尚满天。关保昌几十年来孜孜不倦寻找着的梦想，如今还没能够完全实现，因此 68 岁的他仍在坚持。他是一位 20 年扎根山乡的追梦人，也是一位与时代同呼吸、共命运的实干家。

现如今，锡伯龙农家乐已经发展成为一家集职业技能培训、特色餐饮调味食品加工、生态休闲旅游餐饮名店连锁经营、乡村生态旅游规划、红色教育基地于一体的具有独特企业文化的生态农家乐连锁公司。在锡伯龙农家乐开创至今的近 20 年里，创始人关保昌多次获得盘龙区劳动模范等荣誉，并在此期间还担任省市区的多个社会职务。作为一名老党员，关保昌时刻牢记着自己为人民服务的使命，20 年来积极发展当地生产；作为一名退伍军人，关保昌怀着“退伍不褪色”的信念，坚持用自己的切实行动回馈社会；作为哈马者村的“关老爷”，关保昌积极带动当地村民发展餐饮服务业，使哈马者村成为名副其实的“农家乐村”。

十、后记

关保昌说：“我今年 68 岁了，但是我听党的话、跟党走，这点永远不会改变。我最近也时常在想：作为一名 68 岁的转业军人，我还能为社会做点什么？我是一名共产党员，能为党做点什么？作为一名云南省乡村旅游协会的书记，我能为协会做点什么？我做人做事的原则就是听党指挥跟党走，做人做事学英雄，始终以雷锋为学习榜样，紧跟新时代的步伐，发挥余热。我感谢这个时代，决心为中国特色社会主义做一点贡献，给这个时代添砖添瓦，做自己想做的事情。作为一名老党员、老军转、老模范，今后我仍然要努力去做自己民族的宣传员和在新时代中不断有新贡献的带头人。我的志向就是要做一名起带头作用的中共党员、做军转干部创业创新的成功者、锡伯族文化的传承人、学英雄红色教育的推动者，并为此起模范带头作用；力争做到在新时代有新思想、新观念、新作为、新贡献。下一步，我想与协会合作，同时在锡伯龙设置大学生双创先锋团队、复退军人双创先锋团队、离退休党员红色基因代代相传团队，开展教育和培训等方面的工作。我也为我的今后制定了一个发展的总目标，一是继续从自家富起，带动亲朋好友共同致富；二是继续做好民族文化的宣传、传承和创新，把锡伯族南征纪念馆、纪念碑建设好、展示好，传下去、保存好，给后人留下纪念，让正能量的历史得到长存；三是在锡伯龙已有的民族文化基础上，发展一个全国性的红色教育旅游基地，学英雄、传承红色基因，使人人都为社会多做贡献。我们还计划组织三个党员代表团队：即大学生党员创业团队、复转军人党员创业团队和离退休党员红色宣传团队。号召大家为人民服务，向雷锋同志学习、向英雄人物学习、向好人学习；做好人、不做坏事。”

关保昌还说：“我个人的力量是有限的，来到云南一是受西部大开发的影响，还有就是为寻找我们锡伯民族的历史遗迹。后来觉得在这个地方个人也能够施展一下、能够出点力。来到云南以后，我的第一步是寻求自我发展，在这个基础上带领全村、包括周边地方把农家乐开办起来，把乡村旅游搞起来，稳定了再发展我自己民族的文化。进入新时代，我工作的重点和心思都放到了宣传新时代中国特色社会主义上，放到了宣传党的方针政策和十九大精神上。我最近几年工作的重点都是围绕着这些去做，以后更要去做好一些。我认为这是一个老兵、老党员、老模范应该做的，也是我的心里所想。我自己啥也不图，今后也够吃够喝了，就是觉得为社会做点贡献是值得的事情；觉得要把人生的价值，把社会主义的价值观，在我的身上得到体现；也可以说作为一个普通的老共产党员，要把我最后的余热都发挥出来，做到不留下遗憾。”

留美学者的乡村健康旅游——香草芳林庄园

昆明旭胜农业有限公司成立于2010年12月，注册资本105万元，注册地址为云南省昆明市西山区，公司经营范围为食用芳香植物种植、生产、加工、经营及相关产品综合开发利用；餐饮服务；预包装食品及散装食品销售；乡村休闲观光。现已打造香草芳林农庄，总投资1000万元，是昆明市十大重点都市农庄之一，也是昆明市最具特色的五大农庄之一，作为云南农业大学学生实训基地已经有5年历程。香草芳林作为云南省政府授牌的芳香植物科普基地，累计接待昆明市中小学生与企业团队20余万人次，在全市范围广泛开展芳香植物科普活动及独具特色的芳香休闲度假服务，具有极高的知名度，粉丝超过20000人。

近年来，公司不断发展壮大，于2019年获得中国旅游协会“中国特色旅游商品”银奖、2018年昆明“十佳”最美农业休闲园、2015年“西山区农家乐最佳美食奖”以及“昆明乡村游4星级旅游企业”，2014年获得“全国休闲农业精品展景观创意银奖”等荣誉称号。

公司于2017年3月启动“共享农庄”线上商城的建设，拟整合长期合作的资源与品牌，整合互联网专业机构、技术骨干、国内多家农庄、具有文创特征的优质生产加工企业、营销拓展渠道、在校大学生资源，以资源共享、优势互补为原则，低成本、高效率地启动“互联网+”，为企业高速成长奠定基石。

一、香草芳林创建历程

香草芳林两位核心创始人：海归夫妻、硕士、大学教师。

赖宣甫董事长兼总经理。2004年7月毕业于美国威廉伍兹大学，获硕士学位，硕士期间主修专业为教育学及工商管理，1991年7月—2000年8月就业于台湾逢甲大学事务组，其间积累了较多园艺与相关社会工作经验；2005年7月—2009年11月在云南师范大学商学院任教，2010年1月开始着手创建昆明旭胜农业有限公司，带领公司成功创立香草芳林农庄。

刘翎副总经理。1996年8月毕业于云南大学经济学院，研究生期间主修专业为西方经济学。1996—2004年在云南大学任教；2005年7月—2009年12月任云南师大商学院人力资源部主任、学生事务部主任。2010年1月与先生共同创业，倾力打造香草芳林品牌。

创业初心：匠心打造“云香”品牌。

公司理念：以健康、绿色、天然为主旨，聚焦芳香植物及衍生品的开发利用，打造唯美的“云香”品牌。

创业历程：两位创办人2003年相识于美国密苏里州，品类齐全、风格各异、休闲唯美的密苏里农庄给两人留下了深刻的印象，一个根植于田园的“香草庄园”梦想诞生了。2005年，他们一同回到昆明，成为深受学生喜爱的两名大学教师。2009年4月赖宣甫急性溶血病危，在经历了一段生离死别的病痛折磨之后，两人放弃了令众人羡慕的大学教师职业，包下滇池边西华街红山顶的荒山，开启了农庄之路。

创业的道路艰辛、坎坷，香草芳林经历了三年大旱、两次严重的雪灾，经历了创业初期的各种困难，最终成就了今天昆明高海路之畔美丽的香草芳林农庄。园区种植了近30个品种的芳香植物，作为芳香四溢的天然氧吧，传递一种绿色健康的生活方式，启动“云香产业”。

二、香草芳林的核心产品与业绩

香草芳林聚焦芳香植物及衍生品的开发，产品涵盖一、二、三产业。

第一产业聚焦芳香植物主题农庄。

香草芳林以做景观的标准提升农田建设，打造香草园艺景观及户外芳疗，构建天然香薰氧吧。

第一产业主要业绩：2015年获得市农业局昆明十大重点农庄铭牌、2014年农业部景观创意银奖、2018年昆明十佳最美农业休闲园。

第二产业专注芳香植物及衍生品的开发。

企业专注于芳香植物系列产品的开发，推出六大系列产品：香草种苗系列；香料、香草茶系列；香草棒棒糖、香草欧包等西点美食系列；香草手工皂、浴盐洗浴泡浴系列；纯露、精油系列；草本线香/盘香/塔香系列；香薰蜡烛/蜡片/蜡艺系列。

第二产业主要业绩：鲜花皂系列、香薰豆蜡片系列，获得2019中国特色旅游商品银奖。

第三产业聚焦芳香植物主题，以文创为原则，打造了个性鲜明的科普基地、教育农场、园艺治疗实验基地、香草特色餐饮、香草艺术文创空间、香薰体验氧吧。

第三产业主要业绩：2014年获得农业部景观创意银奖；2015年获得昆

明西山区农家乐最佳美食奖；2015 年被评为昆明乡村游 4 星级旅游企业；2016 年获得省政府授牌——云南省芳香植物科学普及教育基地；2018 年获得昆明十佳最美农业休闲园称号；2019 年获得中国特色旅游商品大奖赛十三类、十五类银奖。

三、营销方式与渠道建设

（一）企业+农户

香草芳林农庄基地与农户的苗木种植基地合作，由企业经营，农户提供种苗，有效降低了农户的经营风险，增加了农户的经济效益，使农户有更多时间用在土地上，可以在精耕细作、水土保持和减少农药使用等方面花更多精力，提高产品质量。由此不仅有效带动农民增收，实现精准扶贫，而且可以保证农庄产品高质量、有序、有效供应，减少了农庄经营风险。

（二）零售体验店

品牌直营店作为线上平台的重要线下推广平台，将为消费者提供更加全面满意的售前售后服务，提升消费满意度。直营店注重品牌建设，注重为消费者提供更全面的服务，逐渐打造集原生态农产品、文创产品销售服务、生态农庄文创服务于一体的产业服务链，线上线下共同打造，提升产业竞争力。在零售店对云香产品进行专柜销售，能够有效满足客户对产品的体验需求，通过对连锁品牌专卖店建设，进一步推进云香品牌建设推广，促进云香品牌落地建设。

（三）农庄合作共享

为满足农庄经营与产品供应，农庄与其他对应的农庄进行合作，目前合作的农庄主要有海南康家共享农庄与北京蓝调庄园两家，合作仅限于原料供应以及技术研发合作，未来将不断拓展共享体系，实现农庄相互结合共享，农庄+旅游城市连锁，有效带动农庄共享体系建设发展。

（四）搭建互联网+文创产品共享农庄综合平台

线上平台搭建运营是整个项目建设的重点，通过互联网平台，可有效实现生态农庄与文创产品的高效衔接，对于产品供应商及消费者来说不仅提升了交易效率，还提升了消费满意度。通过平台运营将有效实现供货商零垫资、零仓储、零宣传费的需求，带动生态农庄发展的同时在一定程度上带动创业就业，具有良好的发展前景与广阔的市场发展空间。

四、盈利模式

（一）云香产品销售收入

云香产品是由生态农庄衍生出来的一系列文创产品，产品的销售收入是整个盈利的重要组成部分。经原生态原材料加工后或手工制作出来的云香产品，包括香草茶、花草线香盘香、手工精油皂、香草纯露、植物护肤品等的销售收入，将带动整个项目的总体运营收入大幅度提升。

（二）乡村健康旅游收入

农庄旅游产业收入预计将占据农庄整体收入的大部分，通过收取入园门票作为旅游收入，同时逐渐增加一些表演娱乐项目，也将收取一定的门票费用。

（三）科普培训服务收入

农庄内设置有插花花艺培训、茶艺培训等个性手工文创产品制作课程，对于一些需要长期学习的学员，农庄收取培训费。

五、融资方式

前期建设，采用房产抵押贷款的方式融资，费用较高。

六、主要经验

（1）休闲农业是重资产与高风险行业

农业种植周期长、市场变化大，同时受自然气候环境影响较大。在后期发展过程中，公司更多采取了“企业+农户”、农庄互助共享、企业与旅游小镇开发商之间合作的模式，大大降低了投资成本与经营风险。

（2）农业相对于其他产业，人才匮乏

优秀大学生愿意投身农业的不多，公司为培养与招募人才，与多家高校建立了校企合作，很多同学参与农庄的建设与服务工作，弥补了人才短板。

七、近期面对的主要困难

首先，公司产品前期开发与市场测试已完成，产品相对成熟，目前处于产品规模化生产及销售渠道拓展阶段，面临一定的资金困难。

其次，公司香草芳林庄园地理位置优越，庄园升级改造与土地政策存在一定矛盾，这是该项目建设的主要难题。

第五节　云南省昆明市行政区划乡村健康旅游目的地

一、安宁市

（一）康养胜地——温泉小镇

1. 温泉小镇基本情况

温泉小镇地处安宁北部，总面积 99.46 平方公里，下辖 5 个村（居）委会，30 个村（居）民小组，总人口 11000 人。距安宁主城 7 公里，距昆明市 35 公里，距国家第四大门户枢纽机场长水国际机场 64 公里，处于昆明半小时生活圈，昆明、玉溪、曲靖、楚雄等滇中城市群 1 小时经济圈，贵阳、成都、重庆、南宁等周边省会城市 3 小时交通圈，以及南亚、东南亚 4 小时航空圈，是名副其实的“昆明后花园”。“三山环抱、一水长流”，东边凤山俯首吐翠，西面龙山翠绿而眠，北有笔架山凌空搂云，中间螳螂川扬波而过。

1999 年以来，乡村旅游逐步兴起。2001 年，安宁市就开始探索依托乡村自然景观、田园风光、农业资源等要素的乡村旅游融合发展之路，连续举办三届“金色螳川之旅”活动，形成了兼具温泉养生、水果采摘、农事体验和风光欣赏的独具特色的螳螂川旅游黄金线路，并于 2006 年被正式批准为昆明市首家乡村旅游示范点。“金色螳川之旅”现已成为昆明周边地区周末、小长假旅游休闲度假的首选之地。

温泉小镇现有登记在案的各类型宾馆酒店（含疗养接待单位、个体旅店）39家，共有房间2246间，共有床位4260个，其中达到五星级标准的酒店6家。随着城市化的快速推进，人们对乡村休闲度假的渴求，民宿成为乡村旅游发展的新名片和主力军。温泉小镇区位优势明显，休闲基础良好，历史底蕴丰富，具有发展民宿得天独厚的优势。但目前仍处于起步阶段。

温泉小镇先后获得“全国环境优美乡镇”“国家卫生镇”“中国最佳温泉旅游目的地”等称号，2019年全年旅游人数达192.8万人次，实现旅游综合收入2.72亿元。

2. 旅游资源状况

借助得天独厚的生态康养优势、区位交通优势、历史文化优势和体育运动优势，旅游业已然成为温泉地区的支柱产业。近年来，更是以“温泉康体型体闲运动养生”为基础，大力推动旅游与文化、生态等产业的发展。丰富的地热水资源、森林资源和历史人文资源共同构筑了温泉的“三大特色”。

（1）历史人文资源

温泉小镇历史悠久，文化灿烂，名人辈出，古迹遍地，先后接待了贺龙、周恩来、邓小平、宋庆龄、朱德、陈毅、董必武、彭德怀、陆定一、郭沫若、刘少奇、王光美、彭真等党和国家领导人。

小镇拥有国家级文物保护单位曹溪寺，全国唯一集藏传、南传、汉传佛教于一体的“三教合一”宗教场所云南省佛学院，云南省级文物保护单位温泉摩崖石刻群（含“天下第一汤”），10处市级文物保护单位（龙山别墅、龙氏别墅、卢氏别墅、裴氏别墅、孙氏别墅、温泉宾馆附三号院一号建筑、严氏别墅、杨氏别墅、袁氏别墅、李根源故居）。丰富的历史人文旅游资源吸引游客观光来访。

（2）地热水资源

安宁温泉的开发历史可以追溯至汉代，为全国仅有的碳酸钙镁泉，温度在43℃～45℃，年平均资源总量约374万立方厘米，日平均流量约

10257 立方厘米，现有热水井 24 眼，日开采量约 6376 立方厘米。温泉含有多种人体所需的物质和微量元素，可饮可浴且具有较高的医疗价值。由此衍生的温泉康养、健康休闲旅游项目成功吸引了游客的关注，极大加快了当地的温泉旅游发展速度。

（3）森林资源

温泉小镇森林面积 15.5 万亩，森林覆盖率达 80.11%，负氧离子含量居全国第二，仅次于青岛，风光秀丽、四季如春，“天然氧吧”名副其实。丰富的负氧离子和新鲜的空气使温泉拥有得天独厚的自然条件，吸引着大量崇尚自然康养、身心愉悦的游客。

3. 乡村健康旅游发展现状

当前，乡村健康旅游业成了温泉小镇的重要支柱性产业，主要表现在以下方面。

（1）依托温泉地热资源、文化资源、生态资源，围绕打造康体运动养生休闲度假小镇目标，大力发展温泉旅游。以高端化、生态化、国际化、品牌化、内涵化、特色化“六化建设”为统揽，充分发挥深圳宝能、省城投、云投、华熙国际、中信乐石等龙头企业的带动、示范作用，培育壮大休闲旅游、运动健康、商业赛事、会务会展等特色产业，继续举办好昆明网球公开赛等高品质赛事。

（2）以“文旅+”为轴，综合带动文化、旅游、康养、休闲发展的主线不偏向，着力围绕旅游产业做好链条延伸、附加、提升文章，联动发展、互动共赢。依托温泉丰富的历史文化和生态资源，丰富旅游产品，以 5A 级景区管理为标准，以“全域景区化、景区一体化”全域旅游示范区为目标，建设“昆大丽”旅游中转地和省内周末自驾游首选地。

（3）以温泉地热康养、森林资源为依托，发挥独有优势继续抓牢做好体育发展，在 3 年内投资 60 亿元，高起点规划、高标准建设能承办 ATP500 以上网球赛事的国际网赛中心、运动综合服务中心、全民健身综合体育馆、运动康养康复中心、安温绿道（慢行步道）、山地马拉松赛道、沿河自行车环线、灯光篮球场等一批体系化的体育配套设施，改造提升慢行木栈道、螳川西路慢跑道，大力提升小镇运动硬件设施水平，为各类品牌赛事和群众性体育活动举办夯实硬件基础。

（4）围绕省级特色小镇创建，立足于“三个一”加大宣传力度，重点提高温泉软实力，提升小镇形象、拔高小镇档次、升华小镇情怀。通过开辟多种宣传渠道，讲述“一座小镇”；创建孵化文创基地，汇聚“一群匠人”；挖掘温泉历史人文，回顾“一段记忆”。

4. 打造温泉精品赛事

（1）安宁温泉高原国际半程马拉松赛

“安宁温泉高原国际半程马拉松”创办于2018年，迄今已举办两届，赛事规模约10000人次。2018年赛事由中国田径协会、安宁市人民政府共同主办，荣获中国田径协会“铜牌赛事”和“自然生态”特色赛事称号。

2019年安宁温泉高原国际半程马拉松由中国田径协会、云南省体育局、安宁市人民政府主办，该赛事已经在申报2019年“银牌赛事”和“自然生态”特色赛事称号，两届赛事均由温泉山谷冠名赞助。

（2）昆明网球公开赛

“ATP网球挑战赛”创办于2012年，2016年定名为“昆明网球公开赛”，迄今已连续举办8年，在国内外具有较高的知名度和影响力。2019年昆明网球公开赛总投入1300万元，省级、市级各补助100万元，安宁市人民政府补助300万元。

（3）“一带一路”昆明国际网球邀请赛

“一带一路”昆明国际网球邀请赛创办于2018年，已连续举办两届，赛事的举办旨在进一步加强中国与南亚、东南亚国家的体育文化交流，推动网球运动的发展，增进各国友谊。同时，赛事的举办也开创了亚洲区域国际网球赛事的新模式，进一步助推了区域体育产业综合发展。在“一带一路”倡议背景下，通过网球搭建平台，助推昆明区域国际中心城市建设以及安宁“两区一极”建设；通过赛事举办，成为促进全省对外开放的新兴力量和桥梁纽带。赛事总投入700万元，其中安宁市人民政府补助300万元。

（4）举办民间体育活动

元旦龙山登高活动已连续举办两届。2020年1月1日由国家体育总局、中华全国体育总会主办，吸引了云南省各地不同年龄层次的3000余名户外爱好者参与；全国民族民间龙狮争霸赛于2020年1月1日由中国少数民族体育协会、云南省社会体育管理中心、安宁市民族宗教管理局、安宁市教育体育局、安宁市文化和旅游局主办，省内外约25支队伍300余人参赛；浴佛节活动由云南佛学院主办，于每年4月举行，其间吸引大批佛学爱好者及游客。

（二）森林中的温泉——日式金方森林温泉

金方森林温泉全称“安宁市金方温泉假日有限责任公司”，位于昆明西郊安宁“天下第一汤”温泉旅游度假区小镇。1999年10月成立，2001年2月1日试营业，是安宁市金方商业集团有限责任公司下属的全资子公司。

“金方森林温泉”目前经营的项目主要有三大板块——露天森林养生温泉、温泉水上娱乐区及半山温泉酒店。

露天森林养生温泉区设有泳池、地热、沙疗、净桑拿及37个露天中草药、鱼疗、鲜花、果蔬等养生功能泡池，完美展示了露天森林洗浴的独特温泉文化。

温泉水上娱乐区建有欢乐水世界海盗船游乐区、中国龙及蛇滑道、大人国温泉及造型各异的小品露天温泉池。新颖、魔幻、刺激，给人一种忘我、脱俗而愉悦的全新体验。

半山温泉酒店坐落于龙山半山之中，隐身于万亩苍松翠林。酒店客房远可观山景，近可看鸟嬉。房间阳台或设有温泉泡池，或设有榻榻米休闲区，让宾客不论是享受温泉还是休闲静坐，都能感受到天然森林的静谧之美及鸟语花香的勃勃生机。

金方森林温泉森林覆盖率达79.29%，负氧离子极高。因其温泉水中含有大量的碳酸、钙、镁等微量元素及矿物质而备受各地宾客青睐，自西汉时起就深得文人骚客的广泛赞誉，“莫夸六国黄金印，来试三迤碧玉泉”和“此水可饮可浴”的口碑从古时传至今日……加之金方森林温泉有清新深幽的森林之景及其优质的服务而名扬四海，被誉为“一颗璀璨的绿宝石”，成为云南省驰名商标。其获评中国温泉最高奖“金汤奖”实为当之无愧。

（三）康养酒店的先行者——温泉心景花园酒店

昆明温泉心景花园酒店，隶属于云南心景康养旅游集团，占地近 100 亩，坐落于昆明安宁旅游度假区腹地。作为中国 SPA 文化主题度假酒店，安宁心景酒店有特别设计的休闲度假套房、顶级温泉心景 SPA 养生中心、多功能 SPA 营养餐厅，形成了一个集 SPA、休闲、养疗于一体的综合康养酒店。

心景花园酒店作为中国首家功能性疗养目的地，是一个以改善顾客生活方式和增强顾客个人健康为目的的养生酒店。酒店从身心灵保健服务、住宿设施、健康教育课程、有机健康餐饮、健康诊断、护理、健康体适能七大维度出发进行产品的设计，结合安宁温泉独特的自然资源和人文资源，为每一位顾客定制了健康方案、服务流程和标准。

1. 心景选址

温泉心景选址于安宁温泉，有着得天独厚的地理和区位优势，在龙凤双山的怀抱之中，松柏参天、植被完好、植物多元，森林覆盖率达到 89% 以上，空气湿润、氧量丰富，负氧离子含量高于正离子含量 34%，是名副其实的“天然氧吧”。有“天下第一汤”美称的温泉，泉水清澈碧透，水质柔和，含有碳酸钙、镁、钠和微量放射性元素，属碳酸泉类，不含硫化物，属高热性淡泉，为优质稀有的饮、浴兼用矿泉，对各种皮肤病及关节炎有良好的治疗效果。周边有禅宗名刹曹溪寺、云南佛学院、环云崖摩崖石刻群等人文景观。

2. 健康诊断和咨询

所谓咨询，其实就是依据每个顾客的身体情况和习惯做一个整体测评，并给出相应的养生建议，结合心景设施和理念规划游客未来几天的活动，满足游客的身心灵平衡发展需求。

3. 心景养生客房

为度假客人的身体及情绪健康提供了全套及革命性的解决方案，通过提升酒店客房的室内环境细节（空气净化系统、水净化系统、维 C 淋浴装置、生理节奏照明系统、能量唤醒灯光、夜晚长波照明、黎明仿真闹钟、防辐射保护、养生床垫、调节情绪芳香装置、冥想指引等)，配以 24 小时恒温直入的碳酸氢盐温泉水，改善顾客体验，创造更加健康的客房环境，有效帮助酒店顾客实现健康生活。

4. 心景养生餐饮

将中国传统的二十四节气养生理念引入菜品设计，打造出心景味系列及养生系列菜品，每天严格按照人体卡路里摄入量，精选多汁饱满的肉类料理，高营养、高纤维的新鲜蔬果和甜而不腻的甜品，强调营养健康，低胆固醇、低脂、低盐的料理方式。

5. 心景身心灵保健服务

心景最为骄傲，也是最为顾客称道的便是按“顺四时、颐养生”理念研发的 SPA 养生疗程，它将中国传统养生概念与西方芳香疗法结合，以达到身心平衡探索和感染人的心灵深处的功效。

6. 健康课程

该课程不仅有瑜伽、八段锦、肚皮舞、搏击操等体育项目，还将中国传统文化融入服务标准和服务流程，国学、茶道、花道、戏曲、国画、书法，游客在度假中不经意间增加了学识，在学习中又结交了志同道合的朋友。在佛学院禅修，寻求到心灵的一方平静。

在亚健康人群越来越多的现代社会，人们对于非医疗性质的缓解压力、调节情绪、睡眠质量调整、肩颈问题等养生产品的需求量将呈现井喷式的发展。心景走在养生酒店的前端，为更多的亚健康人群提供健康解决方案。

（四）康体乐园——海湾村自然营地

海湾村自然营地位于云南昆明市安宁市禄脿街道海湾村委会，距离昆明主城 60 公里，距离昆明长水机场 80 公里，距离高铁昆明南站 75 公里，是典型的一小时经济圈、一小时休闲圈、一小时生活圈。海湾村有配套完善的住宿、餐饮、会议等基础设施，最大可承接 700 人同时就餐，客房、营房、帐篷结合可同时容纳 500 人住宿，有大小会议室（教室）7 个，最大多功能厅可同时容纳 150 人举办课桌课堂式会议。

海湾村自然营地结合中外户外运动及营地教育近百年的发展经验，秉持“户外是最好的课堂”的理念，汇聚户外运动经典项目和专业团队，设计开发了集丰富性、趣味性、挑战性、教育性于一体，适合不同年龄段的青少年营地教育课程、成人团建拓展课程。

开设的康体课程及项目有皮划艇、桨板、平台舟、扎筏泗渡、攀岩攀高、地壶球、专业编带、激光真人 CS、露营、溜索、射箭、扎染、木工、浮毯竞速跑等 40 多个。

生态农业体验项目有果酱、果糖、冰糖葫芦、菊花熏蒸、金银花熏蒸、自制红糖、自制糍粑、自制豆腐、自制腐乳、自制刀切腌辣椒、采茶、炒茶、垂钓、采摘、农耕体验等。

（五）园林山庄——太平秋麟山庄

太平秋麟山庄坐落于安宁太平新城街道奥特莱斯大道，占地面积约 50 亩，是安宁市休闲农业和乡村旅游示范点，评定为四星级农家乐。山庄以大理白族建筑风格为特色，集典雅、精致、休闲为一体，是集餐饮、烧烤、棋牌、娱乐及健身于一体的度假山庄。白塔砖木结构，八角七层呈楼阁型，建筑别具特色。绿树掩映之中，整齐的瓦房和陈旧的草屋交错杂陈，恰似一盘杀得正酣的象棋子。入生态佳景，品乡村菜肴，闻四季花香，听虫鸣鸟叫，眺山间美景，吸大自然清新氧气。山庄主要经营乡村土菜、粗粮细作、野菜、白族菜、川味、滇味、傣味烧烤，还有烤全羊、全羊汤锅等。山庄场地宽广，能同时容纳 500 人聚餐，停车方便。

（六）螳螂川旁的餐厅——木羊缘农家乐

安宁市温泉镇木羊缘农家乐创建于 2003 年 3 月，是伴随安宁金色螳川之旅宣传促销活动的开展而兴办起来的农家乐。

木羊缘农家乐坐落在螳螂川旁，两岸杨柳依依、菜花飘香，餐厅前面的湖水景色秀美，自开业以来，就以优越的自然生态环境、优质的服务质量和地道可口的农家饭菜赢得了省内外游客的交口赞誉，是一个休闲观光与餐饮结合的世外桃源。

（七）足球生态餐厅——水井湾生态园

水井湾生态园坐落在安宁县街一公里处，附近有箐沟，周围山水环绕，小河、水井、鱼塘、草地、苗圃、果园构成了乡村健康旅游的基本要素。

生态园面积3000多平方米，根据不同季节种有苞谷、毛豆、小瓜、茄子、辣椒、小白菜、小苦菜、萝卜等各种绿色生态蔬菜。生态园养殖土鸡（生态土鸡蛋）、鹅（生态土鹅蛋）、鸭（生态土鸭蛋）、兔子、绵羊、山羊、土猪、乳猪、蜜蜂等，可以提供绿色健康的烤羊、烤猪、烤鸡、烤兔、烤鱼及自种的时鲜蔬菜和安宁本地方特色美食。为了开展健康休闲娱乐活动，生态园建有草莓等水果采摘园，小龙虾、鱼垂钓园，建有娱乐沙滩，宽敞的草坪及乡村半场足球场，另有棋牌室、KTV等。

（八）花满螳螂川——后甸花海

温泉后甸花海位于安宁温泉街道办事处官庄村委会后甸小村，距离安宁市区8公里，距离昆明35公里，占地面积120亩，有儿童娱乐、划船、划竹筏、钓鱼、钓龙虾（小龙虾可现场加工）、骑马、小吃、荡秋千、网红桥、工夫茶等参与性项目。农户产品超市内有自酿正宗禄劝小锅酒，同时还种植了葡萄、八月瓜、莲子等。

除此之外，温泉后甸花海还种植有万寿菊、油菜花、向日葵、荷花等，每到花季鲜花绽放，依托具有乡村性的自然和人文景观，形成吸引游客的独特卖点和鲜明标志。

二、呈贡县

生态康养园——晨农生态园

晨农生态园，是晨农企业集团于2009年创建的，位于昆明市经济技术开发区洛羊街道小新册村，距离昆明市中心城区16公里，距离昆明市府所在地1公里，距离高铁站10分钟车程，距离长水机场30分钟车程，并与呈贡新区公交枢纽站相邻，现已开通两条专线直通车。

晨农生态园是一个集农业观光、农史展示、科普教育、休闲度假、餐饮美食、宴会接待、会议住宿、农耕体验、拓展训练、婚纱摄影于一体的现代化都市庄园。园区内设农耕博物馆、现代农业科技馆、奇瓜异果馆、生态蔬菜采摘园、商务会议中心、客房部、餐饮部、棋牌室、候机厅、QQ农场认领、户外烧烤、垂钓、鲜花饼制作等。

（一）晨农生态园健康乡村旅游体验产品

1. 农耕文化博物馆

农耕文化博物馆展示了从刀耕火种到现代农业的发展历程，实物展示农耕文化、狩猎文化、祝寿文化、马帮文化四大文化。此展厅是园区重点展区。

长期以来，人们为了适应生产和发展的需要，创造了多样性农业生产方式，形成了博大精深的农耕文化，在它的形成和发展过程中，浸透着历代先贤的血汗，凝聚着我们民族的智慧，集中升华了亿万民众的实践经验、教训和成功，反映了中华民族对人与自然之间的关系、规律的认知与把握。

2. 现代农业科技馆

现代农业科技馆展示世界蔬菜的高新成果，名特优新品种和先进的现代农业培育技术和设施。

除了公司获得专利认证的管道式立体栽培、组合墙式立体栽培、叠层式立体栽培、斜板式立体栽培、现代农业立体栽培技术和设施之外，还有很多奇瓜异果。

3. 农耕体验

走进田园，劳动最光荣。园区农耕老师会让游客了解如何育苗、施肥等。让家长和孩子都亲自参与有机耕作，让孩子们亲自采摘农作物。在园区的农耕体验中，让孩子们明白“谁知盘中餐，粒粒皆辛苦”的道理。

4. QQ 农场/采摘馆

园区所种植的蔬菜均为自然农法种植，不施用工业化肥，改用有机肥料。不喷洒农药，杀虫方式为最普通的物理杀虫。蔬菜都是自然成熟的，真正做到安全、绿色、生态、无公害。这里是现实版的 QQ 农场，客人可以认领一块肥沃的土地，播种后，就可等待大丰收，园区专门有农民为客人管理。

5. 休闲度假

游客可以亲自体验农耕的乐趣，识五禽六畜，辨五谷杂粮，感受田园生活的悠闲，找回童年的乐趣。

6. 晨农生态美食

晨农生态园内设有晨农私房菜、老村长过桥餐厅、晨农印象餐厅（食药同源餐厅）、晨农花园酒店、早餐店5家餐厅。餐厅鲜蔬均由园区QQ农场供给，餐厅布局环境优美，美景与美食浑然天成，休闲和健康融于一体，为游客提供绿色、优美、舒适、悠闲、宜人的就餐环境，安全、可口的生态菜品。

7. 生态酒店/会议会务

宁静的住宿环境，园林花园式的别院、白族风格民宿酒店，设施齐全的会议中心，环境幽雅、宁静与和谐。

（二）晨农生态园健康乡村建设经验

1. 推进健康生态农旅融合，传承中国传统农耕文化

晨农生态园积极推进健康生态农旅深度融合，坚持以现代高科技农业为依托，以传承中国传统农耕文化为重点，通过建设农耕文化博物馆、现代农业科技馆、农事体验农场及相关配套服务设施等，进一步弘扬中国传统农耕文化，普及现代农业科技、有机种植技术、绿色农产品知识，推广高科技农业无土栽培技术，为人们提供农事体验活动。自建成投入运营以来，先后接待了多个国家商务官员、外国友人的参观考察，接待了来自北京、上海、广州、山东、贵州、杭州等省市农业科技人士、基地种植团队、商务人士的参观考察，成为我国农业对外交流学习的平台，传承中国传统农耕文化的典范，现代农业科技示范推广的标杆。同时，园区还与各大中专院校进行校企合作，给学校提供实习和就业岗位，学校也给公司输送人才。随着园区的发展，还辐射带动了周边农民就业增收，现有的150多名员工中有部分本土人员，促进了周边乡村经济社会的发展。

2. 强化科教意识，打造现代农业科普园区

晨农生态园为了让更多的人了解现代高科技农业知识，建设了现代农业科技馆，以高科技种植手段展示了世界的蔬菜高新成果、名特优新品种和先进的现代农业培育技术和设施等；新建了50米长的蔬菜食药同源宣传栏和宣传牌，并不定期进行更新和维护，不断丰富科普宣传内容，提升游客对健康饮食的认知；扩宽参观道路和进行疏散通道等工程改造，给园区

内300多个树种重新挂上身份，打造为一个展示乔、灌木植物的园林。同时，园区内成立了现代农业科普工作小组，扎实有效地开展科普宣传和教育工作，每年制作宣传册20000册左右，免费发放，有效地保证了科普宣传工作有条不紊地开展。

3. 突出健康生态特色，培育健康生态+休闲农业旅游亮点

晨农生态园积极参与特殊节日的科普宣传教育活动，突出农耕文化和其他文化特色，努力培育和打造健康生态+休闲农业旅游亮点。充分利用“国庆节”，在园区广播播放红歌，组织员工和游客进行红歌比赛，表达对伟大祖国的祝福和热爱。积极利用“春节”“元宵节”，在园区张灯结彩，营造节日氛围，为附近居民、游客提供良好的节日休闲娱乐场所。利用传统节日“中秋节”在园区举办“晒秋”活动，充分展示农民勤劳双手创造的丰收成果。同时，将现代农业科普宣传拓展到校园，吸引和接待好幼儿园、小学、中学、大学4大学生群体到园区参观、游览。针对不同的学生群体，开展种植蔬菜、采摘林果、喂食小动物等农事体验活动，每年接待各类学生入园参观达10多万人次。

三、宜良县

（一）野生菌生态村——狗街镇小哨社区

宜良县狗街镇小哨村民委员会，位于昆明东南部，距昆明95公里，距县城29公里，东与石林县接壤，距石林大叠水瀑布8公里。村委会下辖8个村民小组，有人口384户1400多人，村民80%是彝族。

小哨社区位于狗街南部，海拔1860米，森林覆盖率达68%，是云南省第一家以野生菌为主要特色的生态旅游村，全年气候温润宜人，盛产干巴菌、冬桃、板栗、红梨等。

小哨是云南省第一家经旅游行政主管部门（昆明市旅游局）批准认证的以野生菌为主要特色的生态旅游村，2003年8月开始发展乡村生态旅游，2006年12月被命名为“昆明市十佳乡村旅游示范点”。旅游村中建有停车场、公厕、游客中心、欢乐广场等配套设施，由管委会负责协调管

理，工作人员、农家乐接待人员、村民导游均接受过培训，可为游客提供优质服务。有6户经旅游部门授权的接待点，可提供3000人就餐，60个床位住宿，8个村山上均有各类菌子和300亩冬桃基地可供游客采摘。组建有村文艺演出队伍，排练了《小哨美景》《大家一起跳》《彝汉情深》等60多个特色演出节目。

小哨生态环境的保护及开发相辅相成，也是野生菌保护性开发的价值及旅游业可持续发展生命力的体现，是全省最大的干巴菌产地。多年来“包山拾菌”的举措，既保护了森林资源，培植了菌源，维护了生态平衡，又增加了集体收入。

小哨生态旅游的特色是：“山上有林子，山中有菌子，山间有塘子，山沟有谷子，村中有游子”“春赏花，夏拾菌，秋尝果，冬吃杀猪饭”，一年四季均有不同体验。每到出菌的日子，各方游客都喜欢到小哨采菌子、赏野花、观瀑布、探秘境、划竹筏、探险、骑马、垂钓、欣赏和参与民族歌舞。农历6月24日的“火把节”目前已成功举办了三届，到小哨过“火把节”已经成为当地村民和周边群众固定的习俗，每年都吸引着上万群众到来。卖点多、吸引力强，既丰富了农业旅游的内涵，又区别于一般的农家乐，是对当前各地“农家乐”“彝家乐”项目的创新、优化、提升。

小哨野生菌生态旅游的开发是对九乡风景区的一个补充。按照省、市提出的建设现代新昆明的规划蓝图，宜良作为昆明的次级城市，定位为现代农业及生态旅游度假区，一是在成功开发以小哨野生菌为特色的生态农业观光休闲旅游项目的基础上建成小哨特色农产品（野生菌、干果、水果）批发市场；二是充分挖掘资源优势，开发南盘江农耕文化和小哨公路沿线温泉旅游带、田园风光、烤鸭品牌、温泉康体等旅游项目，不断拉动狗街经济新发展。

（二）自然生态村——靖安哨68道拐

靖安哨（俗称哨头上），明清两代设哨于此，取安定之意，后形成村落，村从哨名。途经靖安哨的古驿道是宜良、红河、文山地区通往昆明的唯一通道，也称“通京大道”或“茶马古道”，全长40余公里。靖安哨村隶属匡远街道办金星社区，位于县城以西7公里，海拔2080米，居住115

户，490人，有耕地2000余亩，森林面积5000余亩，左与国家级AAA旅游区岩泉风景区相邻，右与小白龙森林公园相邻，昆石高速从脚下穿过，交通便利，环境优美，是一个人与自然和谐共处的生态村。

靖安哨气候温和湿润，四季分明，春季碧水蓝天，夏季云雾缭绕，秋季满山红叶，谷底流水潺潺。主要农作物有玉米、豌豆、无公害大萝卜。林果种类较多，柿子、桃子、核桃、板栗等，可食野果更是不计其数，特色干巴菌、牛肝菌等山珍野生菌类远近闻名，花椒、野生土蜂蜜、无公害肥猪、腊肉等产品在当地具有很好的市场反响。

靖安哨村原居民为彝族支系撒梅人，结合撒梅彝族特色，在乡土文化和乡村民俗等文化内涵上搞好开发，尽可能满足旅游者的文化需求。现已建有戏台、斗牛场、火把场、2座AAA级旅游厕所，成功举办了五届火把节及两届民族民俗文化节。闻名全国的68道拐起点海拔1500米，终点海拔1800米，垂直高差300米，仅7公里的公路上共有68道弯，堪称世界公路奇观，远远超出了世界闻名的贵州24道拐公路。据有关专家介绍，这算得上是世界公路史上的奇迹。沿线栽种有6000余株樱花树、格桑花、月季等，并配有凉亭和厕所。靖安哨400余年的历史古驿道、烽火台及白云古刹等景观是滇中宜良的重要文化遗产。靖安哨68道拐举办过多次自行车赛、越野等国际赛事，已具有一定知名度及客源基础。

靖安哨68道拐片区生态环境好，森林覆盖率高，农产品特色鲜明，种类丰富。区域内还包含驿道、撒梅、茶花、佛教等多文化元素，靖安哨“68道拐”具有不可替代性，旅游资源可开发性好，资源内涵丰富。

（三）“马蹄”状村庄——河湾村

河湾村是云南省昆明市宜良县耿家营彝族苗族乡藏方村委会下辖的一个村民小组，坐落于秀美的马蹄河旁，因马蹄河绕村而过形成了河湾村一面靠山三面环水的近300度“马蹄”状的湾，因而得名。河湾村群山环抱、绿树成荫、河清水美，长期生产生活及自然形成的塘、坝别具一格，村内保持传统村落原有肌理，延续传统空间格局，在云贵高原中呈现出“小桥流水人家”的水乡美景。附近有峡谷地貌景观，最典型的是马蹄湾、月亮谷、二道桥、头道坝，全长约900米，峡内水流时湍时急、清澈碧绿、深浅不一，可荡舟游览。两岸悬崖壁立，钟乳悬空还有化石和被称为史前奇观的叠层石。其上绿树荫茂，蔽日遮天，景色雄峻俏丽。

河湾村距宜良县城17公里，距云南省昆明市仅65公里，与马蹄湾自然景点毗邻，距离九乡风景名胜区19公里，距离石林风景名胜区48公里，交通区位显著，与宜九二级公路、在建的三清高速仅相距4公里，距长水机场73公里。随着昆明东绕城高速、昆明到曲靖高速复线的建成通车，昆明到河湾村的乘车时间将由现在的60分钟缩短至30分钟，交通可达性将进一步改善。村庄外部道路为柏油马路，对外交通较为便捷；内部道路均为3~5米宽水泥硬化路面，村民出行、农产品运输方便。游览路线布局合理、顺畅，标识标牌系统相对完善，交通便利，景观优美。

河湾村水电设施安全、完善、便捷。全村通自来水，村内有井水、坝塘；全村有效灌溉面积为89亩；排水沟渠通畅，污水分散自排。村庄能源以电为主，太阳能、风能、秸秆等能源为辅。

近年来，河湾村以“以规划为引领，景观为核心，农耕为根本，民宿为特色，产业为带动，民富为目标，文化为灵魂”的乡村旅游建设理念，以“彝族苗族特色农耕文化”与“创意农业”为支撑，通过种植彩色水稻景观、百亩荷塘等创意农业，传承并举办彝族摔跤节、苗族“花山节”、农民丰收节等节会品牌，创新打造了集“农业生产、景观、休闲、度假、教育、消费”于一体的乡村旅游示范点，形成资源综合开发、产业综合发展、功能综合配置、配套综合建设、目标综合打造、效益综合体现的新型农业休闲综合体。河湾的生态环境优势不断凸显，正逐步实现“四变”：农区变景区，田园变公园，劳动变运动，民居变民宿。

1. 彩色水稻创意农业

多渠道从彩色水稻的播种、栽种、图案征集、收割……全过程进行宣传、报道，在360度的河湾稻田里，用彩色水稻“种绘”出彝族美女阿诗玛，苗族女神“仰阿莎之引枫蝶舞”“厉害了我的国”等图案。河湾还有彩色水稻泡缸酒，有白色、黄色、红色和紫色四色酒的酿造工艺和酒文化。

2. 农乐园

河湾村在层层密林衬托下，绿原沃野、稻菽飘香，清澈的小河迂回蜿蜓，村寨静谧、炊烟袅袅，一派田园风光。周边小梨花、老湾子、胡家村等彝族苗族村寨或依山而建，或环水而居，环境清新秀美。进入村寨可以感受到好客的彝族苗族村民和别具一格的少数民族风情，如民族歌舞、风俗、手工制品、风味食品等。

村中开展插秧及田间管理的传统农耕方式体验、稻花鱼放养及摸鱼、水稻秋收比赛等各类农趣活动，以山、水、林、田、居等乡村资源为依托，以稻作文明为脉络，推动健康生态农旅融合，深化稻乡田园体验，升华稻作文化艺术体验，升级乡村生产生活方式，打造农商文旅跨界融合发展的田园综合体国家试点。

河湾村还在进村沿路百亩农田种植新品种荷花，在百亩荷花田中铺设了木质小路，新建了草亭，摆放了稻草人、稻草牛等各种设施，让游人能够体验“人戏莲叶间、人戏莲叶中、亲吻荷花、采摘莲蓬、品尝莲子”等各种旅游特色项目。

3. 特色节庆活动

河湾村举办了彝族摔跤节、苗族花山节，承办了首届中国农民丰收节昆明市分会场。民族摔跤运动最早起源于清代，现已成为当地一大体育盛事。石子、羊桥、保功每年正月摔风水跤，尖山每年三八妇女节举办民族女子摔跤。“背秋娃”是当地彝族的一项特色民俗文化活动，该活动距今已有1000多年的历史，现被列为非物质文化遗产。河湾村成了中央、省市各级媒体争相报道的“网红”村，中央电视台新闻联播对节日的盛况进行了报道，并入选为首届“中国农民丰收节100个特色村庄”。

4. 具有民族特色的生态饮食

打造并销售“生态宏山”河湾系列绿色农产品，如“河湾彩稻”“河湾稻花鱼”“河湾莲藕”“河湾土鸡蛋”等农产品，开发出彩色米饭、稻花鱼宴等特色农家美食，实现耿家营乡生态农特产品的品牌化，增强经济效益。

5. 历史文物

（1）宏山公社旧址。在昆明市现有文物保护建筑中尚未发现同类型建筑，具有较高的历史、科学和艺术价值。2011年1月由昆明市人民政府公布为第五批市级文物保护单位。

（2）普济桥。清乾隆三十九年（1774）建成，旧为路南北部和陆良西陲村寨群众进入宜良的主要通道桥，为南盘江上规模较大的古桥梁之一。2014 年 1 月由昆明市人民政府公布为第六批市级文物保护单位。

（3）玉鼓村锁水阁。建于清代早期，为方形重檐阁楼式建筑。在第三次全国文物普查中列入了宜良县文物名录。2016 年 9 月公布为县级文物保护单位。

6. 民族原创文艺演出——苗韵水乡大型舞台剧

通过编排大型文艺演出，大力培养和挖掘当地少数民族的业余文艺队伍及文艺作品，通过文艺创作和表演，让彝族苗族群众能够组成固定的表演团队，形成固定的就业、创收产业。组织编排出由 320 名当地群众出演的大型原生态原创歌舞剧——“苗韵水乡・苗岭飞歌”，所有的歌舞都是创作团队在充分采集耿家营苗族歌舞及文化的基础上创作出来的，全部由本地群众演出，让民族文化成为彝乡苗岭的灵魂，转变为耿家营乡发展的核心竞争力。

（四）红土彩稻——麦地冲

麦地冲村隶属于昆明市宜良县九乡社区，位于国家 AAAA 级景区——九乡风景名胜区范围内，距离主景区叠虹桥 3.5 公里，距离乡政府所在地及待开发三脚洞景区仅 2 公里。村域面积 1755 亩，现有农户 47 户，人口 169 人，经济收入以种植、养殖业为主。

麦地冲村位于九梅公路旁，风景优美，山清水秀，村落上游有小微水库，常年流水环绕村落。村庄基础设施完善，通水、通电，移动信号覆盖全村，通达性较好。从九乡集镇沿路而进，一路青山相伴。远眺整个村落，有近百年历史的传统民居逐层拾山而上、起伏有致，与青山融为一体，又俯临村前的荷塘和水田。依山傍水的田园风光，人与自然和谐统一，藏于山谷间的麦地冲淳朴而恬静、自然且古朴。

麦地冲村是宜良县 2016 年确定的首批 10 个乡村旅游示范村之一，彝族文化、农耕文化底蕴深厚，传统民居保存完好；果树品种丰富，四周森林环绕，生态保护完好；村内大多为建于 100 年前的土坯房，村民养殖羊、牛、鸭、鹅、猪、鸡等家畜，自产腊肉、土蜂蜜、土鸡蛋、酱菜、咸菜、桃、梨、板栗等原生态食品和鲜果。2019年以来，九乡乡党委政府牵头谋划和实施了打造“七彩梦乡麦地冲”的一系列措施，即以“七彩梦乡麦地冲”为主题聚力规划，在尊重农业农耕文化“原真性”的基础上，聚焦“乡愁”情怀，大力发展创意农业、景观农业、休闲农业，实现“以农带旅、以旅兴农”的乡村振兴蓝图，把“七彩梦乡麦地冲”打造成九乡健康生态农旅融合、文旅融合和宜良对外宣传的一张亮丽名片。

截至目前，已完成和在建的旅游景观、景点和项目如下。

1. “彝家欢歌”彩稻景观区

“红土为布、彩稻做笔”，在村前的百亩水田里勾勒出了一幅“彝家欢歌”图。主图为身着彝族服装的彝家青年男女舞动传统舞蹈“阿细跳月”，在“画布”的左上角是用国旗飘扬组成的数字“70”，并组以“1949—2019”，象征祖国70年风雨征程。

2. “向阳花开”彩色向日葵景观区

半山花田，种满彩色向日葵，绽放成太阳的形状。花亦朵朵向阳，花田也形如太阳，故曰“向阳花开”。

3. “我心向党”荷塘景观区

荷塘里满目的青翠映着红荷簇簇，与含苞待放的万寿菊构成的党徽、红船图案合而为一，象征着万千民心，在党的红船引领下扬帆远航。

4. 红色文化区

荷塘、彩稻、万寿菊、向日葵等元素组成“彝族儿女心向党”的宏伟景观，实现党建文化、民族文化与农业景观巧妙融合，形成“铭记党的历史、歌颂党的光辉成就”的独特表达，营造浓厚的庆祝建国70周年氛围。

5. 森林氧吧区

麦地冲依山而建，四面环山，村落周边的山峦森林覆盖率90%以上，生物多样性丰富，有滇朴、黄连木、云南松等乡土树种，也有猫头鹰、麂子等保护动物，盛产青头菌、黑牛肝、鸡枞等野生菌，还有小石林、溶洞等地质奇观，景观资源丰富，空气负离子浓度高。

6. 农事体验

通过实施稻鱼共生项目，引导万寿菊种植、林果种植等方式，麦地冲村具备开展多种农事体验活动的条件，已推出的项目有插秧体验、摸鱼体验、鲜果采摘等，下一步还将继续推出稻田抓鱼比赛、稻田收割竞赛等农事趣味活动。

7. 田园美食区

依托当地的绿色生态食材，打造“绿色长廊·瓜果飘香”特色彝家长街宴。在观景、休闲、体验之余，游客还可以品尝别具特色的农家菜，菜品都是由生态米、稻花鱼、野生菌等当地食材烹饪而成。

8. 烧烤露营休闲区

悠香荷塘边碧绿清透，群山环绕中空气清新。在此安营扎寨，烧烤露营，休闲娱乐，尽情享受大自然带来的安静与自由。

9. 农特产品销售区

生态土鸡、土鸡蛋、土蜂蜜、野生菌、桃、梨、板栗、核桃等绿色农特产品都是养在深闺人未识的宝贝，造型朴拙、野趣自然的茅草棚是麦地冲特有的商品销售区，可满足游客的购物需求。

10. 节会品牌培育和旅游推介项目

在政府主导、部门支持、全民参与、媒体关注下，大力实施节会品牌培育和麦地冲乡村旅游宣传推介。2019 年 5 月成功举办九乡“七彩梦乡麦地冲”彩色水稻插秧节；9 月份筹办“醉美九乡迎华诞，彩稻飘香庆丰年”稻田文化旅游节活动，以麦地冲为庆祝丰收节会场，举行开闭幕式、10 项趣味农事系列比赛、4 项农业文化展示、摄影比赛等一系列活动，形成“节会搭台、文化融入、旅游唱戏”的宣传推介模式，把九乡麦地冲打造成最具人气和吸引力的乡村旅游网红打卡地。

11. 旅游人才培养计划

大力开展旅游从业人员教育培训，采取集中培训、外出参观考察等方式，提升村民发展旅游的意识，提高当地旅游接待服务水平，整理挖掘地方民族文化、农耕文化。

四、官渡区

（一）休闲庄园——农家香谷庄园

农家香谷庄园位于昆明市官渡区大板桥镇乌西办事处西冲村，占地面积 170 亩，养鱼塘 1 个 1.2 亩，建筑面积 660 平方米。农庄内种植有各类果树：核桃、桃子、板栗、樱桃、杨梅、梨、苹果等，庄园内的蔬菜均采用露天和温室大棚种植方法，味道自然，健康无毒害。庄园会针对各季度不同的果蔬，面向大众举办各类丰富的采摘活动，让旅客们自给自足，感受本地的饮食文化与风俗。

农庄现在已对外开放 1 年，主要是传播乡土特色，让旅客感受淳朴自然的民风民俗，既丰富了旅客的闲暇生活，又通过各类体育项目锻炼了身体。

（二）乡村文化农庄——清溪果香园农家乐

清溪果香园农家乐位于昆明空港开发区大板桥街道办事处李棋社区棠梨坡村民小组，占地面积 69.8 亩，养鱼塘 3 个 19.6 亩，建筑面积 668 平方米。该农家乐隶属于吉景达园林绿化工程有限公司，经过多年的建设，目前形成了以基础农业生态为主的体验型乡村文化农庄。农庄内种植有核桃、樱桃、葡萄、梨、苹果等多种水果，园内的水果均采用物理防虫方法种植，果实味道纯正，健康无毒害，游客从树上采下后只需简单水洗就可品尝；同时农庄采用自己种植和养殖的蔬菜、肉、蛋等纯生态的食材为游客提供安全、放心的食材。每年农庄都按照农时开展樱桃节、杨梅节等活动，吸引很多市民到农庄体验、休闲。

农庄现在未对外正式开放，主要作为吉景达园林绿化工程公司业务交流服务中心，下一步将对农庄进行基础设施改造，为市民提供休闲体验的场所。

（三）文创基地——云南文化旅游创意博览园

云南艺术家园区是云南省委省政府在“十一五”期间确定的标志性文化建设项目。云南艺术家园区经过三年多的努力与建设，云集了 1270 余名国家级、省级艺术类工艺师，成为“云南省文化创意与相关产业融合发展示范基地"，围绕"云南文化旅游创意博览园"项目，以非遗记忆传承为载体，着力打造云南文化品牌。现已建成云陶、云画、云绣、云茶、非物质类的特色街区，入驻艺术家工作室213家，年创造经济效益2.3亿元。在推动云南民族文化强省建设、带动云南文化提升和产业发展中起到了引领作用。云南艺术家园区现在是艺术家的"生活乐园"和"天天文博会"，并成为云南省和外来游客观光购物、旅游的好去处。

五、寻甸县

（一）红色旅游村——丹桂红军村

丹桂村是一个民族团结、社会和谐、经济发展的文明村。丹桂村内有国家级、市级、县级文物保护单位，分别是红军长征柯渡纪念馆、丹桂清真寺和杨氏宗祠。丹桂红军村由以下几部分组成。

1. 红军长征柯渡纪念馆

这个纪念馆是为了缅怀毛泽东、周恩来、朱德、贺龙等老一辈无产阶级革命家的丰功伟绩。纪念馆真实再现1935年中央红军和1936年红二、六军团长征过云南的革命史实。该馆于1974年由云南省委在丹桂村筹建，1977年10月正式对外开放。红军长征柯渡纪念馆是全国30条红色旅游精品线路、全国红色旅游百个经典景区之一，以及云南省重点培育的十大红色旅游景点景区之一。

2. 丹桂村中央红军总部驻地旧址

丹桂村中央红军总部驻地旧址位于寻甸县柯渡镇丹桂村中部，文物主体建筑由"中央红军总部驻地旧址"和"毛泽东等中央首长驻地旧址"两部分构成。前者为清代合院式结构，后者为一进两院的合院式结构和三间两层楼的广式阁楼结构，总建筑面积1893.02平方米，总占地面积2834平方米。1935年4月30日，中央红军长征经过柯渡，设中央红军总部、中央机关书记处，毛泽东、周恩来、朱德、刘伯承、张闻天、王稼祥等同志路居于此。中央红军在此对抢渡金沙江皎平渡口做了具体部署，使红军顺利渡过金沙江，取得了战略转移的决定性胜利，具有重要的历史意义。1983年1月公布该址为第二批省级文物保护单位，2013年5月公布为第七批全国重点文物保护单位。

3. 丹桂清真寺

该寺位于寻甸县柯渡镇丹桂村委会丹桂村中部，始建年代不详，清光绪二十二年（1896）重建，坐东向西，建筑占地面积为271平方米，现有叫拜楼、朝真殿及左右厢房。朝真殿为抬梁式单檐歇山顶，朝真殿通面阔13.3米，通进深11米；拱椽独具特色，14道隔扇门雕刻工艺精湛，独树一帜，门上的“暗八仙”图案栩栩如生，板壁上的壁画惟妙惟肖、技艺非凡。朝真殿对面的叫拜楼为三重檐四角攒尖顶，底层设寺门；楼高30余米，共四层，通面阔12.5米，通进深10米。叫拜楼二楼穿枋上写有“红军绝对不拉夫”的标语；另有左右厢房各三间，朝真殿右前方立有碑2通。丹桂村清真寺具有一定的历史价值及艺术价值。2004年1月公布为市级文物保护单位。2019年3月公布为省级文物保护单位。

4. 丹桂村杨氏宗祠

该祠位于寻甸县柯渡镇丹桂村委会丹桂村中部，始建于光绪二十六年（1900）。坐东向西，建筑面积为299.8平方米，为一楼一底重檐硬山顶抬梁式结构的封闭式四合院，有正房3间，南北厢房各2间，共7间房。正房建于石砌基础之上，台基高0.86米，有石阶；正房通面阔为12.1米，通进深为6.8米，前出檐较深为2.6米，前檐卷棚出厦；左右次间前均有楼梯上二楼。无对厅，墙体用土夯墙围筑，厢房通面阔为7.9米，通进深为4.7米。大门样式较为普通，大门正中楷书“杨氏宗祠”四个字，苍劲有力。杨氏宗祠是为纪念响应杜文秀起义时为免遭清军凌辱而集体自焚的回族杨姓祠堂，是寻甸县境内唯一的一座回族祠堂，具有一定的历史价值及艺术价值，2013年6月公布为县级文物保护单位。

（二）文旅小镇——凤龙湾国际旅游度假区

凤龙湾国际旅游度假区同时囊括了森林、水域、沼泽地、河滩、白鹭鸟岛、凤龙石窟、小三峡、石板河等多样性的地理地貌，资源组合度非常丰富，为项目的打造提供良好的资源禀赋和创意空间。习近平总书记强调的“山水林田湖草是一个生命共同体”的多样性生态文明建设在这里得到完美体现。

1. 水域风光资源

以凤龙湾水库为代表的水域风光，山为凤、水为龙，蜿蜒曲折、景观奇特。水域面积3295亩且蜿蜒流长，形状酷似一条条巨龙在大地上不停地游走，周围山峰连绵不绝，恰如三只凤凰在天空舞动，惟妙惟肖。一条条不断游走的巨龙和舞动的凤凰最终又汇集在莲花岛垭口处，形成了“游龙戏凤”的美妙场景；又有以石板河、小三峡、大叠水为代表的瀑布等水景观。

2. 民族文化资源

寻甸境内居住着汉、回、彝、苗等16个民族。在漫漫历史长河中，寻甸各民族既保留了自己独特的民族特色，又吸收了其他民族优秀的风俗习惯，形成了独特的民族风情。在寻甸，依托各民族传统民俗，每年都要举办回族的“开斋节”“落灯节”，彝族的“火把节”“立秋节”，苗族的“花山节”等民族节庆活动。

度假区依托回族民族歌舞、民族节庆、民族服饰、回医回药、民族手工艺、民族建筑艺术和民族美食等旅游文化资源，以一千零一夜寓言故事为蓝本，将故事场景融入建筑风貌、商业业态之中，重现童话故事中的梦幻景象。

（三）农耕文化康养村——七星镇腊味村

腊味村隶属于昆明市寻甸回族彝族自治县七星镇，地处七星镇南边，东邻必寨村委会，西靠县城所在地仁德镇，南邻塘子镇，北邻七星村委会，距离七星镇政府驻地4公里，距离寻甸县城14公里。下辖腊味、小坝者、鲁古等9个村民小组，共有居民598户，总人口2713人，是云南省脱贫攻坚重点村之一。

腊味村属于半山区，国土面积为12.18平方公里，年平均气温14℃，年降水量1100毫米。全村拥有耕地面积2087.86亩（其中田1204.19亩，地883.67亩），主要种植水稻、烤烟等农作物；林地面积5551.5亩，其中经济林果地870亩，主要种植板栗、花卉、橘子、梨等经济类林果。经济来源以种养殖业为主，烤烟、水稻、畜牧业是全村的主导产业，农副产品主要有水稻、玉米、小麦、大麦、马铃薯、绿叶菜、绿豆芽、橘子、香菇、板栗及肉猪、肉牛、肉羊等。

腊味村附近有寻甸星河温泉旅游小镇、红军长征柯渡纪念馆、先锋“六甲之战”纪念塔、柯渡、凤龙湾等旅游景点，有寻甸牛干巴、炸油香、云南豆面汤圆、寻甸粉蒸肉、传统羊汤锅等特产。

1. 推进农业与旅游融合

腊味村针对交通不便、水资源匮乏、产业单一等制约经济发展的突出问题，以建设美丽乡村为目标，以发展乡村旅游为抓手，实施“基层党组织+公司+合作社+农户”的发展模式，加强交通道路、农田水利、村容环境等基础设施建设，推进民居改造和特色村寨建设，推进农业与旅游深度融合，大力发展乡村旅游，带动了产业发展，使群众收入增加，初步建设成一个生态环境优美、旅游特色鲜明、特色产业兴旺、村寨舒适宜居的旅游特色村和美丽乡村，吸引了四面八方的游客。目前全村建档立卡户 109 户，建档立卡贫困人口 417 人实现了脱贫。

2. 积极推进美丽乡村建设

腊味村积极推进村组道路硬化，加强水库、坝塘治理，实施民居改造工程，综合整治村庄环境，不断改善村民生产生活条件和人居环境，积极推进产业结构调整，提升特色种植业水平，发展养殖业，有力地促进了美丽乡村的建设。加强对村民的教育培训，充分尊重村民意愿和权益，成立了村民参与的民主理财小组，建立了公益事业建设“一事一议”制度，实行了村组财务民主管理，定期以粘贴公告、黑板报、会议等方式进行村务公开，形成了全体村民共建共享美丽乡村新家园的格局。

3. 推进健康生态农旅融合，积极发展特色乡村旅游

腊味村充分发挥特色农业产业优势，积极推进农业与旅游业深度融合，大力发展乡村旅游业。充分利用鲁古村小组交通便利、生态环境秀美、水利资源丰富的区位环境优势，发挥谷丰种养殖专业合作社的带动作用，以水稻高产创建工程百亩核心区、千亩展示区及稻田养鱼为依托，积极举办农事节庆活动。2017 年举办的首届稻田摸鱼节，以“金秋稻香迎国庆·民族美食过中秋”为主题，吸引了大量的自驾游游客。

随着乡村旅游的发展，村民参与旅游服务实践，并与各地游客广泛交

往，不仅让村民享受到了旅游开发带来的成果，实现由满足温饱向发家致富转变，而且使村民开阔了眼界，增长了见识，认识到自身存在的不足。许多村民放下了锄把子，拿起了笔杆子，主动学习充电，提高自己的文化修养和职业技能，逐渐由过去的各家单打独斗向全村共建共享发展转变，由过去的等客上门向积极开拓市场转变，以过去主要提供农家乐产品向提供丰富多样的文化活动、农事体验、乡村休闲等优质服务转变，有力地促进了乡村旅游更快更好的发展。

4. 紧抓脱贫攻坚工作，带动贫困群众脱贫致富

腊味村紧抓脱贫攻坚重点工作，指导各村组因地制宜，结合各自特色，发展特色产业。引导支持鲁古村小组以优质水稻种植、稻花鱼养殖、生态稻鱼米加工销售为依托，以发展乡村旅游为突破口，大力发展稻田养鱼和乡村旅游，使贫困户每年从合作社获得劳务、入股分红收益 4560 元。鼓励支持小坝者村小组，利用紧靠凤龙湾景区的优势，引导村民以凤龙湾景区为依托，大力发展农家乐、餐饮、住宿等配套服务设施和水上游艇娱乐项目等，促进了小坝者村的民俗旅游发展。

六、五华区

白族文化特色村——西翥街道办事处陡坡社区

陡坡社区位于五华区西翥街道办事处西南部，有陡坡、香杆箐、西尖、柏枝园、梨花箐 5 个居民小组，居民 398 户 1583 人，其中，白族人口 571 人，占总人口的 39.5%，是一个具有典型白族特色的社区。陡坡社区距昆明市中心直线距离约 3 公里，区位条件优越，交通方便，进入主城区仅需 10 分钟左右车程，生态环境保护良好。

在陡坡社区方圆 5 平方公里范围内，有陡坡白族村，突出的白族风格民居特点和白族文化、白族餐饮的农家乐；有西游洞旅游区，每天吸引大量游客，已经成为昆明周边小有名气的旅游景区；有 800 余亩樱花谷，已经进入盛花期，目前已成功举办三届樱花节；有 1000 亩的小石林，林内各种奇石林立，别有一番风景；有 6000 亩黑松林，是一个天然的大氧吧；2017 年底修建了一条 5.5 公里的自行车骑行道，2018 年成功举办了第一届

自行车骑行赛；有一家民宿；有6家环境优美、经营状况良好的农家乐；村内文化活动中心有200个停车位，还有一个能停300辆车的待建停车场地；村内有公共厕所5座，一个在建的AAA级旅游厕所。同时还建有400平方米的游客接待中心，400平方米的文化活动中心，50平方米的儿童之家，80平方米的农家书屋。

七、富民县

（一）天籁之音——小水井民族特色村

富民县小水井村位于海拔2350米的大山上，全村470多人均为苗族，是昆明最大的苗族聚居自然村。20世纪30年代，外国传教士在当地设立教堂，唱诗班也随之产生。在这里，农民和歌唱家的身份、物质的匮乏和精神的富有奇妙和谐地统一。他们的歌声仍然保留了世代相传中最初的演唱形态，用苗文填写的歌词和融入了苗族民间音乐元素的歌声，让这支合唱团具备了不可复制的独特性。

2002年，村里成立了“富民县小水井苗族农民合唱团”，旨在把美若“天籁”的声音推向外界，让更多的人来了解他们、认识他们，来感受这份“天籁之音”，使云南的民族文化得以发扬光大。

“小水井苗族农民合唱团”是一支四声部合唱队，他们的演唱方式和技巧是一代一代口口相传所得，所有队员都没有参加过专业训练。团队成立之初举步维艰，无人知晓，也无人喝彩，但顽强的富民人不服输，不断地向外推介。终于，所有的努力有了回报，2003年10月参加“中国首届西部合唱节”获得青年组第一名；2004年4月参加中央电视台“同一首歌·走进云南大型歌会”首次得到了全国观众的好评；2005年9月参加昆明“聂耳杯——首届国际合唱节”获一等奖，同年10月应邀赴澳门演出；2006年1月与俄罗斯国家爱乐乐团在北京大学同台演出，一首浑厚的《大观楼长联》打动了数千名北大莘莘学子；2007年5月参加全国第七届残运会闭幕式演出，同年10月参加“全国首届社会主义新农村合唱大会”获一等奖；2008年8月代表云南参加了中央电视台第十三届青年电视歌手大奖赛，在56个高水平的专业团队中，小水井合唱团作为唯一的一支来自基层、来自一个边远山寨的苗族农民业余队伍，获得了第13名；同年10月，在北京国家大剧院参加了“首届国际民歌博览音乐周”的演出，同时应中央音乐学院的邀请进行专场演出；2009年1月，参加春节歌舞晚会的录制并播出；2009年11月，参加在广州举行的全国首届农民合唱大会获第一名；2010年12月21日—2011年1月3日，参加锦绣中华民俗村开展的“华人庆圣诞　神州迎新年”双节庆典活动；2011年6月24日，参加中央电视台《民歌中国》栏目拍摄，于11月9日在中央电视台音乐频道《民歌中国》栏目中播出；2012年1月参加北京电视台2012春节联欢晚会；2012年4月18日至7月10日，合唱团及部分村民应邀参加了由著名电影明星章子怡、黄晓明主演的清华大学建校100周年纪念影片《无问西东》实景拍摄；2013年3月，参加中央电视台“百山百川行”栏目拍摄，5月27日在中央电视台中文国际频道“百山百川行”中播出；2013年5月，参加“上海之春国际音乐节”“中国记忆·云南美妙原声——小水井苗族合唱团音乐会”专场演出；同年11月，参与录制上海东方卫视《妈妈咪呀》节目；2014年3月、9月，先后拍摄了两部反映小水井苗族农民合唱团发展经历的微电影——《小水井》；2015年1月、2月、3月，参加北京电视台“造梦者”栏目拍摄；5月，参加安徽电视台“中国农民歌会”栏目录制。

2016年1月，“天籁之音·大山里的巴洛克”世界经典合唱音乐巡演开始。2017年10月29日，与中国爱乐乐团合作参加北京国际音乐节。2017年12月31日—2018年1月1日，与广州交响乐团共同参加广州新年音乐会，在佛山、广州进行两场演出，演唱了《C小调合唱幻想曲》《小河淌水》《彩云追月》《同一首歌》等曲目。

2018年2月14日—3月14日，富民县小水井苗族农民合唱团应美国纽约爱乐乐团、英国伦敦爱乐管弦乐团邀请，走出国门，远赴美国、英国参加中国新年音乐会。此次演出为期16天，2月16日至21日在美国表演，2月21日至3月2日赴英国表演。“小水井合唱团”共有50名演员参演，其中男24名，女26名，国际知名指挥家余隆亲任指挥，与纽约爱乐乐团、伦敦爱乐管弦乐团强强联手，在美国纽约林肯中心的费舍尔大厅、英国皇家节日大厅、利物浦大学、牛津大学等剧场演出，演唱了《C小调合唱幻想曲》《哈利路亚》*Make Our Garden Grow*《伦敦小调》等世界名曲，以及《小河淌水》《彩云追月》《长街宴》等云南民歌。“小水井合唱团”成员全部是富民大山里地地道道的苗族农民，这是他们第一次走出国门，在英美进行巡回演出。他们用被世人称为“天籁之音”的美妙歌声向世界讲述“云南故事”。同时，他们用英语演唱世界经典名曲，和世界进行艺术对话。世界，在合唱团的天籁之音中，感受着中国、感受着云南、感受着昆明、感受着富民的一方水土……感受着中国少数民族对艺术的挚爱和精湛的演绎。

“小水井合唱团”英美两地巡演受到了《纽约时报》《泰晤士报》等众多外国媒体的高度关注，称“小水井合唱团”的演唱是“来自中国最淳朴的天籁之音”。合唱团巡演期间接受了多家中外媒体的采访。2020 年 2 月 28 日，应英国著名电视台“ITV”的特邀，合唱团登上了当天的早新闻 *Good Morning Britain*，并且演唱了苏格兰民歌《友谊地久天长》。

（二）农旅融合生态村——南西桥草莓温泉庄园

富民南西桥草莓温泉庄园（村集体经济）项目位于富民县石桥村，距离县城 6 公里，昆禄公路从村穿过，在武昆高速富民闸道出口和罗免闸道出口中间点，交通便利，村庄东邻火梨板工业园区、南邻哨箐工业园区、西靠九峰山旅游开发区、北邻北营工业园区。

九峰山西华禅寺距石桥村 2 公里，在明清时与大理鸡足山、四川峨眉山并称西南三大名山。2008 年，崇化大和尚发愿再开山重建西华禅寺，经过长达十年的重建工作，九峰山西华禅寺已逐渐恢复当年风采，于 2017 年 9 月进行了大雄宝殿开光仪式，九峰山西华禅寺现已成为宗教旅游圣地。

石桥村以城乡环境综合治理工作的开展为契机，通过党员带头开展义务植树活动，激发了村民的治理热情。实现污水管网全覆盖，公共地块地表绿化面积 6000 平方米，安装太阳能路灯 70 盏。建设石桥生态游园，种植乔木 600 株，种植地表绿化植物面积 1000 平方米。村内主道实现亮化、绿化，基础设施良好。

2014 年石桥村通过土地流转建设百亩草莓基地，实现规模化经营，解决了经营分散、组织化程度不高的问题。同时成立九峰草莓产销专业合作社，坚持统一耕种、统一施肥、统一技术、统一收获、统一销售“五个统一”的合作模式，确保草莓的数量和质量，近两年草莓供不应求，吸引了大量的游客前来采摘，草莓年销量共计33吨，销售额达150万元。

2015年48户村民入股510万元成立南西桥旅游文化开发有限公司，健康生态农旅融合乡村振兴，发展集体经济。已建成旅游栈道1期、采摘观光田园风光1期及养生广场、农家美食餐厅、生态烧烤、鲜花饼屋、会议室、棋牌室、住宿、养身泡池、游泳池、土特产超市、停车场和娱乐配套等设施。该项目于2018年4月28日投入试营业，依靠富民最美后花园的吸引力以及项目区良好的交通、区位、生态优势和多元的服务，成为富民县乡村旅游、休闲度假的新亮点。现日可接待游客1000余人，日营业额最高达到7万元，年接待游客达到10万人次。

八、盘龙区

（一）樱花山谷——滇源家庭农场

滇源家庭农场是由昆明绿爽农业科技有限公司投资兴建的。目前建成绿化苗圃基地300余亩，特色果园30余亩，蔬菜种植基地30余亩，餐饮住宿用房4000多平方米，主要经营农业技术开发、中草药材种植及销售、绿化苗木种植、园林绿化工程、蔬菜种植、农耕体验、水果采摘、垂钓、棋牌、餐饮、住宿等业务，可接待80人住宿和同时满足300人就餐。农场规划种植水蜜桃、宝珠梨、金沙李、红富士苹果等优质水果，专供游客入园采摘，每年入园采摘游客超过2000人。农场规划菜园种植时令蔬菜，供游客从事农耕体验和蔬菜采摘，同时极大地带动了周边农户新鲜蔬菜销售。

滇源家庭农场以水源保护区生态环境综合治理和促进农民增收为宗旨，充分利用现有自然风光，挖掘和开发山地生态旅游资源。以山林、山地的生态观光旅游和高原山地特色生态经济林、林下栽培科技示范、科普教育推广以及其自然风光观赏和后续绿色产品开发、产品展览销售等为主题，以绿色为主打，以美食为招牌，形成集生态观光、农耕体验、休闲度假、康体养生于一体的生态旅游目的地和生态经济型森林公园。

昆明市盘龙区滇源街道办事处青龙潭自然风景区，现有土地300余亩。

紧邻青龙潭公园，距昆明主城区 42 公里，距小龙高速公路军马场出口仅 11 公里，嵩阿公路、白小公路直达，114 乡道跨径而过。从昆明主城区经白小公路到项目所在地只需 1 小时，交通十分便利。

1. 优美的原生态森林景观

项目位于昆明市松华坝主要水源地之一的青龙潭西侧，四周山岭环抱，山岭上、幽谷中生长着茂密的青松绿树。万亩人工针叶林漫山遍野，天然杜鹃、山茶成片成带，争奇斗艳，绚丽多彩，山下龙潭清流舒缓，形成了优美的自然景观。

2. 神往的人文景观

项目位置处于邵甸坝子（古地名）中部，古时就有“东鱼西燕，南仓北马”的神话传说，东有黑龙潭，西有黄龙潭，南有普前寺，北有龙马寺，紧邻青龙禅寺。清朝光绪皇帝赠御笔之宝“盘江照佑”的九龙巨匾现存于黑龙潭，清末著名文人陈荣昌亲题“盘江之源”之匾现存于青龙潭，青龙宫、黑龙宫也被列为重点文物保护单位。自古以来到青龙潭探寻水源的踏青游客和到附近寺庙敬香的香客络绎不绝。丰富的野生菌和当地特色水果、花卉也吸引了不少游客。

3. 秀美的水文景观

“山得水而活，水囚山更幽”，青龙潭周边溪流蜿蜒曲折、鸟语回荡山谷之中，泉水、溪流、水库为景区增添了灵气。项目集“山、水、林”于一体，形成“谷在山间，山被箐环，水流谷底，林到天边”的自然生态景观，光照充沛，空气清新，负氧离子含量高。

（二）和谐康养——双龙街道

双龙街道，隶属于昆明市盘龙区，位于昆明市城区东北部，东接官渡区大板桥镇和野鸭湖度假小镇，西连金殿国家森林公园，西北邻盘龙区松华乡，西南紧靠昆明世界园艺博览园，南与昆明中心城市的北市区融为一体，并与建设中的昆明航空城山水相连。辖区内有金殿国家森林公园、云南野生动物园及昆明世界园艺博览园等知名旅游区，昆曲高速公路、东绕城高速公路、金浑公路（7204 公路）贯通境内，实现了村村通公路，并开通了金殿至双龙街道办事处所在地的公交车，交通十分便捷。下辖麦冲、乌龙、麦地塘、庄房4个村民委员会和31个村民小组，共有农户2232户，总人口7292人，民族主要以汉族为主，少数民族有彝族、回族、苗族、傈僳族等。乡政府驻地在乌龙村委会的前卫屯村，距离昆明市中心城区15公里（仅20分钟车程）。国土面积88.9平方公里，耕地面积9111.1亩，以种植玉米、小麦、蔬菜等为主；林地14463.5亩，森林覆盖率达到72.4%，其中经济林果地2760亩，主要种植桃、梨、苹果、核桃、板栗等经济林果；水面面积307亩，其中养殖面积125亩。海拔2000~2300米，年平均气温13.2℃，年降水量1000毫米，常年光照充足、雨量充沛、气候温和，四季呈亚热带湿润气候，森林资源丰富，生态环境优美，乡土气息凝重，素以“昆明主城后花园，都市的森林氧吧”而著称。

1. 双龙街道乡村旅游发展概况

近年来，双龙街道充分发挥优越的地理区位、良好的生态环境、便捷的交通路网和特色旅游资源的优势，面向昆明大都市和省内外休闲人群大力发展城郊型乡村旅游。采取“企业+农户”的运营方式，积极引导农户开展农家乐、特色餐馆、都市庄园、民俗客栈等旅游设施建设；开发了闻名遐迩的花椒鸡、黄焖鸡、年猪饭、生态野菜全席、紫云火塘精酿啤酒等特色餐饮，初步形成沿金浑路从金殿到野鸭湖的特色乡村旅游线路，沿线有24个度假村（山庄），75家农家乐及野鸭湖度假区、黄龙箐营度假山庄、锡百龙文化园、金殿休闲山庄、靖闲谷假日酒店等十几家旅游休闲度假经营企业，拥有不同档次客房近1000间，床位3800多张，年接待各类游客300多万人次，旅游综合收入6000多万元，带动农民人均可支配收入过万元，被昆明市授予市级乡村旅游示范点。

目前，双龙街道以建设“昆明主城后花园、云南旅游门户”为目标定位，编制完成了《盘龙区双龙片区大健康及旅游文化产业发展规划》，积极推进“健康医疗+养生养老+休闲度假+旅游小镇”的大健康和文化旅游产业发展，大力支持野鸭湖休闲度假小镇、春城蝴蝶谷、智者的山丘等重点项目开发建设，积极打造以医疗护理、体检中心、生态农庄、康体娱乐、休闲度假等为主体的健康、休闲度假、养生养老示范区，努力将双龙片区打造成为山水交融、森林环绕、生态宜居的乡村旅游休闲度假胜地，实现建成“昆明主城后花园、云南旅游门户”的发展目标。

2. 推动绿色、健康产业发展

双龙街道积极推进昆百大野鸭湖三期项目、昆明凌骏国际马术俱乐部项目、云南佰贤康城国际颐养中心项目的规划审批和建设进度，做好黄龙箐综合养老社区、紫竹山庄国际老年公寓等项目的跟踪服务工作。加快建设游客服务中心，规范旅游行业管理，统一制作旅游宣传导游图、农家乐标识标牌、宣传资料等，营造良好的旅游环境，加大对外旅游宣传力度。

同时，以乡村旅游为带动，充分发挥传统农产品品牌效应，引导农民面向市场，抓好绿色无公害蔬菜的示范种植，打造绿色生态农产品，充分发挥农业农村部授予的蔬菜标准化生产示范基地的作用，积极开展新品种新技术示范与推广，扶持龙头企业进行绿色、无公害农产品认证，走“品种、品质、品牌”的三优之路。

3. 不断改善村容村貌

积极推进美丽乡村建设，不断改善镇容村貌，形成生态宜居、乡风文明的环境，为乡村旅游发展营造良好的氛围。加强乡村生态文明建设，推进“七改三清”及“四治三改一拆一增”工作，对金浑公路沿线建筑物立面、商店门面、招牌等逐步改造和规范，加强沿线统一绿化、美化和亮化，不断提升乡村旅游品质。全面完成辖区内环境整改，加强工程弃土消纳场管理及渣土运输整治，加大对地质灾害点隐患排查及治理力度，抓好拆临拆违工作，加大“两违”整治力度，依法打击“两违”行为，建立村庄环境长效管理机制等。

4. 抓好健康文化建设

不断提升卫生医疗服务水平，做好居民疾病预防，确保初级卫生保健覆盖率达100%，实现城乡基本养老、基本医疗、失业、工伤保险应保尽保。广泛开展文化和全民健身活动，全街道建有图书馆1个，图书室6个、业余文娱宣传队5个，并在每个社区建成一个文化活动中心，在村组建有文化活动室，新建了健身道路和场所，提高全民身体素质，积极引导乡村群众挖掘民俗文化内涵，打造具有特色的传统节庆活动，极大地丰富了群众文化体育生活，也增强了乡村旅游的文化内涵，吸引了越来越多的省内外游客。

5. 提倡和谐旅游

坚持以社会稳定为保证，始终抓好综治维稳、禁毒、610等工作，杜绝重特大事故发生，确保人民群众的生命财产安全，维护良好的乡村旅游秩序。在全街道铺开“五级治理”工作模式，建立十户联保防控网络，进一步完善矛盾纠纷排查调处机制，及时排查和化解不稳定因素，妥善处理和维护游客、村民的合法权益，确保社会环境平安和谐。加强森林管护，保护好生态环境，严格执行日巡查制度，护林员到岗到位，杜绝一切野外用火和坚决遏制毁林开荒、乱开乱挖行为。引导游客文明旅游，注重生态环境保护，尊重地方民风民俗；引导乡村居民文明待客，不断提升旅游服务质量，努力打造“和谐双龙”“和谐旅游”的新氛围。

九、西山区

农旅融合——团结街道

团结街道隶属于昆明市西山区，位于云南省会城市昆明市的西郊，东与著名旅游胜地筇竹寺毗邻，南与国家4A级景区西山龙门相连，西接安宁螳螂川，北与富民县、禄丰县等接壤。街道办事处驻地龙潭社区，有环城高速及浑水塘—谷律、昆明—富民、龙潭—马水河等公路穿境而过，距离昆明中心城区17公里，区位优势明显，交通十分便捷。下辖龙潭、和平、大兴、白眉等16个行政村、119个村民小组、136个自然村，居住着彝、白、苗、汉4个民族，总人口3.17万人，其中少数民族人口占总人口的71.2%。国土面积424.66平方公里，地势北高南低，地形起伏明显，有高原山地、河谷山地、山间小盆地等多种地貌，平均海拔2195米，有金沙江水系的永胜河、永靖河、明朗河、下冲河和棋台河等河流，年平均气温13.2℃，森林覆盖率为75.3%。耕地面积2037.4公顷，农作物主要以水稻、玉米、麦子、经济林果等为主。辖区内森林茂密，立体气候明显，生态环境优美，民族风情浓郁，乡土特色浓郁，有火把节、花山节等多个民族节日。

团结街道以园区建设为突破口，发展高原特色农业经济，在已经形成了万亩水果、万亩玉米、千亩干果、千亩无公害蔬菜、千亩油葵、千亩竹子、千亩菜用型玉米及绿色经济示范园的农业产业结构基础上，完善农产品初加工和深加工，延伸农业产业链，大力推进乡村旅游发展。充分发挥紧靠昆明大城市的区位优势和便捷的交通条件，依托丰富优美的山、水、林、田等自然风光，多姿多彩的民族风情和特色农业产业优势，面向日益增长的休闲旅游需求，在“农家乐”发展基础上先后开发了棋盘山国家森林公园、豹子箐生态旅游区、卧云山旅游度假区、桂皇阁原始森林旅游区、欢喜草场等一批旅游景区景点。随着安宁—团结—富民县际油路全线贯通，积极开发建设螳螂川沿线的陡咀大叠水、乐亩渔村、野猪林、金堂春等旅游项目，初步形成了以休闲度假、生态旅游、农家乐等为主题特色的乡村旅游和环城市近郊休闲旅游带。

目前，全街道共有休闲度假园区、生态旅游区、休闲农庄、农家乐等经营户 200 余户，从业人员 3900 多人，年接待游客超过 300 万人次，旅游综合收入 5000 多万元，并带动农民人均可支配收入 8000 多元，其中乡村旅游经营户人均纯收入突破万元，不仅更好地满足了城乡居民休闲度假旅游需求，也有力地促进了经济社会的发展，先后获得了“全国民族团结进步模范乡”“全国精神文明建设示范乡”“全国造林绿化百佳乡”“全国农业旅游示范点”“国家级生态街道”“云南省生态乡镇”等荣誉和称号。

（一）以农家乐为切入点，带动乡村旅游快速发展

早在 20 世纪 90 年代中后期，团结街道（当时为团结乡）针对乡村产业单一和群众收入普遍较低的实际，根据产业发展态势及丰富的旅游资源优势，提出了“兴办旅游业，促进第三产业发展”的思路。1998 年，大兴村为配合农村产业结构优化调整，充分发挥自身资源特色，率先发展了 8 家农家乐接待户，以一家一户为单位，凭借经济实惠的价格、秀美的自然田园风光、多姿多彩的民俗风情和纯正的农家菜肴吸引了不少游客。1999 年下半年以来，其他行政村的村民相继开始兴办农家乐服务。随着团结农家乐品牌的打响，为进一步加快农家乐项目的配套建设，团结街道党工委、办事处又先后开发建设了棋盘山、豹子箐、桂皇阁、欢喜滑草场、大河万亩果园等一批生态型景区点，培育和推出了高原红富士苹果、葵籽油、团结火腿、龙潭老酱等特色旅游商品，有力地带动了全街道乡村旅游

的发展，逐渐成为团结街道的主要支柱产业。2004 年 4 月，团结街道成为首批全国农业旅游示范点，进一步吸引了更多的省内外游客。

（二）以优势项目为重点，推进景区景点开发建设

团结街道以具有市场吸引力的优势项目为重点，先后开发了欢喜滑草场、豹子箐生态旅游区、棋盘山国家森林公园、桂皇阁原始森林旅游区、卧云山旅游度假区、里高哩彝人文化生态村、乐居彝族村等景区景点，在一定程度上满足了游客的旅游消费需求。随着人们对休闲旅游内容、服务质量的需求提升，这些景区景点由于缺乏开发建设资金、经营管理经验和市场营销措施等多种原因，一度呈现出后劲不足、市场低迷的状态。于是，团结街道又抓住云南推进旅游“二次创业”提质增效的机遇，提出了以优势旅游项目招商引资，转换经营机制，促进景区景点提质增效的思路。欢喜滑草场、豹子箐生态旅游景区通过引进企业承包经营，呈现出较好的发展势头之后，桂皇阁原始森林旅游区、里高哩彝人文化生态村、乐居彝族村等也积极招商引资，同时抓住安宁—团结—富民县际油路全线贯通的契机，加大旅游招商引资力度，推进公路沿线的陡咀大叠水、乐亩渔村、野猪林、金堂春等旅游项目开发建设，进一步打造精品景区景点，加大森林生态、民族文化等优势旅游产品开发力度。通过政府与企业合作，开发打造了“团结乡火把节”“团结乡苹果节”等节庆旅游亮点和热点，其中“团结乡苹果节”已连续举办了十届，吸引了大量的省内外游客。

（三）以特色农业为依托，促进旅游与农业协调发展

近年来，随着昆明市大力发展生态农业和都市农庄，团结街道把乡村旅游与生态农业有机结合起来，充分发挥生态农业优势，进一步优化调整农业产业结构，加大蔬菜、水果、花卉等种植结构调整幅度，实施“无公害食品行动计划”，建设无公害食品生产基地，推广无公害农业技术，加大农产品质量安全体系建设，大力发展安全、生态、高效的农产品。同时，以万亩水果、万亩玉米、千亩干果、千亩无公害蔬菜、千亩油葵、千亩竹子、千亩菜用型玉米及绿色经济示范园等作为乡村旅游的重要产业依托，大力开发农事体验、果园观光、水果采摘等休闲农业产品。比如有的村民利用自家庭院办起了吃、住、玩“一条龙”服务的庭院农家乐；有的村民在田间地头挖鱼塘、建亭子，兴办集垂钓、棋牌、餐饮为一体的休闲农家乐；有的村民以苹果园、梨园、花园、瓜果园为依托，开发出让游客体验自采花果蔬菜、自种农作物的充满原汁原味农家生活乐趣的生态农家乐；许多村民还拿出“绝活”，把亲手腌制的火腿、老酱、酸菜等土特产品奉献给游客，让游人大饱口福，食之难忘，进一步丰富了乡村旅游内容，提高了乡村旅游的抗风险能力，增强了旅游反哺农业的能力，开拓了农业经济的新增长点，促进了乡村旅游与生态农业协调发展。

（四）以提高生活质量为目标，加强生态文明建设

团结街道通过加大乡村生态环境保护宣传，不断加强乡村生态文明建设，提升村民的生态环境保护意识和文明素质。同时办事处、村小组尽量避免引进污染严重的企业，尽量减少过多汽车尾气污染，不断改善村民生活能源结构，提倡使用清洁能源，积极推广节能设备，逐步减少不清洁能源的使用，减少了炊烟尾气污染。不断完善乡村排污系统，对农户排水进行无害处理，实现污水、灌溉用水分流，以保证无公害、绿色有机农产品的品质。同时加强垃圾分类收集、回收、处理，减少化肥、农药的施用量，避免对土壤、水体造成新的污染，努力打造干净、整洁、绿色的乡村生态环境和居住环境。定期举办各类民族节庆活动，组织了“民族文艺表演队”和“农民时装队”，丰富村民的文化生活。在“火把节”等节庆日举办晚会，展示丰富多彩的少数民族风情，邀请游客参与欢快的“三跺脚”“阿细跳月”等民族舞蹈，充分体验节日的欢乐和民族风情。

十、东川区

彝寨花开——太阳谷·千鼓彝寨

太阳谷·千鼓彝寨坐落于昆明市东川区阿旺镇岩头村，地处东川、会泽、寻甸三县交界处，平均海拔约2200米，占据“鸡鸣传三寨，一歌对两岸”的地理优势，曾为马帮驿站、铜运古道要津。这里气候宜人、环境优美、民族文化底蕴浓厚。

太阳谷·千鼓彝寨由云南太阳谷神鼓彝寨旅游开发有限公司开发，是一个以“传承民族文化、增进民族团结”为宗旨的文化旅游建设项目，同时也是集消费、旅游、就业多措并举的扶贫项目。以传统农耕文化为依托，打造“望得见山、看得见水、听得见乡音、记得住乡愁、留得住乡情”的农耕文化体验地；以优秀民族文化为特色，打造“诠释彝族历史、展示彝族风俗、弘扬彝族文化”的民族团结进步大观园；以彝族神鼓舞为基础，打造“以鼓为媒，千鼓齐鸣”的鼓舞文化传播交流、演绎展示和传承研究的平台。

“把生活搬上舞台，人生便是一首歌；把舞台延伸到田野，劳作即是歌舞。”在这里，彝族人唱着歌犁田，跳着舞耙地。家家有火塘，处处有歌声。太阳谷·千鼓彝寨引入和发扬彝族神鼓舞、彝族酒歌、彝家火塘、土罐炕茶、传统农耕、传统民俗等文化元素，切实把乡村旅游做实、做精、做深、做活。

太阳谷·千鼓彝寨项目筹备 15 年，总投资 6000 万元，于 2018 年建成。寨中有 99 家人、88 盘磨、77 口缸、66 亩花海，一个文化舞台、一条玻璃栈道、一个农耕区、一条观光体验游路，初步实现食、住、行、游、购、乐六要素齐全，成为具有区域性影响力的乡村旅游产品。依托东川红土地、轿子雪山、国际泥石流越野赛等旅游优势，结合阿旺镇彝族人口众多、彝族文化浓厚等特点，精心打造了集彝族农耕文化观光体验、农产品开发销售和彝族文化历史保护于一体的原始村寨。千鼓彝寨景区惠及建档立卡贫困户 261 户，村民可以通过参与彝寨内的养殖、种植等劳动实现就业脱贫。彝寨自 2019 年营业以来，接待游客 10 余万人，有效带动当地贫困户增收致富。2013 年 1 月，项目被云南省农业厅、省旅游局联名评定为云南省休闲农业与乡村旅游示范企业。2019 年，太阳谷·千鼓彝寨荣获“云南省乡村健康旅游目的地示范区（点）”称号，成为云南省仅有的 8 家乡村健康旅游目的地示范区（点）之一。2020 年 1 月，被农业农村部推介为 2019 中国美丽乡村休闲旅游行（冬季）精品景点线路之一。

太阳谷·千鼓彝寨抓住乡村振兴和云南深化全域旅游开发契机，打造滇东北旅游线路上最具民族和文化特色、最有旅游潜力和价值的乡村旅游文化综合体。下一步，太阳谷·千鼓彝寨将持续以传播东川优秀农耕文化、铜文化、彝族文化等为己任，通过招商引资、强强联合，打造集影视拍摄、旅游观光、民族文化体验、康养度假等诸多功能于一体的民族文化产业新高地。

“望得见山、看得见水、听得见乡音、记得住乡愁、留得住乡情”，不仅是新时代中国美丽乡村的理想，更是东川旅游发展的目标，走“文化搭台，经济唱戏”的路子，是阿旺镇根据实际特点总结出来的经济转型新思路。

十一、石林县

（一）石头堆砌的村庄——大糯黑特色旅游村

大糯黑村隶属于昆明市石林县圭山镇糯黑村委会，地处石林县圭山镇西北部，距镇政府4公里，距石林县城30公里，距昆明93公里。九（九乡）石（石林）阿（阿庐古洞）旅游专线途经此村，交通便利。全村平均海拔1987米，平均气温13.7℃，年平均降雨量为900毫米。全村国土面积39.8平方公里，森林覆盖率达86%；总人口272户，1006人，居住着彝族、汉族、壮族，其中彝族人口比率达99%。经济结构主要由烤烟、玉米、养殖业和旅游业构成。糯黑村自然风光优美秀丽，历史文化积淀厚重，民族风情浓郁古朴，旅游资源丰富独特，是集国际人类学与民族学联合会第十六届世界大会学术考察点、国家级生态村、云南省卫生村、云南省旅游特色村、市级文明村等荣誉于一身的乡村旅游特色村，2014年大糯黑村被列入中国传统村落名录。

（1）大糯黑村具有鲜明山区地域特色，是石林县独一无二的石头寨，自然生态保护较好，环境优美。村内98%的建筑物都是典型的传统石板房，大糯黑村系石灰岩地貌，遍布石头呈层状，容易取出用于建房，村里的人本着就地取材和实用的原则用石板建房，形成石林县独一无二的石头寨。传统民居式样为三间两耳型，现有石墙瓦顶和石木、石混结构等多种形式。就连烤房、围墙、路、牛圈、猪圈、羊圈、鸡圈都是用石板建盖的。

独特的石头景观为糯黑村赢得了“石头凝固成的村寨”“石中精灵”等美誉，深受画家、摄影家、电影电视剧组及众多旅游爱好者的青睐，一年四季到这里采风的文人墨客络绎不绝。

（2）大糯黑村具有浓郁的地域和民族文化特色，是彝族传统文化保存较完整的典型的彝族村落，具有独特的自然、人文景观。自 2007 年以来，糯黑村以基础设施建设为切入点，先后完成村庄道路硬化、污水处理、文化广场建设、旅游集散中心建设、改水改厕、排污系统、“猴子塘”景观改造和道路亮化等工程，大力提升村容村貌，以前出门难、环境差、活动场地缺乏等基础设施薄弱的问题有了明显改善。

在完善村内基础设施的同时，乡村旅游不断发展，为满足市场和游客需求，地方旅游传统手工艺品刺绣和农家乐逐步被开发出来，因大糯黑村独具一格的石头房子和村容村貌及民族特色，具有地方特色的撒尼刺绣和食品（核桃、人参果、乳饼、骨头生等）吸引了国内外众多的画家、学子和游客。

目前全村农家乐已发展至 8 家，从事乡村旅游的村民 240 多人，年接待游客 2 万多人，旅游收入达 100 多万元，乡村旅游初具规模。

（3）改进措施。

1）推广清洁能源，建设生态家园。以沼气建设为中心，带支改灶、改厕、改圈，实行人畜分居，推广清洁能源。定期二清，即清理粪堆、垃圾堆；一规范，即规范柴草堆、石堆。

逐步实行“门前”三包责任制、卫生情况巡查、环境卫生考核评比等制度，引导广大农民养成良好的卫生习惯，自觉约束自己的言行，自觉遵守村民公约和守则。规范垃圾清扫保洁处理行为，不乱倒垃圾、乱放杂物，村内的垃圾统一处理，主动维护公共环境卫生和秩序，共同创造优美的农村环境。

2）完善配套设施，美化村容村貌。一是改水改厕。实施安全饮水工程，让村民吃上洁净的自来水。积极引导村民改建新型卫生厕所，同时加快建设公共厕所，在村子的东中西部各设置一处公共厕所。

二是垃圾箱（桶）设置。生活垃圾收集点的服务半径不大于 70 米，并在适宜的位置设置垃圾收集点，每半个月清理一次，收集的垃圾运送到垃圾填埋场集中处理。同时，2015 年启动的“城乡清洁工程”和亮化工程，使新农村建设迈出坚实步伐。

3）建设民族特色风味、商品集中区。2012 年兴建了游客集散中心，现有商铺40间，可对游客出售本地特色商品和风味小吃。

4）发展生产。烤烟、玉米人参果、辣椒、雪莲果是糯黑村的基础产业，是农民增收的主导产业，不断加大科技指导，推广科技兴烟措施，落实各项惠民政策。

5）搞好职业教育。大规模开展农村劳动力技能培训，提高农民整体素质，培养造就有文化、懂技术、会经营的新型农民。继续支持新型农民科技培训，提高农民务农技能，促进科学种田。扩大农村劳动力转移培训阳光工程实施规模，提高补助标准，增强农民转产转岗就业的能力。

大糯黑村现有业余文艺队7支，人数达200余人，有各种乐器、道具200余件。每年的春节、妇女节、火把节和密枝节都要组织盛大的文艺展演、斗牛、拔河、斗鸡等活动，丰富了群众的业余文化生活，陶冶了情操。

（二）石林中医药文化康养小镇

石林中医药康养小镇位于石林台湾农民创业园核心区，距离省会昆明78公里，距石林县城18公里，距石林风景区6公里，距乃古石林3公里。距石林西高铁站30公里，距石林火车站5公里。全域有昆石、石蒙、西石三条高速公路和九石阿旅游专线经过；南昆铁路、沪昆高铁均有通道与园区对接，交通四通八达，区位优势十分明显。

石林康养小镇依托石林世界自然遗产和台创园国家级农业园区区域优势，充分运用石林喀斯特地貌独特的空气、海拔、温度、日照等各种优质康养基本要素，汇集石林世界自然遗产、传统中医药文化、撒尼阿诗玛风情、氟疗温泉等多种康养特色要素，倾力打造中医养生新标杆，开拓了一个与石林旅游相匹配、极具发展潜力的休闲养生场所。

该项目占地3000亩，计划投资30亿元，分三期建设。自2012年投资兴建现已累计完成投资10亿多元，完成了大小总计15个项目建设，采取“边投资、边建设、边运营”的方式于2015年正式投入运营。项目以中医药文化展示和科普教育为先导，以养生养老服务为主业，是一个集中医药文化旅游、中医药科普教育、中医药康复保健为一体，既能养生养老，也能修身养性的综合性康养项目。项目包括中医药文化旅游、养生养老度假、古镇商业、观光农业、影视基地“五大板块”，涵盖观光旅游、休闲农业、科普教育、会议展览、健身娱乐、药膳美食、餐饮住宿、养生养老、文化演艺、影视基地“十大业态”。项目传承和发展传统中医药文化“一个核心”；依托世界自然遗产——石林风景名胜区和国家级农业园区——石林台湾农民创业园“两大资源”；主打旅居养老、休闲度假旅游和研学旅行“三大产品”，面向旅居养老人群、休闲度假游客和中小学生三大目标人群；建设珍稀中药材管道水培种植示范基地、中医药文化科普教育基地、省级文化创意产业影视基地和中医养生养老基地；打造杏林“健康生态农旅文教健”多产业有机融合、协调发展的“五位一体”中医药健康服务新模式。

石林康养小镇坚持传承和发展传统中医药文化，融入中医养生文化精髓，以中医药文化科普展示为先导，以养生养老服务为主业。形成了中药材种养→加工→销售→中医药文化展示→游览→研学→医疗→康养全产业链，开创了心疗、食疗、水疗、药疗、理疗“五位一体”中医药健康服务新模式。

石林康养小镇坚持以民族文化建镇，大力挖掘宣传云南世居少数民族——石林彝族撒尼人传统文化。把石林撒尼风情、阿诗玛文化融入小镇服务中，建设了阿诗玛文化广场、《那古木斯》露天水幕情景电影剧场和北京古建影视基地，举办篝火晚会、七夕情歌节和杏林庙会，创作演出反映云南中医药文化及石林阿诗玛民族文化特色的水幕实景剧《那古木斯》，拍摄了著名导演姜文民国三部曲电影中的最后一部《邪不压正》，熊熊燃烧的火把、欢快热烈的情歌、可歌可泣的民族英雄形象充分体现了石林撒尼人民特有的热情奔放、勤劳勇敢、朴实好客的良好形象，让广大游客亲身体验感受到浓郁的地方少数民族风情。

企业投资4500万元，建设了农业板块——杏林农场。现有种养殖基地约1600亩，其中种植基地约1500亩，养殖基地约100亩。农场始终坚持“做老实农民、盘肥沃土地、养家常禽畜、产健康食品”的原则，着力打造“畜禽放养→粪便发酵→果蔬种植→酿制白酒→酒糟喂养”有机循环农业，严格控制农药、化肥施用量，杜绝转基因食品，为广大入园游客提供绿色生态安全食品。主要农副产品有：①管道水培三七等中药材。企业投资建造了长180米、宽60米，占地28亩的观光型遮光暖棚，购置安装水培架264架，约2万多米，种植了三七、白及、石斛等10种珍稀药材和多种观赏花卉，开展管道水培中药材种植试验研究，开辟了农业高科技开发旅游观光渠道。水培作物通过适当的营养配方和供氧方式，通过排除废水、管内灭菌更新培养液，达到不断连作，降低耕作成本，减少农残和重金属含量，提高中药材品质，增加收益，建设了高效集约循环节地农业产业。②绿色果蔬。土地种有草莓、樱桃、水蜜桃、哈密瓜、红心猕猴桃、软籽石榴及小番茄、金童玉女小黄瓜等绿色果蔬，并建有农业观光大棚，游客可开展采摘农事体验。③生态养殖。主要有驴、鹿、巴马香猪、羊、小矮马（观赏）和鸡鸭鹅鱼等大小禽畜1万多只（头、尾），以土鸡及土鸡蛋为主。④手工加工。主要加工生产的农产品有白酒（含三七泡酒、药酒），三七、白及、板蓝根等中药材干品，食品类中的调味品和肉制品等三大类。打造绿色生态农产品从“种植养殖→采摘体验→展览展示→游览参观→产品加工→销售推广→消费康养”的一二三产业融合发展全产业链，大力延伸农业产业链，有效避免生鲜农产品过期浪费，建设循环高效农业。

十二、禄劝县

杜鹃花海——马鹿塘乡

马鹿塘乡位于昆明市禄劝彝族苗族自治县北部，东与则黑乡接壤、南与撒营盘镇毗邻、西接皎西乡、北至大松树乡并与四川汇东县隔江相望。有撒（营盘）大（松树）公路过境，金沙江自西向东从北缘流过，距离禄劝县城108公里。全乡下辖10个行政村委会、116个村民小组，国土面积218.75平方公里，居住着汉、彝、苗、傈僳、壮、傣6个民族，共有农户4976户、总人口20122人。全乡地势西北高、东南低，西有海拔3153米的尖老包山，北有21条纵横逶迤的大小山脉，南有海拔3148米的兴发山和3094米的大团包山，最高点风帽岭海拔3301米，最低点罗嘎支海拔803米，高山巍峨，凹地广布，素有“高山顶上丁字凹”之称，村落大多分布在缓坡和凹地，除撒马基、普福两个村委会分布于金沙江河谷地带外，其余村委会均处于高寒山区，乡政府驻地老街子村海拔2750米，是昆明市海拔最高的乡镇。全乡有耕地面积3.2万亩，经济主要以农业生产为主，种植业主产燕麦、荞子，盛产冬菜籽、白芸豆，畜牧业主要以黑山羊为主。

（一）马鹿塘乡村健康旅游发展状况

马鹿塘高山杜鹃花海景区，地处禄劝县北部金沙江畔，位于马鹿塘乡政府西南至西北5公里处，涵盖了大团包、风帽岭、尖老包等地的杜鹃花海及高山草海，呈南北带状分布，平均海拔3000米，植被覆盖率高达70%以上，自然环境较好，农业景观层次丰富，风光绮丽、水质优良，保持了原生态的自然风貌和景观。目前开发的主景区面积约300公顷，涵盖了马鹿塘、麻科作、通龙三个行政村，景区的3个主要入口修建有停车场和游客接待中心，停车场至景区主要由步行道连接，核心区域修建了栈道、观景平台等约2600平方米，并建有生态移动厕所、垃圾收储等基础设施。景区内满山遍野的杜鹃花海在每年4—6月开放，花朵仪态万千、颜色丰富多彩，且每一种颜色又自然“调配”出诸多个色系来，如浅红、殷红、洋红、橙红等，一幅令人心醉的美景。主景区距离昆明市城区仅16公里，与轿子雪山遥相对望，与乌东德高峡平湖旅游区、皎平渡红色文化旅游区形成区域联动，属于昆明2小时旅游经济圈范围。

（二）马鹿塘乡乡村健康旅游开展经验

1. 坚持统筹协调推进

为了推进马鹿塘杜鹃花海景区建设和马鹿塘乡乡村旅游发展，禄劝县专门成立了“马鹿塘杜鹃花海旅游管理领导小组”，领导小组下设办公室，由县文体广电旅游局作为牵头单位，县公安局、县卫计局、县市场监督管理局、县城管局、马鹿塘乡政府配合，具体负责建设推进、统筹协调、应急调度处理等相关工作。县文体广电旅游局还举办了2期培训班，邀请了昆明市旅游培训中心专家，专门为马鹿塘乡干部、从业服务人员、参与景区经营管理的当地村民进行了乡村旅游、景区管理和旅游服务等专项知识的培训。

2. 加强景区建设保护

通过建立旅游管理机构，强化生态环境保护，使景区内的森林、花海、农田等自然资源得到更有效的保护，进一步提高了生态环境质量，实现旅游与环境保护良性互动和可持续发展。通过旅游开发建设，进一步绿化、美化环境，建设相应的公共服务设施，形成了以杜鹃花观赏、民族风情体验、特色餐饮购物为主题特色的乡村旅游产品，提升了马鹿塘高山杜鹃花海景区的知名度和市场吸引力，吸引了众多的省内外游客。

2017 年 4 月，景区基本完成了主景区的基础设施建设，包括 3 个入口停车场、2 个游客接待中心，相应的旅游厕所、游览栈道、观景台、标识标牌、水电设施，以及停车场至景区入口道路硬化（3 条）。同时，制订了景区自然资源保护方案，充分组织利用辖区内的天保员、保洁员，确保对景区内自然资源、公共基础设施保护和旅游秩序的维持等，规范了区域内群众放牧、伐木等行为，杜绝乱砍滥伐等破坏自然资源的现象。举行了马鹿塘杜鹃花海景区开放仪式，于 4 月 27 日正式开始运营。仅 2017 年，景区就接待了 5000 余辆车、2 万多人次游客，门票收入 50 余万元，同时实现了旅游服务零投诉。

3. 发挥景区带动功能

在加强景区建设和保护的同时，还采取了以下措施。

（1）以马鹿塘杜鹃花海景区为带动，突出乡村自然资源优势，挖掘民族文化内涵，大力开发形式多样、特色鲜明的民族风情体验、特色餐饮、农产品购物等乡村旅游产品。

（2）大力发展特色种养殖业，以黑山羊、黑乌骨鸡、撒坝猪为重点，大力发展生态养殖业，不断扩大马铃薯、中草药的种植面积，并通过招商引资建成了撒坝火腿深加工基地和马铃薯冷库储存、繁育基地，为景区和乡村旅游发展提供丰富的农特产品。

（3）建立科学的利益分配机制，通过创新景区营运管理模式和利益分配机制，采取林地、土地流转方式进行开发。景区经营管理、旅游服务以当地农民为主要工作人员，优先吸纳建档立卡贫困户及周边具有劳动力的群众参与景区外围服务工作，以带动当地群众就业和增收。同时针对辖区内无劳动能力或残疾群众，在景区收入中给予相应的资助帮扶等。

（4）积极优化相关要素资源配置，引导禄大路沿线乡镇旅店、饭店等全面参与旅游服务，促使当地及周边居民充实到旅游服务行业中，带动更多劳动力就业。

4. 整治提升乡村环境

以马鹿塘杜鹃花海景区的开发建设为契机，重点整治景区周边村庄环境。通过举办乡村旅游与生态环境保护培训，引导村民自觉参与乡村环境综合整治专项行动，大力实施“七改三清”工程，逐步配备相关环卫基础设施，确保了景区周边村庄都有旅游厕所、垃圾集中收集站、旅游标识标牌等，初步实现了村庄环境绿化、美化和亮化，进一步提升了乡村旅游形象，改变了当地群众生活状况，提高了居民的生活质量。

5. 加大宣传营销力度

在政府、社会等各方面的支持下，结合实际，因地制宜地开展对乡村旅游景区和重点村的宣传推介，主要措施有以下几个方面。

（1）通过电商平台、节庆推广、主题活动等一系列载体，积极开展对马鹿塘杜鹃花海景区和乡村旅游扶贫的公益宣传。

（2）大力推广乡村旅游、休闲度假的生活理念，将乡村旅游宣传推进到学校、企业单位等，强调把乡村旅游点变成“学校的实践基地”“单位的疗养院”等，吸引更多的人群关注和参与到乡村旅游中。

（3）引导乡村旅游重点村挖掘当地乡土文化、民俗风情，举办民俗文化节庆游、山水美景游等系列节庆活动，打造乡村旅游品牌，并利用互联网、移动网等信息平台推介杜鹃花海、民族风情、特色餐饮、民宿客栈、节庆活动等乡村旅游产品，吸引更多的区域内外游客。

十三、云南大学扶贫点——凤庆县

茶马古道上的驿站——诗礼乡古墨村

古墨村隶属于临沧市凤庆县诗礼乡，地处诗礼乡的西北，东接诗礼村，南邻清华村，西与鲁史镇河边村接壤，北与牌坊村毗邻。有水泥乡道直通乡政府，距离诗礼乡政府驻地 11.6 公里，距离凤庆县城 112.6 公里，交通方便。下辖新民、新河、平村等 11 个村民小组，共有居民 321 户，总人口 1341 人，是一个以汉族为主，汉族、彝族混居地。全村国土面积

12.06平方公里，海拔1870米，年平均气温17℃，年平均降水量1460毫米，耕地面积1122亩（其中田20亩，地1102亩），人均耕地0.84亩，主要以种植玉米等农作物为主；林地面积16505亩，其中经济林果地3505亩，主要种植泡核桃、蚕桑等经济林果。

古墨村依山顺河而建，灵性全在贯穿全村的一条流浪河（当地人称情人河）中，其将新墨、古墨一分为二，沿河两岸高山相对，河中流水曲折奔腾，河水清澈透明，情人们在这里唱歌对调、散步私语，河水流的是满满的情，淌的是满满的爱。沿河建有9座古桥、50多处水磨坊、榨油坊和碾子坊，点缀在5公里多的河段上。

最早的水磨坊建于清嘉庆年间，现存水磨坊32间（其中可使用19间），水磨坊遗址13处，碾子房遗址2间，榨油房遗址2间，造纸房遗址1间，这是古墨人眼里的风景，更是古墨人心灵的依托，2011年被云南省政府列为重点文物保护单位。进村入户的道路、古磨坊之间小道均以石板路、石板桥连接，民居建筑形成以石条为基、垒石为墙、青石板为顶的建筑风格，院子里也尽是石头，石头地坪、石桌石凳、石磨石碾、石围墙等，完全是一个石头的世界，犹如小孩用石片搭砌的古城堡和通道，古朴自然中透着几分童趣。情人河两岸及村寨周边山坡上，成片的核桃树多达6000多亩，上百年树龄的核桃树有4000多棵，树干奇形、冠大叶茂、苍劲壮观、盛产核桃，古墨村就隐藏于核桃林中，形成了“林中有村，村中有林，屋在树下，人在画中”的美丽画卷，这里曾经被人们称为“核桃谷”。此外，在古墨村山头的原始森林周围，小光山上约2平方公里内，生长着野生古茶树群落，种植茶叶也是古墨村重要的产业，使古墨村也成为千年茶马古道上的一个驿站。

古墨村以其保存较为完好的古磨坊群、清澈灵秀的情人河、独具特色的石板房民居、绿色宜居的生态环境、淳朴浓郁的民风民俗，吸引了众多游客前来观赏自然风光，品味田园景色，体验风土人情，休闲度假避暑，享受清新环境，成为远近闻名的乡村旅游“热点”。

（一）打造绿色生态健康休闲乡村旅游

近年来，古墨村充分发挥保存较为完好的古磨坊群、清澈灵秀的情人河、独具特色的石板房民居、绿色宜居的生态环境、淳朴浓郁的民风民俗等资源环境优势，按照“县级主导、乡级统筹、村为主体、户为基础、保护为先、有序开发”的原则，坚持以规划为引领，加强资源环境保护，采取“传承内涵、保护特色、修旧如旧、抗震加固、综合治理、完善功能”的方法，结合新家园行动计划的实施，整合项目资金，加大核心区（古磨坊片区）保护力度，修缮了一批古磨坊、石板房、石板路、石板桥，深入挖掘整理历史文化和一批人文故事。

坚持以公司为带动，积极推进乡村旅游发展，采取“公司+农户”模式，积极带领全村群众加强旅游基础设施建设，完善餐饮、住宿、娱乐等旅游服务设施，着力打造古墨旅游品牌，不断提升古墨旅游的知名度和吸引力，吸引更多的游客，增加旅游收入，带动群众增收致富。坚持以互联网为平台，推动农旅融合互动，形成新的乡村创意旅游服务产品体系，着力打造古墨旅游“一看乡亲，二观乡景，三品乡味，四赏乡俗，五带乡情”的情景共融、体验参与的乡村旅游互动模式，并在营销古墨村的同时进行产品众筹，以公益组织作为人才引进渠道，将社会人脉资源、资金落实到具体的农创空间，实现盘活古墨传统村落资源，促进经济社会发展的目的。

随着古墨村乡村旅游的快速发展，旅游业成为古墨村经济发展的重要产业，成为带动群众增收致富的主要渠道，成为推动生态文明建设的重要力量，有效地提升了古墨村旅游知名度和吸引力，接待游客人数逐年增长。2018 年接待游客 5 万多人，旅游综合收入超过 10 万元。先后获得“中国避暑小镇”“中国传统村落”“牵手 2014 中国最美村镇”等荣誉和称号。

（二）注重规划发展，留住乡村氛围

古墨村自 2011 年被列为省级重点文物保护单位以来，制定了《古墨村文物保护和旅游产业专项规划》，坚持保护与开发并重，经济与文化齐抓的发展理念，推动了古墨村文物保护和乡村旅游迅速发展。2015 年，又启动了《古墨村保护与发展规划》的编制，形成了一个跨学科、多维度、全方位的保护与发展规划。规划明确提出了古墨村在互联网时代，在乡村旅游助推下，加强保护与发展的实操路线，并对传统房屋建造技术进行记录，提出适合现代发展的改进工艺。对村庄现有的道路进行统计，给予生态建设的指导，坚决反对按照城市模式进行道路拓宽、用水泥路或不渗水混凝土进行硬化；对传统生活模式、建筑伦理进行记录，给予建筑生活、建筑礼制方面的指导和建议；对传统生产方式、生产流程进行记录，给予传统手工、传统工艺的指导和建议等。如今，古墨村全体村民在规划引领下，增强了对传统村落的保护意识和责任感，每家每户都建立了民居建筑年代、建造材料等内容的建筑档案，积极主动加强对村落环境、民居建筑、生态环境的保护，为乡村旅游的发展奠定了良好的资源环境基础。

（三）构建现代健康乡村旅游发展模式，促进脱贫致富

古墨村于2014年5月成立了“古墨旅游产品开发专业合作社”，明确合作社为股份制企业，参照现代企业模式进行运营管理，规定年终按股实行分红，并依法进行了税务登记，办理了营业执照，主要以开发地方特色农副产品、发展旅游食宿服务为主。合作社制定了“公司+农户”的运营模式和管理制度，并与村民签订了特色农副产品生产与回收合同，村民根据自身条件选择适合的种养殖项目进行生产，产品以合同价交售给合作社，由合作社统一对外营销。

古墨村村民在合作社带动下，开始了规模化种植与养殖，有养生态猪的、有养跑步鸡的，也有专业腌制火腿的、有专门采收山毛野菜野菌的，还有的直接加入合作社，向游客提供餐饮、食宿旅游服务。在合作社的带领下，涌现出生态猪养殖基地、纯天然蜂蜜养蜂庄园、野生茶、老品种玉米面等规模化的农特产品生产庄园，古墨闲庭、古墨客栈等年接待游客过万人，不仅促进了古墨乡村旅游快速发展，也促进集体经济发展壮大，带动了村民增收脱贫致富。

（四）以互联网带动乡村健康休闲“五游”，促进文明和谐发展

古墨村以互联网作为可持续发展平台，依托“乡筹网”组建了古墨“乡筹平台”，在营销古墨村的同时进行产品众筹，以虚拟“家”、网络“家”理念吸引符合古墨村发展和寻找“乡愁”的“都市人”，将社会人脉资源、资金落实到具体的农创空间上，实现盘活古墨传统村落资源的目

的。以乡村全产业链作为营销对象，推动农旅融合互动，形成新的乡村创意旅游服务产品体系，围绕乡村农耕文化，建设集农家乐、餐饮、住宿、休闲、娱乐、购物于一体的旅游接待点，打造农业、旅游业、商业“三业合一”发展模式，着力打造古墨旅游“一看乡亲游，二观乡景游，三品乡味游，四赏乡俗游，五带乡情游”的情景共融、体验参与的乡村旅游互动模式。以公益组织作为人才引进渠道，吸引来自“北上广”的10多名都市青年，和古墨村村民共同成立了“新知青公社”，在尊重村民意愿的前提下，采取“参与式发展”和“内源发展”的理念与方法，实施“知青下乡”“博士下乡”和“洋人下乡”计划，组织知青、博士等深入古墨村，与村民开展在“村落认知”“生活意愿”“环保意愿”“职业意愿”等层面的讨论和培训，提升村民对资源环境保护、旅游服务的能力、水平和文明素质，同时增强知青、博士等人员对传统村落保护的意识，提高边远地区群众生产生活水平的认知和责任感，促进古墨村文明和谐发展。

第六节　云南省腾冲康养小镇

2014年8月，在国务院发布的相关文件中，第一次提到了“小镇”这一概念。与此同时，文件中也提到，我国现在需要大力发展农村旅游业。应结合小镇独特的区位地理优势、稀有的资源、旅游市场的需求，深入研究并挖掘当地的文化内涵，发挥小镇独特的优势，不断开发出一批具有特色鲜明的农村旅游产品。2016年2月，《国务院关于深入推进新型城镇化建设的若干意见》中提到，加快发展特色小镇的步伐，积极探索，力求发展新型的美丽小镇。新型特色小镇具有独特的地理资源等优势，并且能够把康养旅游、休闲旅游、商贸物流、信息产业、先进制造、民俗文化传承、科技教育等融为一体。

2016年7月，住房和城乡建设部等三部委发布的《关于开展特色小镇培育工作的通知》中提到，我国即将在全国范围内开展发展特色小镇的培训工作。计划到2020年，我国将发展1000余个特色小镇，并根据这些小镇的发展经验来引领和带动全国各地建设具有地方特色的小城镇。

云南省政府发布的《创建小镇实施方案》中提到，计划到2020年，云南省将发展建设100个左右的核心小镇，发展建设的核心小镇具有产业结构“特而强”、体制机制“新而活”、功能应用“聚而合”、设计形态“精而美”的独有特色，把休闲旅游、现代制造、教育科技等融合在一起，成为云南旅游业的新型旅游胜地，各地区的新的经济增长点。

一、腾冲启迪康养小镇发展环境分析

腾冲市位于云南省西部，西邻缅甸。地处东经98°05′~98°45′、北纬24°38′~25°52′，国土面积5845平方公里。腾冲市区与云南的省会城市昆明相距606公里，与缅甸的密支那相距200公里，与印度的雷多相距602公里，是连通中国与南亚、东南亚的重要门户与节点。

腾冲市所在之地是亚欧板块与印度板块相撞接的地方，曾经发生过特别激烈的火山运动。因为亚欧板块与印度板块这两个板块不断地漂移，最终发生了碰撞，让腾冲成为典型的火山地热并存区，其地貌结构、地形特征在世界都是较为罕见的。在腾冲方圆1000平方公里之内，就有99座火山，88处温泉。

腾冲市气候属于热带季风气候，冬春两季，天气晴朗，气候较为温和，而夏秋两季则是晴雨相兼，气候凉爽宜人。腾冲市的年平均降雨量是1531毫米，年平均相对湿度是77%，冬季，最低气温不会低于0℃，夏季，最高气温也不会超过30℃。因为独特的气候条件，腾冲市被评为“最适宜人类居住的地方之一”。另外，腾冲的空气质量特别好，每立方厘米的空气中负氧离子的平均含量是3827个，最高的甚至达到38000多个，同时，这里的PM 2. 5的均值远比10还要小，所以，腾冲可是当之无愧的“天然大氧吧”。

腾冲市境内有较多的高山，其中最高的海拔达到3780米，最低的海拔也有930米，远远高于其他地区。境内的高黎贡山还是横断山脉的一部分。腾冲的地势特点是西北较高，东南较低，坝区较少，其面积仅只有总面积的16%，其余都是山区或半山区，面积达到了总面积的84%。

腾冲启迪康养小镇坐落于云南省腾冲市的新城核心区——腾越镇西山坝。该小镇发展建设的主要内容有：国家传统保护村落董官村、侍郎坝水库、马鞍山、田园风光等，毗邻火山热海、银杏村、北海湿地、滇西抗战纪念馆等著名景点。文化沉淀丰富，自然禀赋优越。项目规划用地约 4684 亩，规划建设用地约 855 亩，是云南启迪运用了全产业链孵化模式来打造的特色康养小镇。该小镇主要是以科技园区为载体、科技产业为支撑、科技金融为纽带的“三合一”特色小镇，将以冰雪、科技为主题，以产业为根基、文化为抓手、系统化运营，打造成为一个多元化、复合型的康养小镇。

项目的核心是滇西独具地域特色的珠宝、独特的非物质文化遗产等。将这些具有地方特色的产品文化进行创新发展，依托一些企业入驻平台，如孵化器、产业园中园、区域次总部基等。从孵化开始，打造出一个双创全产业链特色服务模式，让小镇从初创型小镇项目开始发展，逐渐发展成熟，直至发展上市。把冰雪运动、非遗展示、创客街区、“一带一路”跨境电商等这些亮点发展成为该小镇的支撑项目，激发小镇的活力，不断引入客流，带动双创的快速健康发展，严格按照国家 4A 级旅游景区的建设标准，把腾冲启迪康养小镇建设打造成为全省一流的康养特色小镇。依托中央厨房、东方医学馆、国际温泉医疗会等，打造以疗为主、以医为辅，以憩为主、以居为辅，以养为主、以治为辅的新型康养产业模式。把董官艺术村、田园花海、婚庆基地、亲子农场作为特色小镇旅游活动的主要项目，把循环农业、创意农业、农事体验融合起来，打造“乡村环境+农业生产+乡村旅游+乡村生活”的美丽乡村旅游新形态。

结合腾冲区位优势，与康辉、途家等品牌企业合作，引进乔波滑雪、飞翔影院、情景骑乘等一系列特色旅游产品，进一步挖掘滇西旅游潜能，打造“引得来人流、留得住乡愁”的旅游目的地。充分发挥启迪康养小镇“带凤、带食、筑巢、引龙”优势，以商招商，打造小镇健康持久的产业生态链。依托启迪全球 300 多个创新基地，导入国内外优质产业资源落地。现已引入清华大学的生命科学技术学院、泰国兰实大学东方医学院、清华互联网产业研究院、康辉旅游、途家等 30 余家机构意向入驻。项目致力于引领腾冲双创、康养、旅游的产业发展，带动产业转型升级，打造全国一流康养特色小镇及产城融合示范基地，最终成为面向南亚、东南亚的国际文创辐射中心和旅游门户。

（一）宏观环境分析

众所周知，只有对自身所处的环境进行客观准确的分析，才能制定正确的发展战略。本章采用外部环境分析法（PEST）对A公司康养小镇项目发展的宏观环境进行分析。

1. 政治法律环境分析

通常情况下，国家政策的发布和实施对某一行业的发展起着重要的制约或推动作用。国家为加快第三产业的发展，重点推动了旅游服务行业的发展。各省市积极响应号召，创新性地开拓旅游市场。例如，把休闲旅游与农业相结合，形成田园式度假村，与林业和医疗业相结合，推出生态疗养基地，与体育相结合，形成体育旅游基地，与商业相结合，形成大型游乐场，在不断创新旅游模式的同时拉动基础行业的发展，最终创造出新的旅游消费热点。在国家"十二五"规划中，确立了今后五年经济发展的主攻方向是扩大内需、鼓励消费和产业结构调整，其中把旅游业定位为国家支柱性产业，进行重点扶持并制定战略规划。

在国家开发小镇政策的支持下，康养小镇项目成功列入云南省小镇建设名单中，不论是项目前期经费支持还是项目融资及税收返还等方面均给予了相应的政策支持。

2. 经济环境分析

据研究所知，当一国的人均GDP高于3000美元时，该国旅游消费需求将呈现爆炸式增长。我国在2017年年底人均GDP就已经高达9000美元，这预示着中国旅游消费时代的到来，进一步说明国内旅游市场有巨大的需求潜力。到目前为止，国内旅游业有望占中国旅游业的16%，预计到2020年康养旅游业的市场价值将增加到4万亿元，特别是休养放松型旅游市场的价值预计将增长一倍以上。根据国务院设定的发展目标，在未来几年中国旅游市场的规模将进一步扩大。从国内旅游市场分析中可以看出，康养旅游业具有巨大的拓展和延伸空间。

（1）GDP及增长率

2018年，腾冲实现生产总值160.4亿元，是2016年的1.5倍，年均增长11%；人均生产总值24035元，是2016年的1.5倍，年均增长10.3%。

（2）旅游人次及旅游总收入

2017 年国庆期间，腾冲共接待游客近 290 万人次，实现旅游总收入 20 多亿元，年均增长率分别约 15%和 30%；2018 年，这两项指标又分别同比增长约 30%和 50%。

（3）三产情况及增长率

2018 年上半年，腾冲市第一产业完成投资 87169 万元，同比增长 202.8%，比去年同期提高 283.5 个百分点，占总投资的 31.2%；第二产业完成投资 144965 万元，同比下降 35.1%，比去年同期下降 107.7%，占总投资的 13.5%；第三产业完成投资 713411 万元，同比增长 40.0%，比去年同期提高 22.7 个百分点，占总投资的 55.3%。如图 4-17 所示。

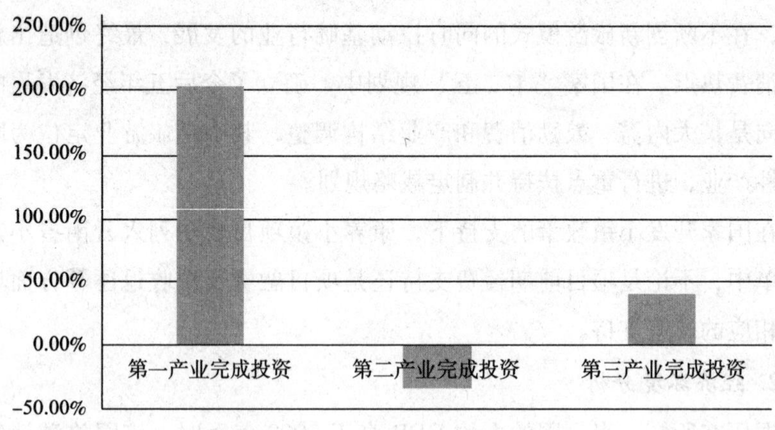

图 4-17　2018 年三产情况及增长率

资料来源：腾冲市人民政府工作报告。

（4）常住人口及增长率

昆明市 2018 年年末常住人口为 685 万人，与 2017 年相比增长了 6.7 万人，同比增长 0.99%；2018 年年末户籍人口为 571.66 万人，与 2017 年相比增长了 8.66 万人，同比增长 1.54%。

（5）固定资产投资及增长率

自进入 2019 年以来，腾冲市的建设投资呈现快速平稳增长的趋势。截至上半年，建设资产投资金额高达 945545 万元，同比增长 24.1%。其中，项目投资 854819 万元，同比增长 21.5%，房地产开发投资 90726 万元，同

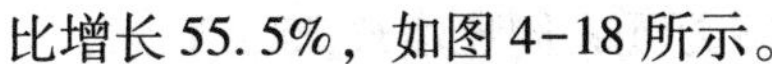
比增长 55.5%，如图 4-18 所示。

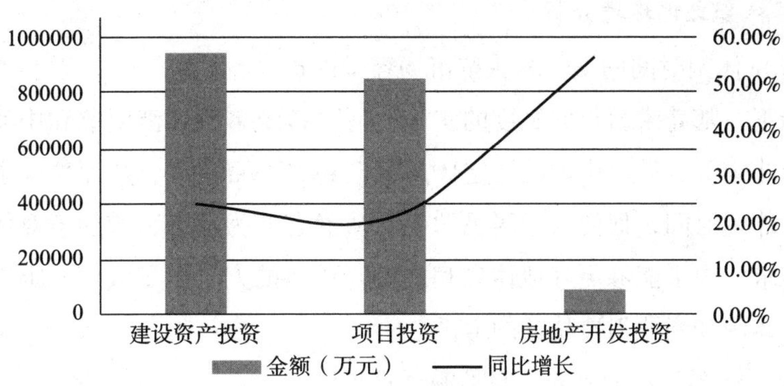

图 4-18　固定资产投资及增长率

资料来源：腾冲市统计局。

（6）消费品零售总额及增长率

2018 年腾冲整年社会消费品零售总额 39.1 亿元，同 2016 年相比较增长 1.5 倍，年均增长 12.9%。

（7）城镇居民人均可支配收入及增长率

2018 年腾冲城镇居民人均可支配收入 27092 元是 2016 年的 1.4 倍，同比增长 10.7%；农村常住居民 9502 元是 2012 年 1.6 倍，同比增长 15.2%。

2018 年，我国城乡居民收入稳步增长。整体居民收入上涨会带动消费结构升级，同时拓展旅游消费市场容量。未来五年，预计中国城镇居民和农村居民人均年收入将增长 7%。据相关单位统计，2018 年年底，我国城镇居民和农村居民人均可支配收入分别达 19109 元、5919 元，同 2016 年相比增长 7.8%和 10.9%。随着政府一系列收入政策调控和社会保障体系的完善，居民收入比重将显著提高。生活水平的提高自然伴随着消费水平的提升。

据调查，我国城市居民的消费结构正处于发展阶段和消费增长阶段。经济的发展改变了居民的消费结构。生活消费占比降低，在精神文化、休闲娱乐等消费中的支出呈现上升趋势，这样既有利于提高消费水平，也为旅游消费创造了广阔的市场空间。

（8）房地产投资及增长率

2018 年上半年，腾冲房地产业投资完成 258959 万元，同比增长

0.8%。其中，房地产开发完成投资达90726万元，同比增长55.5%。

3. 社会文化环境分析

（1）休闲时间的增长和旅游市场容量的扩大

当下，随着带薪年假制度的实施，诸多传统节日如清明节和中秋节成为国家法定节日后，中国的法定休息日已超过一百余天，从而拉长了全体居民的休闲时间，促使大半居民的生活从静态变为动态，增加了对休闲旅游的需求。为了能够更好地休息和放松，更多的人走出了城市，走进了周边具有休闲和商业消费特征的地区。

（2）汽车时代的到来，自驾游逐日兴盛

近年来，汽车不再是奢侈的象征，随着经济的发展和国民总收入的提高，汽车逐渐走进了万千家庭，为广大居民拓宽了消费空间。未来，随着中国进入汽车时代的步伐加快，自驾游的消费模式将越来越受欢迎，对城市周边的短途休闲旅游区和度假旅游村的关注将继续增加。

（3）健康养生理念推广促进康养旅游

最近几年，国民生活水平不断提高，工作节奏加快，促使全民增强了养生和保健意识。根据相关图书网站畅销书排行榜显示，健康养生类书籍频频登榜，由此也可看出养生的重要性。在伴随而来的老龄化社会中，如何保健和如何养生将成为越来越多人关注的问题。康养理念的推广不仅促进了保健和养生行业的发展，也使以放松和恢复身心健康为目的的休闲保健旅游得到广泛认可。

（4）国学热与传统文化的兴起带动文化旅游

伴随我国国家力量和居民的民族自豪感的不断增强，中国传统文化悄然回归社会主流。蓬勃发展的国学热潮，是一种社会给予传统文化的认同，是一种文化的自我更新，是民族精神得以重生的社会表现，与此同时，这一趋势也为文化旅游带来了新的市场。

（二）行业环境分析

1. 景区子行业分析

一个新的行业兴起带来的必然是经济的连锁反应，旅游业的兴起带动了第三产业的整体发展（酒店、交通、景点）。A公司是一家以清华大学为依托设立的综合性大型企业，公司控股参股、上市及非上市企业500多家，是我国首个千亿级科技服务企业。A公司成功构建起以160多个孵化器、科技园、科技城为载体的全球创新服务网络，辐射网络已覆盖国内外50余个省市和地区，成为世界最大的生态科技创新服务体。在环保新能源、数字经济、医疗健康、教育培训、传媒、文化、新材料等方面都拥有丰富的资源。

康养小镇项目属于我国景观行业的开发范畴，因而在理论上要对我国现阶段的景观行业发展趋势进行相应解析。

据统计，截至2014年年底，我国的风景名胜区高达15000余个。其中包括县级景区、省级景区、国家级景区，总计面积占全国陆地面积的3%以上，数量超过全国旅游饭店和旅行社的总数，占旅游业的一半，且风景名胜区的经济规模逐年提升，为旅游业的发展奠定了坚实的基础。

景区竞争力的强弱受诸多因素的影响。景区的自然风景、地质条件是否具备可开发性和可利用性显得尤为重要。景区的竞争实力不单看景观，还取决于景区所在旅游区的地域性质和自身竞争实力。拥有竞争力的景点大多都与周围的旅游景点相互关联，这是驱使消费者前往旅游度假地的重要因素。

康养小镇项目地位于腾冲市北部的西山坝新城区，距离腾冲机场约20公里，距腾冲中心城区约6公里，区域及场地周边交通完备。东邻腾板路；南邻腾冲市检察院和人民法院；西邻宝峰路；北邻董官路。项目场地地势西高东低，最高处与最低处坡度斜率约6.8%，因而规划设计中需要充分考虑高差；场地中部虽有若干土塬，但比较平坦。规划场地范围内主要为荒地、挖掘地和局部林地，场地东部依地势有季节性汇水沟形成的洼地，可顺应地势形成水面景观。地块东侧的腾板路是目前腾冲规划最好的道路之一，可连通缅甸，同时也是城市北部的主要交通干线和旅游公路，且地块内部也有一条东西方向的规划道路。

旅游景区的竞争力首先取决于风景资源。通常情况下，旅游景区的资源在市场竞争中发挥着至关重要的作用。对比酒店行业、旅行社行业，具有独特的景观资源能使旅游开发商在景区开发竞争中获得垄断性实力。

各种各样的历史文化资源、山川河流，或是古井小巷、海滩河滨等，如任何一个或几个资源被划入发展区域内，后进入者就很难在同一地区中获得竞争优势。

旅游项目开发地的资源是否具备可持续发展的前景，往往影响着一个景区的竞争能力。就目前国内已开发的旅游度假区来看，许多地方由于开发过度导致生态环境受损，没有可利用的可持续发展资源或创新项目，最终导致游客数量减少，整体竞争实力逐日衰竭。纵观全局，A公司的康养旅游项目处于初创期，可利用资源丰富，项目开发地生态环境保存完整，故可见该项目在今后的发展中具有广阔市场前景，竞争实力也不容小觑。

综上所述，随着第三产业的逐步发展，新型崛起的旅游业更具有发展潜力。景区产业带来的贸易壁垒保护了诸多具有优质资源和管理能力的企业，为他们的进一步发展提供了坚实的后盾。

2. A公司所在地的旅游业分析

A公司的康养小镇项目地位于腾冲市北部的西山坝新城区，隶属云南境内。近年来，云南省的入境旅游获得了长足的发展。

云南省位于中国西南边际。早在战国时期，滇族部落已在此定居。云南省会昆明市，其名由来有颇多诠释，因富有七彩祥云而美称“彩云之南”，又因其地处云岭以南，故取其简称命名“云南”。它是我国西南的门户，东部分别与四川、贵州、广西、西藏四个省区接壤；西南与缅甸、老挝和越南三国毗邻。在我国各省级行政区中，面积排名第8位，总面积约39万平方公里，占全国省市总面积的4.11%。在全国省市人口排名第13位，总人口达4513万人（2008年），占全国人口总数的3.36%。下属市辖区12个、县级市9个、县79个、少数民族自治县29个，其中丽江古城是最大、最古老的民族古城。

北回归线穿过云南省，拥有色彩斑斓的自然风光；古朴独特的滇文化；团结友爱的民族风情；又由于气候多变，为多种稀有植物生长提供了条件，因而成为植物生长的天堂。云南省有诸多风景名胜区，分别有石林、泸沽湖、丽江古城、苍山洱海、三江并流、香格里拉、玉龙雪山、西双版纳、腾冲地热火山等。1997年，古朴的丽江古城被联合国科教文组织列入世界文化遗产名录，2003年三江并流风景名胜区被列为世界自然遗产，2008年充满神秘色彩的石林风景区也被纳入世界自然遗产名录。国家级风景名胜区共计12个，包括路南石林、滇池、九乡、大理、玉龙雪山、三江并流、丘北普者黑、腾冲地热火山、瑞丽江—大盈江、建水、西双版纳、泸西阿泸古洞。云南作为我国著名的旅游省，拥有独特的旅游资源，吸引了大量的中外旅客前来观光，旅游业得到进一步发展。

据相关资料显示，云南省目前已开发的旅游产品已不能满足日益庞大的客源市场需求，大多数已经开发的旅游产品形式单调，市场经营风险大，市场可发展层次水平低。云南旅游业也在不断调整自身的发展方向并加速发展，云南省政府通过深入研究旅游资源的内涵，对已有资源进一步加以开发利用，从而推动全省已开发旅游产品的转型升级，以期最终达到由观光旅游业成功转型成为休闲旅游业的目标。A公司康养小镇的开发符合当下旅游业发展的趋势和方向，项目定位为自然生态、休闲养生，目的在于打造集绿色旅游、养生旅游、休闲旅游于一体的特色旅游度假区。

3. 旅游地产市场分析

分析该项目的发展战略，必须对该地区的地产竞争市场进行分析，准确定位。

（1）商品房开发、销售情况

2017年上半年，腾冲全市商品房销售面积331617平方米，同比增长95.1%；商品房销售额199799万元，同比增长93.0%；商品房施工面积2656515平方米，同比增长3.3%；商品房新开工面积116264平方米，同比下降20.9%；商品房待售面积565456平方米，同比增长94.6%；商品住宅待售面积445726平方米，同比增长127.5%，如图4-19所示。

（2）商品房市场价格分析（住宅、产业、写字楼、商业）

腾冲市住宅类房地产项目多为2015年之前开盘，交房标准基本为毛坯房，普宅价格3400~4100元/平方米、洋房价格4500~5500元/平方米、别

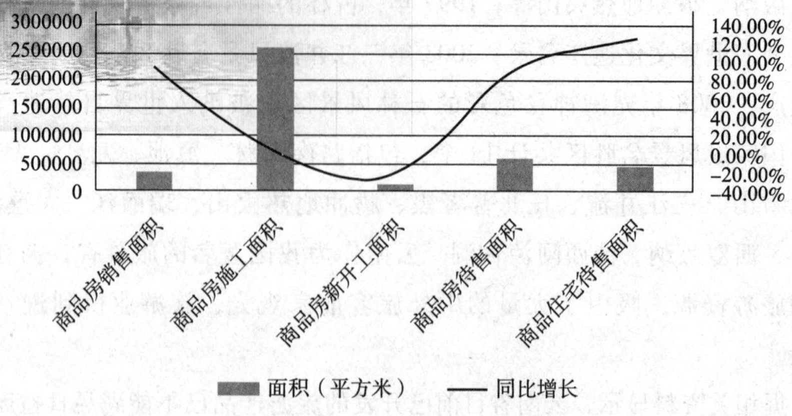

图 4-19 商品房开发、销售情况

墅价格 6000~8000 元/平方米。其中雅居乐原乡项目整体价格较高，洋房 6000~7000 元/平方米，别墅 1 万元/平方米以上。

（三）微观环境分析

1. 历史沿革

腾冲历史悠久，早在千年前古人已在这里繁衍生息。

汉代时，腾冲属乘象国，曰“滇越”。

三国时，腾冲属盘越国。

南诏时，腾冲归于永昌节度辖下。

宋朝时，腾冲属大理国。大理国开国时，依照南诏旧制称腾越国。后因永昌节度辖区以怒江为分割线，东立永昌府，西立腾冲府，由高相国后世管理。腾越国不复存在。

元朝时，将腾越分别设立为腾越州、腾越县、腾越府（腾冲府）。

明朝时，腾冲军民指挥使司管辖西双版纳、老挝。

清朝时，乾隆统治时期称为腾越卫；康熙统治时期改为腾越州；嘉庆统治时期又改为腾越厅；道光统治时期沿用腾越厅。

民国时，设立腾冲县。

抗日战争时，日军在云南西部分设腾越省和腾冲县。

1950 年 2 月 21 日，设腾冲县人民政府，隶属保山专区。

1956—1963 年，腾冲县先后随保山专区并入德宏自治州，随后又从中分离出来。

1971 年 1 月 1 日，腾冲县正式隶属保山市。

2015 年 10 月，腾冲县改市，直属云南省辖市，保山市代管。

2. 行政区划

2015 年，腾冲市政府正式入驻腾越镇。辖区有大小规模不一的小镇 11 个，不同特色的下设乡共计 7 个。

腾冲市作为历史古镇，充满着历史文化气息。在腾冲市发展康养小镇，一方面能够使腾冲市的康养小镇更具吸引力，另一方面也能打造独特的康养旅游品牌，让腾冲市的康养小镇区别于其他康养小镇，从而更具发展前景。

3. 区位交通

（1）地块现状

项目场地西高东低，最高处与最低处斜率约 6.8%，规划设计中需充分考虑高差；场地中部较平坦，但有若干土塬。规划场地范围内主要为荒地、挖掘地和局部林地，场地东部依地势有季节性汇水沟形成的洼地，可顺应地势形成水面景观。地块东侧的腾板路是目前腾冲规划最好的道路之一，可连通缅甸，也是城市北部的主要交通干线和旅游公路，地块内部有一条东西方向的规划道路。

（2）周边配套（包括教育、医疗、商业配套、自然环境等）

项目周边商业繁荣，盛产金石玉器，如翡翠、珠宝、黄龙玉等；教育便捷靠近海门小学；看病就诊有腾冲市中医医院（距离 2.7 公里）、市人民医院小西分院（距离 2.7 公里）；行政机构有检察院、法院等；生活娱乐有巴黎之恋西餐厅、川菜人家餐厅、古酒残色酒吧等；除此之外，与国家级传统村落董官村直线距离仅 150 米左右。

（3）交通状况（内部交通、区域内交通等）

项目位于腾冲北部正在开发建设中的西山坝新城区，距腾冲中心城区约 6 公里，距离腾冲机场约 20 公里，属于西山坝片区核心区域，项目东侧为腾板路，北侧、西侧及南侧市政道路完善，周边交通配套成熟。与腾冲中心城区、高速出口、驼峰机场、和顺镇等主要城市节点交通联系便利顺畅。立体式的交通网络，使腾冲面向南亚开放中更具有区位优势。

高速公路。保腾高速，腾冲至保山市区有两小时车程；保腾高速连通杭瑞高速，腾冲至大理车程约四小时、至丽江车程大约 5.5 小时、至云南省会昆明约 7 小时。

航空交通。2009 年 1 月腾冲机场建成通航，共计开通 16 条航线。2016 年旅客吞吐量达 80.56 万人次，航班量 7144 架次，现已启动二期改扩建及航空口岸建设工程，预计 2020 年建成中型口岸机场，吞吐量提高至 230 万人次/年。同时，距离腾冲市一个半小时车程有保山市机场、德宏芒市机场可供备选。

铁路交通。泛亚铁路西线已在修建中，保山市为本线的高铁线重要节点城市。保山至腾冲（猴桥）铁路已列入国家中长期铁路网规划和云南省“五出境”铁路网发展规划，正在争取列入国家“十三五”规划。

4. 资源优势

（1）旅游资源

腾冲具有丰富的旅游资源，曾被誉为“中国翡翠第一城”“中国第一魅力名镇——和顺”“中国优秀旅游名县”“最具魅力的中国十大风景名胜区”“中国文化旅游大县”“中国最佳文化生态旅游目的地”“中国最美风景县云南 10 佳”“最美人文旅游休闲名县”“全球优选生态旅游目的地”等。其风景区总面积 730 平方公里，既有著名的自然风景区——北海湿地自然保护区、火山热海广场等，也有独具特色的历史文化纪念地——滇缅抗日战争博物馆、国殇烈士墓园、和顺侨民乡等，还有充满傈僳族民族特色的“过刀山”“入火海”民间艺术表演。腾冲市是滇西旅游区中最具有代表性的地区之一，以其绚丽多姿的旅游资源，荣获“中国生态 SPA 康乐园”的美称。

（2）能源资源

槟榔江、龙川江、大盈江，三条主要水系的水能资源蕴藏量高达 130 多万千瓦，近年国家正在大力开发。

（3）矿产资源

腾冲市是我国矿产资源储备量最多的县市之一。据悉，目前已被发现的就有35种之多，其中19种已测出储蓄量，且矿含量丰富。还有诸多稀缺资源尚未被开发，比如铀、锡、钨、铷、铯、钪和硒等。当前重点开发的有金属矿类和非金属矿类，其中铁矿产量高达2亿余吨，硅藻土高达4亿余吨，褐煤储量高达1.4亿吨。火山石储量高达200亿立方米，是制作绿色节能环保建筑材料不可或缺的矿物质，储量占全市火山石分布面积的1/8。

（4）教育资源

腾冲市共设各类学校406所，其中小学243所（完小235所，教学点8个（一师一校3点）），普通中学32所（完全中学9所，初级中学23所），职高2所，特殊教育学校1所，进修学校1所，幼儿园127所（教育部门办51所，集体办60所，民办16所）。

当前，以在腾冲展开建设的滇西应用技术大学珠宝学院于2020年建成，目前已招收学生310人。

二、康养小镇发展战略研究

（一）战略定位

1. 以科技与传统联动进行整体规划

小镇产业以康复康养、冰雪运动、科技智慧运营展示、非遗展示、创客街区、总部基地等作为卖点，一方面增添小镇活力，另一方面为小镇引入大量客流，从而带活双创产业。按照国家4A级旅游景区标准建设全省一流双创小镇，同时与董官村、侍郎坝村及田园、水库相连通，达到双赢效果。

2. 运用产业孵化模型建设

项目以孵化器、产业园中园、区域次总部基地为企业入驻平台，以滇西珠宝、非物质文化遗产等企业为企业的孵化产业创新核心，最终打造从孵化开始，到初创型、成长型、实力型和成熟型体系完整的企业，为上市后实施双创全产业链特色服务奠定坚实基础。

3. 新型康养产业模式运营

以中央厨房、东方国医馆、国际温泉医疗会所为依托，打造以疗为主，以医为辅；以憩为主，以居为辅；以养为主，以治为辅的新型康养产业模式。

4. 加以田园综合体创新

以实践乡村环境+农业生产+乡村休游+乡村生活的美丽乡村旅游新形态为亮点，以董官村、田园花海、婚庆基地、亲子农场、艺术村为主要内容项目，让旅客体验集循环农业、创意农业、农事体验于一体的田园城镇。

（二）整体定位

康养小镇项目依托良好的地理环境，以及腾冲旅游业系统的战略规划，确立文创和生态两大核心主题，致力于打造集趣味科普、文化韵味、民族特色、户外活动、亲子游、温泉度假等于一体的文化山水旅游度假区。构建了湖光山色游览板块、民俗风情体验板块、冰雪双创游三大旅游板块，为旅客提供“全景、全季、全家、全程”特色的综合型服务。

（三）各项产业发展定位

核心产业：康复康养、企业孵化、产业创新（翡翠、南红、黄龙玉、非物质文化遗产等产业）；外延产业：以冰雪吸引人流、会展助推营销、智慧城市推广为外延。

项目按照国家4A级及以上旅游景区标准建设全国一流双创小镇。目的在于以孵化器、产业园中园、区域次总部基地为企业入驻平台，打造冰雪世界、会展中心、智慧城市推广为补充的优质休闲旅游小镇。

（四）战略目标

1. 总目标

本项目开发的总目标是充分挖掘腾冲特色资源，驱动“多引擎产业”，建设多样化康养活动场所，树立鲜明的企业品牌形象，展现项目核心价值，打造全国一流双创小镇并使之成为示范基地。

围绕这一总目标，项目以“一核心·四主题·五组团”作为建设重点，布局康养产业。

“一核心”指镇区活力发展区。打造持续活力、文化品质、时尚元素的活力镇区；结合项目基地条件和整个项目建设，彰显以下四个主题。

（1）古风村落区，即董官村古村落区域。这一区域以保护性开发为原则，融合古村落的历史文化、建筑特色、生态环境，致力于打造成高品质、有韵味的特色人文风貌古村落。保留村落原始生态、风俗环境，采用统一的建筑风格，融入当地特色文化，为休闲旅游客群提供文化体验空间，形成品质与文化并存的古村落风貌区。

（2）田园风光区，即董官村北侧梯田区域。以保护和利用为原则，在保护农田风貌的基础上，将观光游览与休闲度假紧密融合。充分利用生态资源，打造亲近自然、体验互动、轻松闲适的活动空间，聚集人气和活力。依托原生态缓坡地貌特征、多样的植被物种，打造梯田、茶园、花海等特色田园景观。

（3）浅山涵养区，即马鞍山林地片区。这一区域以保护性开发为原则，充分利用山地、林地条件，打造户外运动拓展场所，增强休闲度假的趣味性与体验感，发展户外休闲项目。同时，引入精彩纷呈的户外休闲活动及文化体验活动，充分满足多元的客群需求。

（4）水岸风情区，即侍郎坝水库西侧片区。以侍郎坝水库河岸天然的景观资源为依托，在沿岸打造趣味景观节点、环水库骑行、健身步道等，使其形成特色康养体验区。

2. 阶段性建设目标

（1）做好项目前期建设

公司在此阶段处于发展起步期。这一时期 A 公司以引领腾冲双创、康养、旅游的产业发展为目的，最终带动旅游产业转型升级。主攻方向是将康养小镇项目集中培育并持续建设。在政府统一引导下，首先，加大招商引资力度，全方位开发具有养生文化特色的广场、酒店、公园的养生基地，具有田园气息的度假村等，从而增加景区的附属经济效益。其次，全方位统一景区概念，精心制定旅游产品和精品游线。再次，充分利用景区的地热资源，发扬温泉文化的同时打造独一无二的温泉疗养项目。开发时应建立健全基础设施，便于旅客快速获取项目地的基本信息，包括出行、食宿、娱乐在内的便捷服务。康养小镇项目将成为 A 公司市场转型的平台，公司产业结构调整的载体，最终为腾冲双创康养旅游业建设奠定坚实的基础。

(2) 全面建设康养小镇和生态康养基地

围绕打造全国一流双创小镇的目标，公司的重点在于建立康养旅游产品体系，完善康养旅游产业布局框架。建立健全康养小镇项目和生态康养基地，丰富小镇康养旅游的内涵，拓宽市场平台，在完善重点产品的基础上，形成完整的旅游产品系列，从而为腾冲成为养生旅游目的地奠定坚实基础。加强旅游服务基础设施，使康养小镇项目成为A公司的重要经济来源，并进一步开发成为品牌产业。

(3) 康养小镇项目推向国外

在这一阶段，公司已处于成熟时期。A公司这一阶段的目标是将康养旅游推向南亚、东南亚，使之形成国际文创辐射区、度假门户。随着出境游的兴起，国内游客与国外游客比例日益平衡。旅游产业自身开发新型旅游产品的能力和景区的可持续发展能力要求日益提升。为此，A公司打造了专属康养旅游品牌，并建立了有效的持续创新机制。从微观上，逐渐形成度假旅游占主导市场，养生旅游收入占主导的旅游业总体格局。从宏观上，呈现系统的康养旅游产品体系，推动旅游产品走向国际。

3. 发展方向

(1) 产业发展总体思路

云大启迪科技园立足云南省产业发展总体思路，按照昆明市对呈贡区发展的总体规划，围绕《昆明市大健康发展规划（2016—2025年）》，基于清华大学和云南省的省校合作框架协议，以及清华大学和云南大学合作基础，充分发挥项目区位优势，充分结合启迪控股在数字医疗、精准医疗等方面的大健康产业领域的优势资源，打造“3+4”特色产业发展格局；以“生物医药研发、东方医学、精准医疗”为主导，以大健康垂直孵化、信息技术、健康管理、教育培训为配套支撑，致力于形成“成果转化+企业孵化+产业发展”的大健康产业生态链条。

(2) 三大核心主导产业

1) 生物医药研发

重点围绕生物疫苗、基因工程药品、基因检测、遗传病检测筛查、抗体药物等细分行业领域，开展相关生物药品和生物技术的研发、中试和生产。

依托云南省生物医药资源和基因疫苗库多样性等优势，联合云南大学（云大）生命科学学院和清华大学生命科学学院相关科研力量和专家团队，重点围绕生物疫苗、基因工程药品、基因检测、遗传病检测筛查、抗体药物等产业领域，导入剑桥启迪科技园生物医药孵化器、启迪之星密歇根孵化基地等医疗项目资源，着力引进金唯智（在美华人创办的最大的生物技术科研服务公司）、神州德信（AI 医疗影像诊断企业，美国匹兹堡大学技术转移项目）等一批前沿医疗科技公司，探索与实力企业和大型研发机构合作共建一批创新孵化平台、药品临床试验平台，提升呈贡区乃至昆明生物医药技术开发、临床试验配套服务水平，促进生物医药产业集群化、特色化发展。

2）东方医学

围绕特色诊疗、药物食疗、精神保健、泰医推拿、针灸治疗、东方医学产品研发等重点领域，开展东方医学的研究、产品研发和生产。

产业发展路径。充分依托云南省在中药材种植、生物资源及云南民族医学的优势，按照“医养结合、融合发展”的思路，积极联合泰国兰实大学、云南大学医学院、云南中医药大学等在东方医学研究、中医中药研发等方面的资源，引入启迪旗下全国中成药工业重点骨干生产企业、上市公司启迪古汉，建立集泰医、印度医、中医及少数民族医药于一体的东方医学馆，积极融合中医、泰医、印度医三家的医学优势和诊疗特色，重点围绕特色诊疗、药物食疗、精神保健、泰医推拿、针灸治疗、东方医学产品研发等重点领域，开展医学产品研发和诊疗服务，力争打造成昆明面向东南亚的集东方医学研发、展示与人才培养于一体的东方医学中心和窗口。

3）精准智慧医疗

重点围绕体外诊断检测、基因快速检测、生物监测芯片、肿瘤精确筛查等医疗领域开展相关精准智慧医疗产品、试剂的研发和生产。

产业发展路径。依托清华大学生命科学学院等校友资源及启迪在精准医疗领域建立的产业链条，前期重点围绕体外诊断检测、基因快速检测、生物监测芯片、肿瘤精确筛查诊断等领域，重点引入启迪旗下及合作的精准医疗及智慧数字企业，如雅康博（液体活检、PCR、NGS 肿瘤诊断企业）、莲和医疗（NGS 肿瘤诊断企业）、艾达康（全球领先的儿童 NGS 药物基因组学公司）、江苏稻源微电子（应用智慧芯片）等企业，联合云南大学生命科学院、昆明医科大学附属医院、云南省中医院等科研医疗机构，共建特色精准诊断治疗中心和医学检测、检验平台，打造辐射云南省乃至东南亚的精准智慧医疗专业研发、检测、制造基地。

（3）四大配套支持产业

1）建立大健康垂直孵化

依托引入的大健康产业龙头企业，在东方医学、精准智慧医疗、生物医药研发、健康管理、健康数字科技等细分领域开展垂直孵化服务。

基于启迪控股生态平台和垂直孵化平台搭建方面的经验和能力，以及启迪控股在创新资源和创新资本方面具备的较大优势，联合云大启迪 K 栈、启迪之星等全球孵化网络资源，以“创业苗圃+孵化器+加速器”孵化链条形式，在东方医学、精准智慧医疗、生物医药研发、健康管理、健康数字科技等细分领域吸引、培育一批企业，建设云大启迪 K 栈（大健康）垂直孵化器和加速器，通过“孵化服务+创业培训+天使投资+开放平台”的四位一体孵化模式，帮助企业成长壮大，将园区打造成辐射东南亚的大的健康产业垂直孵化核心基地，营造呈贡区乃至昆明创新创业的氛围。

2）信息技术

重点围绕数字科技、物联网、健康大数据、人工智能与健康装备等产业方向，发展相关大健康软硬件的开发、健康信息技术服务、大数据与物联网等信息产业。

结合信息技术、数字经济发展的趋势和云大启迪科技园的定位，积极联合清华大学计算机系、清华大学互联网产业研究院、云南大学计算机系等科研机构，在园区成立清华大学互联网产业研究院云南分院、云南大学数字经济研究院（拟）等信息技术科研平台，瞄准数字科技、物联网、健康大数据、人工智能与健康装备等具有战略性、前瞻性的信息行业，积极引入启迪数字集团（数字经济）、世纪互联（大数据）、启迪国信（物联网、云计算、网络安全）等信息技术优质企业，吸引其他信息技术中小企业和产业链上下游企业入驻，打造辐射区域的信息技术产业高地。

3）健康管理

重点围绕健康咨询、检测、管理等健康管理重点方向，开展定制化健康管理服务和相关软硬件设备的研发和生产。

紧跟人们对个性化医疗、健康咨询、快速疾病检测等健康生活方式的迫切需求和行业蓬勃发展趋势，依托启迪在信息技术和数字产业方面的基础和数据收集、管理、分析的优势，重点导入启迪旗下世纪互联、雅康博、启迪数字等医疗大数据管理、健康服务运营的资源，联合昆明医科大学附属医院、云南省中医院等重点医疗机构，建设第三方健康管理服务平台，推进医疗信息整合，围绕健康咨询、健康体检、健康康复、健康数据分析等重点方向，开展医疗检测设备和健康管理 APP 等健康管理硬件、软件产品的研发，建立“互联网+医院联盟+个人诊疗”大健康数据管理中心，为学生、老人、孕妇、特殊病人等重点人群提供定制化健康管理服务。

4）教育培训

重点围绕生物医药、信息技术、健康管理、东方医学、精准智慧医疗等产业方向开展大健康产业人才教学、培训、培养。

充分联合启迪云大商学院、云南大学工商管理与旅游管理学院、云南大学生命科学学院、清华大学生命科学学院等相关院系和优势学科资源，引入启迪商学院优质教育资源和品牌，重点围绕生物医药、信息技术、健康管理、东方医学等大健康产业重点领域，以共建“政府—企业—高校”培养模式，联合培养服务本地经济的高端大健康和数字经济人才，同时定期举办大健康专题研讨会、论坛，邀请相关领域专家、企业家、创业者开展讲座，实现课堂教学与企业一线教学相结合、人才培养与创新创业相结合，培养创新型人才、国际型人才、复合型人才，打造辐射中国西部和南亚东南亚地区具有国际视野和富于创新精神的大健康产业人才教学、培训、培养基地。

三、A 公司康养小镇发展战略

（一）招商引资策略

招商策略：根据“螺旋式上升”的产业结构发展规律逐步升级园区产业类型。

公司致力于建设以客户需求为中心的康养小镇，龙头企业的招商工作显得至关重要。所以在不同建设时段、不同运营时段应当采取多渠道、多战线招商战略，引爆招商。

（二）特色产品战略

（1）北京康辉景区旅游开发公司。隶属于全国最大的旅行社集团公司——中国康辉旅行社集团，四大业务板块为：景区策划和规划、营销、管理、投资。

（2）途家。创立于 2011 年，是一家依托国际分散式酒店管理和业务标准、结合线下旅游地不动产存量、线中呼叫中心、线上度假公寓在线订房交易系统的新型公司。其 SMART 度假产业智慧平台可对客栈部落整体策划定位、设计研发、资源整合，包括后期的落地运营。

（3）清华大学文创院。以文创产业集群开创文化、科技融合发展的新路径，包括清华大学文创院成果转化中心、时尚文化集合空间等。

（4）云南艺术学院设计学院。艺术设计专业下设室内设计、景观设计、视觉传达设计、服饰艺术设计、民间工艺与旅游商品设计 5 个专业方向，已经与启迪达成战略合作。

（5）仝小林入驻中医堂。仝小林，国家级科学家，全国科学界的代表人物。项目中的中医馆资源均来源于其整合的中医资料。

（6）清华大学社科学院彭凯平的沐心书院。沐心书院致力于中华优秀传统文化与西方先进的心理科学的传承与创新、实践和体验，兼具教学、学术研究、文化和思想交流、专业书籍音像制品出版。

（7）冰雪世界引入资源。启迪乔波（北京）文化体育发展有限公司专注于冰雪文化产业，致力于打造集运动、健身、娱乐、休闲、购物、餐饮于一体的冰雪旅游综合体。

（8）风马音乐狂欢节。云南启迪已与风马音乐节成为战略合作伙伴，2017 年 4 月 20 日，风马音乐节正式落地腾冲，成为小资文青的精神朝圣地。风马音乐节在充分挖掘腾冲本地民间艺术特色的基础上，集中展示和表现了当地文化精髓，以音乐节的名义，赢得来自全国各地甚至国际方面的关注，打造了腾冲城市的又一特色名片。

（9）张艺谋、陈凯歌等影视大腕工作室入驻项目文创园。

（10）非物质文化遗产体验区。深入挖掘腾冲民间非物质文化遗产及手工艺，如藤编、竹编、土陶、刺绣、皮影、古法造纸、油纸伞等，吸引其传承人入驻，对其进行合理保护，科学管理，从文化层面提升腾冲非遗社会及经济价值。

（11）翡翠创意园。针对腾冲翡翠产业，从产品来源、产品设计、产品加工到产品展览与销售，提供全产业链专业化服务，引入大师级翡翠设计师、雕刻师，打造线上线下交易平台，助力腾冲翡翠产业升级。

（12）中心活动广场。为了满足产业园内创客们的生活需求，丰富社区配套设施，建设中心活动广场，规划诸如音乐喷泉、霓虹系统等设施，聚集人气，定期策划行业沙龙、论坛等活动。

（13）客栈聚落。为了满足经营者多元需求，打造腾冲当地最具个性的创意型客栈居落群。公司以腾冲当地风貌为主题，征集国内多个顶级设计师团队设计，打造出了与酒店产品互补、同时能为游客提供多元选择的优质客栈群体。

（14）四季滑雪馆。馆内配备先进的服务设施、飘雪系统及3D光影景观，滑雪区、滑雪教学区、景观游览区等功能区相互分开，打破冰雪的地域限制及季节限制，打造滑雪、戏雪、冰雪景观的精彩世界。

飘雪温泉。冰雪与腾冲温泉进行有机结合，采用先进的飘雪工艺和各种颜色的照明灯光，演变出所需颜色的雪，在热气蒸腾的温泉池里，漫天飞舞的雪花瞬间充斥着整个空间，为游客打造精致浪漫的氛围。

观雪火锅。在冰雪馆周围规划火锅等餐饮业态，使游客在体验火锅美味的同时也能观看到窗外的冰雪盛景，打造冰火两重天的非凡体验。

（15）商业街。建设冰雪主体街。引进先进雪场运力设备店、雪具寄存设备店、名品雪具店等，满足冰雪馆体验人群配套需求。

（16）亲子主题酒店。打造冰雪主题酒店，将冰雪馆体验人群留驻于项目，为其他产业提供一定客流，在满足游客住宿需求的同时提升项目内部人气。

（三）精准营销战略

A公司根据产品的客户定位提前储备客户，采取一对一营销、关系营销、网络营销、体验式营销和渠道营销等多种营销模式，实行精准营销。

现代市场日益变化，客户需求多变，国内旅游业市场竞争日益剧增，A 公司进入旅游业市场较早，如果继续使用先前针对老旧产品、过期消费群体、过去客户需求而制定的促销手段以及营销战略，很难适应新型的旅游市场。因此，A 公司的市场部门将客户进行细分，寻找能够刺激顾客购买欲望的方法，必要时为顾客创造需求，从而针对不同的顾客推出适应其需求的产品。

（四）优质服务战略

随着旅游业的蓬勃发展，A 公司的旅游服务质量有了明显提升。为了满足经济社会不断发展和旅游消费者需求日益提高的需要，A 公司不断完善旅游接待设施和配套功能，不断丰富旅游产品种类。但是，A 公司的旅游服务质量总体水平仍然不能与 500 强公司相比较。在旅游业发展过程中普遍存在以下服务质量问题：旅游服务信息不透明，旅游服务标准覆盖面狭窄，旅游企业员工的服务质量意识不强，服务缺乏诚信，旅游服务质量监管力度小，旅游消费者不成熟等。这些问题已经成为制约 A 公司旅游业发展的因素。所以，A 公司只有提供优质的服务和产品，使旅游者对旅游服务有好的印象，使新顾客成为 A 公司的“回头客”，才能将康养小镇项目发展壮大，被众人所接受。

第五章
国内其他地区乡村健康旅游目的地建设案例

第一节 贵州省梵净山森林康养旅游开发案例

一、梵净山森林康养旅游资源概况

（一）生态资源

1. 自然景观

梵净山属喀斯特地貌类型，因地质演化呈现出峥嵘奇伟、坡陡谷深的自然地貌，其山顶到山脚的高度差达到2000米以上，呈现“一山有四季，上下不同天”的垂直气候特点。经10多亿年的风化侵蚀、裂变褶皱，形成了独特的山岳风貌。其山势雄伟，山形峻秀，以“蘑菇石”和“万卷书”为代表的著名景点彰显山体的层峦叠嶂，此外还有杜鹃花海、万米睡佛、老鹰岩、红云金顶、将军头、万步云梯等标志性景点。境内溪水潺潺、瀑布飞泻，流水、古树相映成趣，兼具雄浑之气与俊秀之美，景观千姿百态、组合绝妙，是国内外不多见的优质旅游目的地。

2. 动植物资源

在世界上同纬度地带，梵净山是生物最为多样性的区域，有着极高的生物研究价值和观赏价值，被誉为“世界动植物基因库”，至今还存活着大量的第三纪、第四纪的原始珍稀物种，总数高达2600多种。此外，梵净山还拥有6种国家一级保护动物，25种国家二级保护植物，其中植物有1800种，占全省受保护植物的43%。国家一级保护物种珙桐，在梵净山总分布面积达到80多公顷，是目前为止世界上被发现珙桐分布面积最大的区域；动物有800多种，占贵州省受保护动物总量的68%，有红腹锦鸡、云豹、灵猫、华南虎等珍稀动物58种，其中因分布面积窄，数量极少而被称为“世界独生子”的黔金丝猴生活在梵净山区域，现仅存750只左右。

梵净山的森林覆盖率高达95%以上，至今仍保存着4.2平方公里的原始森林，为国内中亚热带山地典型的森林生态系统类型，以2000米作为植被类型的分界点，其下主要是常绿阔叶林地带，以上为落叶阔叶林，呈垂直地带性特点分布，拥有黄杨林、水青冈林等44种各具特色的树林。此地还盛产药材，现已知的名贵药材达到500多种，主要有天麻、何首乌、黄柏、雪里见、杜仲、厚朴等。除此之外，还有贵州紫薇、香果树、鹅掌楸、长苞铁杉等珍稀树种，以及独有的作为研究古老物种和气候变化的树种梵净山冷杉，有着十分珍贵且极为丰富的动植物资源。

3. 水文资源

这里不仅有奇山，还有秀水。梵净山位于亚热带中心地带，气候宜人，相对湿度常年高于80%，年均降水量达到1100~2600毫米，地表水质达到Ⅱ级标准。其境内几乎每隔两座山岭就有一条溪流，有“九十九溪”之说。同时，因地形落差较大，其溪流自上而下，奔腾激荡，汇聚成为肖家河、太平河、马槽河等九条河流，又有“九龙出山”之称。沿途溪流纵横，飞瀑悬泻，多急湍险滩，其中以黑湾河最为出名，于山门口倾泻而出，水质干净、清澈见底，可直接饮用，甘甜可口、回味无穷，河流的水温常年保持在22℃~24℃呈恒温状态。2014年农夫山泉投资5亿元在梵净山太平河畔建设饮用水生产基地，充分证明了梵净山水资源的优质。

4. 空气负氧离子与芬多精

在崇尚健康、追求高品质生活环境的趋势下，人们纷纷从大城市逃离，企图远离雾霾，到户外尤其是森林中“洗肺”。而森林里之所以空气清新，是因为负氧离子浓度较高，有降尘、杀菌等作用。同时，负氧离子对于人体的医疗保健作用跟其浓度呈正相关，在森林覆盖率高的地区其浓度也相对更高，对于人体生理和心理的疗养效果更好。有研究显示，空气中的负氧离子浓度如高于20000个/立方厘米，即具有疗养效用。梵净山内森林植被丰富，可净化出优质的空气资源，据统计，梵净山的空气负氧离子含量高达120000~160000/立方厘米，有着“天然氧吧”的美誉。

同时，保护区内丰富的植物资源，如银杏、青杠等树种，还会生发出相当数量的芬多精，又称植物精气，形成了大量具有医疗保健作用的聚集地带，可对哮喘、高血压、慢性气管炎、心律不齐等多种疾病有显著治疗效果，十分适合开展森林漫步等康养活动。

（二）人文资源

1. 佛教资源

《贵州通志》中关于梵净山的记载提到，其原名“三山谷”，自宋代佛教传入后即更名为“梵净山”，梵天净土意为超凡脱俗之境，乃佛教净界。明代香火盛极一时，万历年间神宗皇帝下圣旨建赐敕碑，其序文中提到梵净山是“古佛道场”，宣德五年，工部官员吴邦佐还在梵净山铸下铜香炉一枚。中国佛教协会于2002年在此举办大型法会，正式把梵净山列为中国第五大佛教名山，协会会长一诚长老为其亲笔题写“弥勒道场，龙泉禅寺”。

梵净山在历史上经历过五次重建，现有承恩寺、护国禅寺、朝天寺、天庆寺“四大皇庵”和坝梅寺、天马寺等“四十八脚庵”，在海拔2336米的金顶上建有释迦、弥勒两殿，梵净山脚下还建有佛教文化苑，用翡翠珠宝和200公斤黄金锻造了高达5米的世界上最大弥勒佛像。

2. 少数民族文化资源

据统计，梵净山及其周边地区有28个少数民族，山地文化带来多民族共存的现状，这些少数民族和谐相处，开创了独特的黔东少数民族文化。在梵净山景区大门不远处坐落着一个名叫寨沙的侗族村落，侗族大歌时常在这里响起。离山脚约9公里外有一个土家族村寨，名为云舍，是中国土家族第一村，拦门酒、哭嫁歌等民俗极具民族特色，其他如苗族等少数民族文化资源也极为丰富。除此之外，还有被称为“中国戏剧活化石”的傩戏表演，其啃碗、纸包火、下油锅等技艺充满了民俗神秘色彩。

3. 交通发展

铜仁市位于贵州省东北部，现已开通多条高速公路，从贵阳经安江高速到达梵净山东收费站仅需2.5小时，兰海、杭瑞高速连接重庆，长张、杭瑞高速直达长沙，全程均只需 6.5 小时。贵广高铁和沪昆高铁的全面开通，使得两广地区和湖南、山东以及江浙沿线的游客可直接搭乘高铁到达铜仁，2017 年底建成的高铁铜仁站离景区仅 40 分钟高速路程。铜仁凤凰机场也已开通至北京、上海等 22 个重点城市的航线。至此，梵净山的高速、高铁、飞机三条交通线路均已完备，有良好的交通条件。

4. 服务设施与水平

随着管理水平的提高，梵净山景区周边配套服务设施不断完善，住宿、餐饮、商店、道路等设施齐全。目前，周边旅店有 100 家以上，可提供房间数量超过 3000 间，民宿的数量和品质也在逐年增加，从江口县城经环线到山门的沿途，风景优美，村寨聚集的地方零星遍布着一家家风格独特的民宿。以侗寨为主的少数民族客栈大受欢迎，此外，还有栖溪酒店与梵净山国际会议中心两家高星级酒店，可满足游客不同层次的住宿需求。

二、梵净山森林康养旅游存在的问题

结合调查结果以及大量的文献研究，发现梵净山的森林康养目前存在以下问题。

（一）森林康养旅游的品牌知名度不高

我国森林康养旅游的发展刚起步，目前国内走在前列的为四川、湖南两省，临近两省的梵净山难免受到遮蔽效应的影响。同时，保护区本身也尚未开启关于森林康养旅游的对外宣传，问卷调查显示，来自梵净山周边地区和省内的游客都对其发展森林康养旅游不了解。

（二）景区服务设施不够完善

景区开发虽早，但在 2003 年武汉三特索道公司获得特许经营权之前，市场化水平不高、发展缓慢，导致旅游服务水平一直处于较低水平。餐饮多以当地农民开设的农家乐为主，住宿等配套设施质量不高，即使在梵净山申遗成功引发游客量井喷式增长之后，数量也没有显著增加，同时，具有康体休闲功能的设施也未设置。

（三）森林康养旅游项目开发滞后

景区旅游形式还是以传统观光游览为主，仍未打破生态观光的局限性。游客或乘坐索道上下山，按照游览线路观赏主要景点，在景区内停留时间较短；或选择攀爬万步云梯，沿途没有其他任何旅游项目，几乎没有开发针对森林康养的相关内容，旅游项目可选择范围较窄。

（四）康养与佛教文化的结合程度不够

梵净山的开发与兴起皆源于佛教文化，其虽有世界上最大的弥勒金佛，但在其旅游活动中，除了走马观花式地游览寺庙、烧香拜佛之外，没有其他依托佛教文化开展的康养活动。

（五）森林康养旅游产品吸引力不足

在旅游的食住行游娱购中，购物是非常重要的一环。旅游者如买到具有纪念意义的旅游商品，将提升整个旅游体验，而梵净山目前因康养旅游起步较晚，投入的资金有限，导致现有的旅游产品缺乏当地特色，整体结构比较单一。

（六）专业人才缺乏

森林康养旅游是集多领域为一体的新型旅游形式，对工作人员的素质、知识面以及专业程度有更高要求。而目前梵净山的导游服务内容单一，当地农民与旅游联系紧密，却普遍素质不高，基地急需建立一支具备专业知识和服务技能的人才队伍。

三、梵净山森林康养旅游开发目标及定位

（一）梵净山森林康养旅游开发的SWOT分析

1. 梵净山森林康养旅游开发的优势

（1）优质的生物资源

梵净山的自然资源丰富，人文资源也极具特色，两者为发展森林康养旅游提供了珍贵独特的资源。景区地理区位和富有特色的地形地貌，使得群落聚集，生物差异性较大，还有大量中医药材资源。同时动植物资源丰富，气候舒适，保护区内负氧离子浓度可达12万个/立方厘米，空气清新，

是绝佳的疗养胜地。

（2）便捷的交通网络

铜仁素有“黔东门户”之称，随着沪昆高铁、杭瑞高速等路线的开通，标志着其以高铁、高速、航空三位一体的交通网络已经建成，交通的便捷使得梵净山在国内西南地区的旅游区位优势更加突出，打破与两广和东部沿海地区发达城市的空间距离限制。另外，梵净山景区距离湖南凤凰古城仅 120 公里，共同构建了武陵山脉地区一小时旅游圈，实现客源互送，交通区位的优势为开展森林康养旅游保证了客源。

（3）源远流长的佛教文化

梵净山有着深厚的佛教文化资源，是国内有名的弥勒道场，起源追溯至唐朝，明代为鼎盛时期，现供奉着世界上最大的弥勒金佛。自 2013 年起连续在此举办中国梵净山生态文明与佛教文化论坛，聚集了国内佛家名僧，共同探讨与佛教文化相关的研究，为梵净山的森林康养提供了独特的文化资源。

2. 梵净山森林康养旅游开发的劣势

（1）康养旅游品牌知名度不高

作为贵州省第一名山的梵净山虽有较高的声誉，但其森林康养旅游品牌的知名度尚未打响，宣传和推广活动未能及时跟上。游客对于其印象依然停留在以往以蘑菇石、万卷书、云海佛光、弥勒大佛等景点为代表的山地旅游目的地上。

（2）与佛教文化结合度不够

梵净山因生态和人文的双重资源优势，在国内森林康养旅游市场有着独特的发展路径，但两种元素的结合度不高，以佛教文化为核心的森林康养资源并未被充分挖掘，潜力还没有完全发挥。

（3）森林康养旅游人才缺乏

景区原来的工作人员多以林业人员和当地居民为主，在受教育程度、知识结构和视野上均处于较低水平，服务内容还停留在以往的观光旅游层面，而康养旅游对于服务要求较高，目前的人才情况无法适应发展需要。

（4）旅游设施和产品开发不足

景区基础设施不足，缺乏支撑休闲娱乐、康体养生的硬件设施，严重影响游客接待能力。在产品开发上也稍显乏力，没有能够突出特色的旅游产品，产品研发未形成完整体系。

3. 梵净山森林康养旅游开发的机遇

（1）市场潜力巨大

我国老年人群体逐年增加，以其为主要客源目标的康养旅游市场空间极大。同时，亚健康状态人群的增多，让人们的保健意识增强，大健康理念开始崛起，居民更倾向于选择有助于健康的休闲旅游方式。森林康养旅游现成为国内旅游市场一颗冉冉升起的新星，极具生命力和发展潜力。梵净山森林康养基地位于梵净山自然保护区，风景秀丽、气候宜人，目前正处于发展的黄金时期，必须抓住发展森林康养旅游的机会，转变过去观光游览景点方式，升级产业模式，不再以“门票经济”为主要收益来源。

（2）国家和地方政府大力支持

《“健康中国2030”规划纲要》的发布，为森林康养旅游的发展提供了指导。其中提到要大力促进健康产业发展，实现康养与旅游等领域的融合。目前，贵州省在全国范围内已率先完成全省森林康养规划和标准的编制，省政府自2016年起连续三年安排专项财政资金支持产业发展，推动全省森林康养事业规范化运行。截至2019年10月，全省国家级森林康养试点基地已达到38个。近年铜仁也以“梵天净土，桃源铜仁”为发展目标，积极探索以大健康产业为引领的生态旅游，将梵净山打造成为生态旅游地。

（3）景区处在旅游生命发展时期

2018年是梵净山景区发展史上浓墨重彩的一年，7月，保护区成功申遗，成为我国第13处世界自然遗产，10月，完成5A级景区授牌，连续的产品升级，使得前去旅游的人数呈几何倍增长。在美国《国家地理》杂志的评选中，梵净山景区成为我国唯一入选的2019年全球最值得到访的28个旅游目的地之一。梵净山旅游登上发展新高地，迎来旅游地生命周期的发展时期。

4. 梵净山森林康养旅游开发的挑战

（1）同类型康养基地之间的竞争

森林康养旅游因能够将保护生态环境、发展旅游和改变林业经济模式三者完美结合，有着巨大的市场潜力，全国各省市都竞相发展。梵净山面临与周边同类型景区和国内其他拥有佛教文化的康养基地的竞争。同处于武陵山脉地区的张家界森林公园距离梵净山仅 400 公里，是湖南省重点打造的森林康养基地，现已形成全国规模最大、设施最齐的森林旅游区，早在 1982 年就被评为中国第一个森林公园，旅游积淀更为深厚。四川省于国内最早出台森林康养产业发展和基地建设标准，森林康养旅游相较于贵州省有着更成熟的理论和实践经验。此外，国内五大佛教名山中，峨眉山和普陀山均已开始跟随新型旅游趋势，发展以佛教文化为核心的康养旅游。梵净山与之相比起步晚，发展还不够成熟。

（2）生态环境保护的压力加大

生态资源的独特性和丰富性是梵净山开展森林康养旅游的重要条件，而开展旅游活动势必会对其生态资源产生一定的负面影响，甚至是造成不可弥补的损害。森林康养活动不可避免地造成污染，影响环境质量，大量游客进入保护区开展康养活动，如若超过资源承载力时将对梵净山的自然生态资源带来不可逆转的破坏，生态环境保护的挑战比较严峻。

（二）梵净山森林康养旅游开发的目标及原则

1. 梵净山森林康养旅游开发的意义

森林环境的治愈功能让走进其中的人卸下疲惫，放松身心，我国《黄帝内经》中也早有“上医治未病”的说法，而森林对于现代人的各种心理疾病和慢性病等都有显著治疗效果，是一所天然的优质“疗养院”。世界上很多国家都已把森林康养作为一项国民福利，纳入国民医疗保障。

森林康养旅游有着巨大的市场潜力，可成为林业提质增效和旅游产业升级的新引擎，拉动地方经济增长。梵净山所处的江口县在 2018 年才刚刚退出全国贫困县之列，其旺盛的市场需求在旅游扶贫的背景下可以为当地带来持续的高效收益。同时，森林康养旅游是集医疗、旅游、教育、养老等产业为一体的新兴业态，可拉动大量的就业人数，减轻就业压力。

2. 梵净山森林康养旅游开发的目标

依托梵净山的武陵之巅和大生态健康资源优势，以森林康养为核心功能，打造集佛教文化、康养度假、山水观光、民族风情于一体的国际森林康养旅游目的地。

（1）梵净山森林康养旅游开发的原则

1）可持续发展

从《2018年中国·梵净山生态养生指数报告》来看，2017年梵净山的生态养生指数为274.1，与2012年相比增长率超过135%，说明当地政府始终秉承“生态保护大于旅游开发”的理念，承担梵净山作为“地球基因库”的使命，认可生态价值比旅游开发带来的经济价值更重要，保护梵净山的资源环境不受到破坏。

梵净山的森林康养旅游开发应遵循以保护为前提，保护与开发同步进行的可持续发展原则。在尽量不破坏当地生态资源的前提下，结合森林环境的资源承载力进行综合规划，科学合理地开发旅游资源。在进行功能性区域及设施开发时，必须将可持续发展原则放在第一位，积极践行生态发展模式。

2）深度体验

森林康养旅游作为一种新型旅游形式，比其他旅游形式更加关注“以人为本”的理念，注重游客的感受与体验。与传统的景区观光游览方式相比，森林康养旅游需提高游客在景区内的停留时间和重游率，建立自然生态环境、当地佛教文化、少数民族文化和游客之间的情感共鸣，整合旅游资源，升级梵净山的森林康养旅游开发理念，打造游客可以轻松参与且能留下美好体验的深度旅游产品。

3）品牌特色化

现全国各地的森林康养旅游正开展得如火如荼，容易出现同质化的问题。梵净山必须依据自身现有的资源条件，将资源优势与森林康养旅游相结合，走出一条独具特色的森林康养旅游发展模式。

梵净山发展森林康养旅游要因地制宜，有针对性地开发挖掘资源，在与同类型的康养基地竞争中，强调地域文化，突出生态资源和佛教文化相

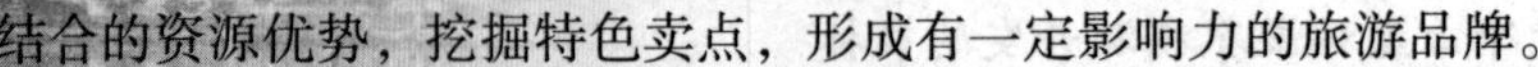

结合的资源优势，挖掘特色卖点，形成有一定影响力的旅游品牌。

（2）梵净山森林康养旅游市场需求分析与开发定位

1）市场需求分析

根据319份问卷调查结果，前去梵净山旅游的游客以18~35岁的中青年群体为主，比例占总人数的69.59%，有83.7%的游客都是来自贵州省内，大专或本科学历人数达265人，占83.07%，普遍受教育程度较高。受访者都十分认可森林康养会给人带来益处，其中认可其能放松身心，缓解精神压力的占比最高。同时在列出的游客希望未来梵净山康养可以推出的森林康养项目，如森林康养科普宣教、森林康养饮食等选项中，每一项的选择率都超过50%，说明梵净山目前的森林康养产品开发相对滞后。

现代社会人们追求自我，在旅游活动中表现为多元化的服务要求。游客对于森林康养有不一样的需求，有的是为了放松身心，有的是为了医疗保健，有的是为了增强体质，因此需设置可满足不同游客需求的森林康养产品及服务。中老年游客因体力限制和对于养生的需求，多选择森林保健和休闲等康养项目，年轻人更希望到森林中开展探险、森林徒步等健身项目，而以家庭为单位的游客团体则更倾向于森林的科普教育作用。

针对以上不同的森林康养旅游需求，可开发森林游览型、森林运动型、森林教育型、森林疗养型等类型的项目，比如森林瑜伽、山地自行车、森林康养科普宣教、森林养生食疗和森林辅助医疗等。

2）开发定位

旅游形象是旅游地传递给游客的认知和印象，是建立旅游品牌的基础，明确旅游地形象定位，可充分发挥资源优势，形成旅游吸引力。

梵净山森林康养旅游有着国内最为丰富、优质的生态资源和独特的佛教文化，奠定了坚实的开发基础，应主打“生态+佛教文化”，打造国内著名的“以生态环境为引领，佛教文化为核心”的森林康养综合体，将自然生态与运动休闲、食疗养生、保健养颜、教育科普、佛教养心等进行巧妙结合，构建具有浓郁地方特色的产品体系。

（三）梵净山森林康养旅游开发对策

1. 深挖优势资源，形成特色康养产品

在食住行游娱购六个旅游要素中，购买产品可以给游客增添旅游乐趣，也是旅游地提高收益的重要手段。开发森林康养旅游产品应做好前期规划，从市场调研开始，科学分析市场特征和游客需求，实现产品体系与目标群体不同需求的深度融合。随后基于市场调研分析结果，充分挖掘其独特的生态资源和人文资源，依据森林康养内涵，研发具有明显地域特色的旅游产品及服务。

因地制宜地构建梵净山森林康养旅游独具特色且相对完善的产品和服务体系，在开发中逐步提升森林康养旅游产品的市场吸引力，为不同类型的游客推出满足其各类需求的旅游产品。在与周边地区同类型康养基地的竞争中保持特色，依托后发优势抢占市场份额。以健康理论为主线，突出森林生态旅游和区域文化内涵优势，从森林游览、森林体验、森林疗养、森林饮食和森林科普教育五个方面着手，打造环梵净山区域森林康养旅游产品服务体系。

（1）森林游览

人们利用闲余时间到梵净山进行休闲，只为用最轻松的旅游形式实现压力的释放。以森林自身独特的景观和丰富的动植物资源为主体，让游客置身于大自然中，欣赏自然风光和宗教寺庙，进行植物观赏、景点游览等活动。这种类型的旅游产品类似于传统的旅游形式，但不同的是必须以健康理念为主线，侧重于让游客获得身心愉悦的美好体验。

（2）森林体验

康养旅游相较于其他旅游方式节奏更为缓慢，更注重旅游过程中的体验感，可利用优越的森林资源环境，将康养与休闲相结合，开发参与体验度较高的项目，如避暑休闲，康养度假，养心拜佛等。

铜仁市依托武陵之巅和生态资源优势，已先后建成了国家级森林康养基地、江口梵净东麓森林康养基地、省级森林康养基地、江口净云森林康养基地。同时，通过环梵净山旅游线路，对周边重要的旅游地进行组合式开发，打造一个以康养度假为核心功能，集精品自驾、生态养生、山水休闲于一体的精品山地自驾旅游环线。接下来，还可以从佛教文化、少数民族文化等方面入手，开发朝拜修行类、民族风情类以及其他森林体验类产品，如森林浴、森林漫步、佛教文化体验等，丰富产品形式及层次，达到满足游客对于修身养性和深度体验的需求。

(3) 森林疗养

森林疗养主要是为了预防疾病，保持和维护人体健康，治疗慢性疾病，给身体和心理带来良性效应，因此必须与现代医学相结合，利用森林的优质资源对游客进行辅助性治疗。

为保证游客对于梵净山康养环境的信赖感，需实现生态资源指标可视化，将空气负氧离子浓度、PM 2.5 指数、湿度等生态环境指数每日以定量观测的方式进行公开。在《江口县 2019—2028 年城市规划》中，将依托梵净山国家级自然保护区的生态资源，打造环梵净山地区的六大康养度假群落——闵孝河国际生态乡村度假谷、骆象禅茶养生度假群落、太平国际康养小镇、寨抱康养度假村、怒溪古寨民宿度假群落、鱼粮溪乡村度假群落。利用现有的康养设施，分步打造康养旅游产品体系，可开发空气罐头，建设森林步道，与医疗机构合作，引入高端森林疗养院和养老服务机构，开展医疗辅助性治疗和健康管理服务等，有效满足有疗养需求的人群需求。

(4) 森林饮食

饮食是康养活动中不可或缺的重要一环，近年铜仁市发展大健康产业，依托保存良好的生态环境和丰富的中药材资源优势，积极扶持农业发展，重点依靠闵孝现代高效农业示范园区，大力发展生态茶叶、生态油茶、精品水果、中药材等现代山地特色农业产业。有萝卜猪、肉羊、生态鸡，双孢菇、竹荪等有机绿色食品，有少数民族的特色美食，如社饭、粉蒸肉、油茶等，还有获得第十七届上海茶文化节金奖的梵净山翠峰茶。

同时，铜仁市作为全国药材主要生产区，灵芝、猴头菇等名贵中药材十分丰富，现已建成贵州省第一个医药物流园：武陵山现代医药物流园。全市有无公害农产品专业合作社 141 个，农产品地理标志认证企业 7 家，后期规划中药材种植面积要达到 1000 公顷。梵净山可依托铜仁市食材资源，以茶叶、有机农产品和名贵中药材为抓手，投入开发绿色食材、药膳、茶叶、保健品等康养产品。

(5) 森林科普教育

梵净山是动植物资源宝库，生物多样性极高，可以依托丰富的森林资源环境开展大自然科普教育。目前，梵净山自然保护区建有省级科普教育基地、铜仁市林业局学习教育基地、中小学社会实践基地等科普性、公益性基地，每年均有大量的社会活动在梵净山一带举办，如以“生态文明”教育为主题的夏令营活动。但是，因设施陈旧，活动缺乏创新性，科普基地的实际使用并未达到预期效果。

应以建立梵净山动植物博物馆的方式普及相关领域的知识，利用生物标本或亲子农场的形式，寓教于乐，吸引热衷于研学旅游的游客及家庭。另外，还可以建设动植物种植基地，用于珍稀植物的保护和繁育，同时还能够进行生物多样性的研究和观赏。

2. 增强基地建设力度，完善服务体系

景点旅游设施不完善将直接影响到其接待能力，阻碍进一步发展。梵净山康养旅游地位于高山地区，资源珍贵生态脆弱，基础设施的建设务必以康养理念为主，按照科学规划、分步提升的原则构建设施体系。

目前，梵净山每年都有野外探险、丛林徒步、“爱鸟周”等户外活动，但由于现有的基础设施较简陋，比如缺乏森林动植物的科普宣传设施和疗养硬件设施，很多有针对性和有特色的活动开展存在困难。需依托丰富的森林资源和优质的生态条件，充分调研游客需求，完善基础设施建设和森林康养旅游产品的开发。

在不破坏景区生态环境的前提下，将现有的周边配套基础设施进行升级，细化基础建设。如结合健康理论，提高指示牌、导游牌的可读性；依据游客的不同需求，合理设计森林步道并进行类别区分，在入口处即标明步道相关信息，将长度、坡度、沿途风景、消耗卡路里量、相关提示等进行展示，让游客可以根据指示信息进行适宜的项目选择；结合健康理论，打造特色餐饮和住宿，以及具有疗养功能的康复中心、养生酒店等；升级交通设施，提升游客进出的便利性。游客进入梵净山多以自驾方式为主，还需科学合理地建设停车场地等交通配套设施；完善景区沿途公共设施，设置休息座椅、直饮水、公厕、公交车站、急救点等，提升游客的体验感；根据游客的现状和个人需求进行长期性个性化的私人定制，在每一处细节都尽量体现健康、绿色、养生的康养理念，打造精准化服务体系。

3. 积极营销，打造品牌

对梵净山的旅游市场进行深入调查研究，可有效避免因市场信息不准确而带来的决策失误，在此基础上做出科学的市场预测。充分利用旅游网站、广播电视、微博、搜索引擎、旅行社、旅游协会等各种线上线下的传播媒介，借助森林康养旅游推介会、生态文明与佛教文化论坛等形式多样的项目活动，开展多渠道旅游宣传，强化其“生态疗养资源+佛教文化”品牌定位。针对目标客源地市场，进行目标人群的精准宣传和差异化宣传，吸引游客进行森林康养体验。

整合营销渠道，以成立专门的营销团队和加入国内森林康养产业联盟的方式，构建梵净山的森林康养营销体系，重点开展广告营销，依据科学规划进行市场营销。利用贵州省的大数据优势，收集目标群体的旅游数据，积极挖掘游客的康养旅游需求和对梵净山的旅游反馈，开展互联网营销、自媒体营销，构建网络营销体系，提高品牌的知名度和影响力。可通过与康养相关的网络论坛和驴友、研学等目标群体的网络社区、微信群、旅游网站等开展话题讨论及梵净山品牌植入，达到精准营销的目的。

4. 实现区域联动

国内关于森林康养旅游的理论和实践均处于起步阶段，每个基地的发展都面临没有成熟理论的支撑和开发经验缺乏的困境。作为一种新兴旅游形式，森林康养和过去的传统旅游相比有很大的不同点，即更加注重游客的重游率和旅游过程中的体验。因此，以“政府主导，市场推动”的方式实现行业和区域的联动，具有现实意义。

地方政府应把发展森林康养旅游作为政府部门的重点工作，统筹行政区域内相关部门，如林业、旅游、卫生、医疗、高等院校等，畅通开发渠道，形成发展合力，提升发展速度。铜仁近年来着力打造“环梵净山金三角”文化旅游圈，整合区域内的旅游资源，将境内景区景点串联，展示自然景观生态美和少数民族风俗美，实现区域协同发展。同时，充分利用区位优势，通过实施全域旅游体制改革，不断打破体制机制壁垒，建立市场网络化系统。不仅建立县级乃至地市的网络化联系，还建立省际联系。

2016年，梵净山联手湖南张家界、凤凰古城共建“大武陵”文化旅游区，实现客源互送，铜仁机场原名“铜仁大兴机场”，为加强黔东与湘西之间的旅游协作，现已改名为“铜仁凤凰机场”。

优化市场投资环境，引进具有投资实力和高新技术的企业及科研机构，以市场为主导，充分调动市场因素，如通过带头企业，在行业内以成立森林康养旅游协会等途径加强对康养基地的专业化指导和管理，推动梵净山森林康养旅游沿着科学有效的轨道运行。

5. 加大专业人才培养与引进

森林康养旅游涵盖林业、旅游、教育、大健康、养老等诸多领域，作为一个融合多学科、涉及多领域的新兴业态，工作人员应该具有森林康养旅游相关的知识和技能。而当前梵净山森林康养旅游基地的服务人才相当匮乏，基本是景区原来的人员，处于“一套人马，两块招牌”的状态，并未根据其发展需求建立专门的人才队伍。人才作为在旅游活动中体现专业性和个性化服务的重要因素，是开发森林康养旅游必不可少的，专业人才的匮乏将直接制约梵净山森林康养旅游的发展壮大。需依据科学规划，制定人才需求量和专业类型，尽快制定人才建设指导性文件，采用对内培养和向外引进相结合的方式充实专业人才队伍。

首先，加强对现有人员的培训。为保证森林康养旅游项目服务的专业性和规范性，对景区现有从业人员开展业务培训，从森林康养旅游涵盖的各个方面着手，进行有计划、有步骤的人才培育，全面增强人员素质。

其次，向高校或科研单位招收森林康养所需的专业人才，吸收旅游、林业、营销、医疗等不同学科专业的人才，提高综合管理服务水平。目前贵州省内有很多高校开设了森林旅游的相关课程，贵州医科大学、铜仁学院、贵州林校已开设了森林康养专业，此外还有贵州健康职业学院和正在筹建的贵州生态职业技术学院，也都是与森林康养旅游关系紧密的专业院校。同时，还可以加强与省内省外相关专业院校的合作，以“订单式”培训和招聘、引进等方式充实专业人才队伍，多渠道并行，引育结合，搭建人才队伍。

第二节 海南三亚南山太极文化旅游案例

2017 年 10 月 18 日，习近平总书记在十九大报告中明确提出了健康中国的发展战略，指出人民健康是民族昌盛和国家富强的重要标志。太极拳是中华民族优秀文化遗产，具有突出的健康身心作用，也被称为“世界第一健康方式”。三亚南山第四届世界太极文化旅游节于 2019 年 10 月 26—30 日在南山文化旅游区成功举办。此次活动以“弘扬中华太极文化，促进人类身心健康”为宗旨，开展丰富多彩并极具内涵的太极文化、太极拳比赛、太极名家讲坛、太极拳表演及景区旅游等活动，吸引了来自 36 个国家和地区的近 300 位太极名家、太极冠军、各流派传人和 2000 余名参赛选手，以及两万多太极拳及太极文化爱好者。

作为中国首批 5A 级景区，三亚南山文化旅游区的空气质量和海水质量居全国首位，森林覆盖率为 97%，是一座展示中国佛教传统文化的国家重点风景名胜区。海南省旅游景区协会数据显示南山景区在 2017 年游客接待量已突破 551 万人次，为海南岛之最。同时它又是世界太极文化节的永久举办地，通过举办盛大的太极拳赛事，吸引了来自世界各地的太极拳爱好者和运动员。

一、国内外太极文化旅游发展现状

（一）太极拳文化旅游在国外的发展现状

国际上对于体育文化旅游相关的研究历史悠久，20 世纪 80 年代体育旅游快速发展成果颇丰，但研究主要集中在诸如奥林匹克运动会、国际足联世界杯、美国职业篮球联赛等大型体育文化旅游方面。由于太极拳是以中国传统儒家、道家哲学中的太极、阴阳辩证理念为核心思想，结合易学的阴阳五行之变化、中医经络学、古代的导引术和吐纳术形成的一种中国传统拳术，因此国外对于太极拳文化旅游的研究几乎为零。有一篇相关的论文是通过对日本和歌山县的太极研究，提出了一个富有想象力的旅游重点战略：在那里创造一个基于独特的传统与可持续的未来的旅游事件。另外，有巴西的学者研究太极拳及其形体表达、理疗养生对中老年人生活质量的影响。

虽然近年来国际上对太极拳以及太极文化的研究日益增多，但主要集中在历史文化、哲学、医疗卫生和健康等领域。

三亚南山世界太极文化旅游节全年活动之一的“中日太极名家交流对话会”在日本东京举行，中国和日本的太极拳名家及太极拳爱好者一起切磋交流，表演了精彩的拳术。澳大利亚武术协会、澳大利亚东武太极联盟、德国柏林文武学校、加拿大基宏武术太极拳学院、日本国际慧丹养生学会、英国德印太极文化学院等各国太极拳协会、培训机构还积极组织世界太极拳交流大赛并到世界各地参赛交流。

（二）太极拳文化旅游在国内发展的研究现状

中国的体育旅游兴起于 1994 年（贾健等，2012），而西方国家发展体育旅游比我国早了二十多年，无论是体育旅游的类型、发展模式还是发展规模和发展程度都远超我们。体育旅游是人们以参与或观看体育运动为目的，或以体育为主要内容的一种旅游活动（闵健，2002）。三亚南山通过举办太极功夫交流大赛、太极英雄擂总决赛和太极功夫名家精英演武会等体育赛事，发挥其旅游主体功能，可以快速提升三亚南山的旅游影响力，丰富三亚南山文化旅游区的旅游活动，推动三亚的旅游业健康和可持续发展。大型体育赛事由于规模大、参赛人数多、媒体覆盖面广、公共财政参与度高、经济拉动效应大等特征，作为一种独特且稀缺的资源，越发引起全世界的关注（王兵，2019）。而对于太极拳文化旅游却鲜有人研究，国内对太极拳的研究主要集中在历史沿革、拳法套路、哲学思想以及文化产业研究等方面。

二、三亚南山世界太极文化旅游节发展历史

三亚南山文化旅游区原本是旅游资源非优区（罗艳菊，2002），是

一个生态环境受到严重破坏、默默无闻的小渔村，旅游资源较为缺乏，品位较低，发展旅游没有绝对优势，对游客吸引力小。但通过多年对旅游区进行整体科学合理的规划、设计和开发，深入挖掘南山福寿文化内涵，发挥自身比较优势，如今已成为海南面积最大的5A级风景名胜区，是世界太极文化旅游节的永久会址，被评为“最佳太极游学目的地”，并在2019年举办第四届时将“世界太极文化节”升级为“世界太极文化旅游节”。

2016年首届世界太极文化节于4月8—12日在三亚南山文化旅游区举行，主题为“健康长寿，生命智慧”，着力将其打造为具有世界影响力的中国太极文化品牌，并突出其文化性、传统性与学术性。在太极文化节举办期间，南山景区还面向所有市民游客推出以“游三亚南山，品太极文化”为主题的“三亚南山太极文化周”活动，让所有爱好太极、爱好养生的人有机会进一步了解太极文化、感悟太极文化，深度体验中华生命智慧的文明成果。“游南山，品太极”的文化周活动将会一直延续下去。文化节还将传统与现代紧密结合，充分运用互联网手段，举办中国首个“互联网+太极文化活动”，多项系列活动内容贯穿互联网络，特别是融入移动新媒体元素，实现线上线下互动，使得传统经典文化焕发崭新时代活力。

三亚南山第二届世界太极文化节于2017年9月22—26日成功举办，旨在“弘扬中华太极文化、促进人类身心健康”，以“生命智慧、健康旅游，传承发展、大美太极”为主题，由文论和武论两部分组成，将太极文化和全民健身及养生旅游结合在一起，以拳会友，问道竞技，打造“体育+旅游”的特色精品文化活动。

2018年9月15—18日，三亚南山第三届世界太极文化节盛大举行，以“生命智慧、继承发扬，健康旅游、产业发展”为主题，开创了别具特色的“世界太极红毯仪式”，来自世界各国的代表们，身穿本国、本民族服装，激情洋溢地行走在南山观音大道的红毯上，尽情展现太极健康风采。本次文化节新举办了太极功夫精英大奖赛、太极名家纪念研讨会、太极明星见面会等活动，尤其是在文化节期间举行了孙剑云、傅钟文、陈发科等一代武学大师的纪念研讨活动，引起了强烈反响。

第四届世界太极文化旅游节以“生命智慧、继承发扬，健康旅游、产业发展”为主题，以“弘扬中华太极文化、促进人类身心健康”为宗旨，把太极文化和全民健身及养生旅游结合在一起。文化节内容包括开幕式、新中国七十年太极拳发展成果展、太极功夫交流大赛、太极英雄擂“王中王”决赛、太极旅游峰会与论坛、世界太极导师大讲堂、“佛学与太极文化”世界太极圆桌会议、太极名家走进三亚校园、闭幕晚会与颁奖盛典等十多项活动。活动的内容、形式和规模都在前三届的基础上加以创新和提升，加强了活动的国际化、全域化与旅游化特色，突出文化旅游性，弘扬传统文化，助力健康中国，向新中国成立70周年献礼。

三、三亚南山太极文化旅游问卷调查

课题组通过2019年10月26—30日为期五天的对海南三亚南山太极拳赛事举办地南山风景区的实地调研，完成了以调查三亚南山太极拳赛事旅游发展现状为主题的重点访问和问卷调查。此次问卷调查和深度访谈深入了解参与世界太极文化旅游节的人对于太极拳赛事旅游的参与和感知情况。本次调查采用随机抽样走访调查方式，共进行500次访问，共收集问卷数据490份，有效问卷439份。问卷分为三部分：第一部分是受访者基本情况，第二部分是受访者对太极拳的认知情况，第三部分是受访者对世界太极文化旅游节的感知情况。

（一）受访者基本情况

分别见表5-1~表5-2，图5-1~图5-2。

表5-1　受访者性别占比

	男	女
频数（人）	204	235
占比（%）	46.47	53.53

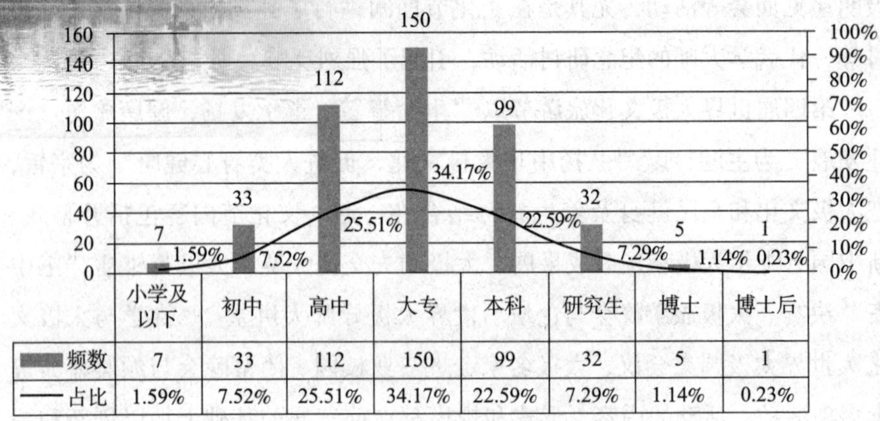

图 5-1　受访者学历

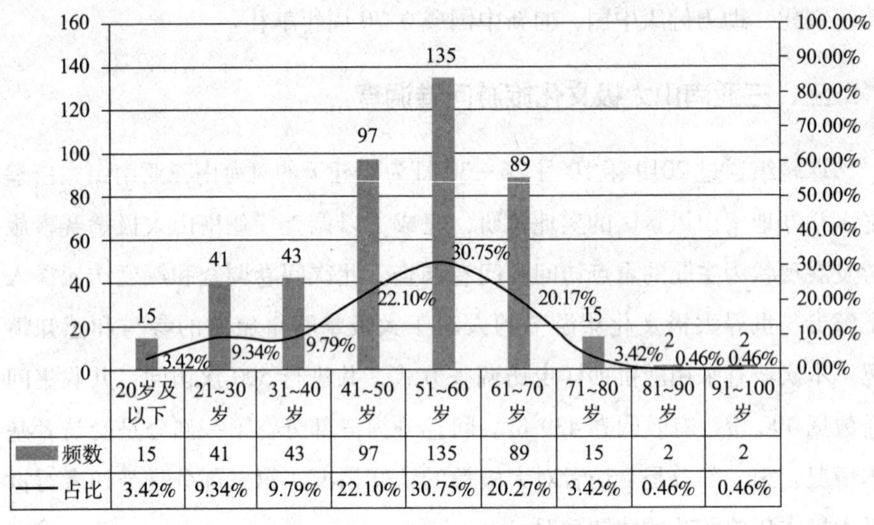

图 5-2　受访者年龄

表 5-2　受访者职业情况

	离退休人员	企业职工	事业单位	自由职业	个体职业	其他	企业高管	政府机关	学生	农民	待业
频数（人）	128	58	56	54	36	29	24	24	22	7	1
占比（%）	29. 16	13. 21	12. 76	12. 3	8. 2	6. 61	5. 47	5. 47	5. 01	1. 59	0. 23

根据 439 名受访者基本情况的各频数，受访者中中国人 403 人（91. 80%），外国人 36 人（8. 20%），其中来自日本 11 人、美国 7 人、以

色列 6 人、欧洲 4 人、澳大利亚 4 人、新西兰 2 人、菲律宾 2 人。受访者当中男女比例为 46：54，女性略多于男性；年龄基本呈正态分布，51～60 岁占比最高，为 30.75%，41～70 岁的受访者占比超过 70%，并且有 2 名受访者（0.46%）年龄在“91～100 岁”；受过高等教育的受访者占比为 65.42%，受访者中还有一名来自日本的博士后；受访者中最多的是离退休人员（29.16%）、企业职工（13.21%）、事业单位人员（12.76%）和自由职业者（12.3%）。

综合第一部分受访者基本信息，从年龄和职业可知，受访者当中绝大部分是中老年人，具有一定的经济实力，且有充足的时间参与在三亚南山的太极拳赛事。从后续对基础信息数据的分析可以看出对受访者的访问与问卷极具参考价值。首先受访者来自中国各地乃至世界各地，对太极拳都有长时间的接触和了解，其中不乏太极研究学者。其次从调查拜访过程以及关于学历的数据上能看出受访者的受教育程度较高，具备对三亚南山太极拳赛事旅游发展情况以及太极文化旅游节进行独立评判的能力。另外性别和年龄分布相对均匀，能全面、深入地分析调查结果。

（二）受访者对太极拳的认知情况

在受访者练习的太极拳派别方面，439 份问卷调查结果显示，受访者练习最多的是“陈式”（46.01%）和“杨式”（40.09%），只有 11 名受访者（2.51%）不打太极拳，所以无门派。总体看来，部分受访者并不拘泥于一种太极拳，其中不乏太极传承人练习两种派别的太极拳，这充分体现了太极文化包容的特性。但很少有人练习三种及以上派别的太极拳，说明打太极拳也要求专和精（见表 5-3）。

表 5-3　受访者练习的太极拳派别情况

	陈式	杨式	其他门派	孙氏	吴式	武当太极	无	武式	和式
频数（人）	202	176	70	44	35	18	11	8	6
占比（%）	46.01	40.09	15.95	10.02	7.97	4.10	2.51	1.82	1.37

关于受访者是如何学习太极拳方面，调查结果显示，大部分受访者都是通过“拜师学习”，也不乏通过参加太极培训班和通过“跟朋友学习”

打太极拳的人。三亚南山全年都会由不同太极拳名家或老师开设太极拳及太极文化培训班，作为世界太极拳网评选出的“最佳太极游学目的地”，未来能够吸引越来越多的太极拳及太极文化爱好者过来培训学习，为当地的旅游业和经济发展助力（见图5-3）。

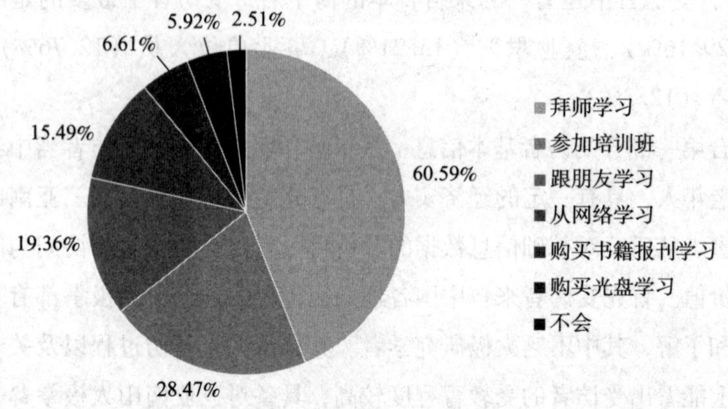

图5-3　受访者学习太极拳途径

从受访者打太极拳的频率以及每次打太极拳的时间的问卷调查结果显示（见表5-4、图5-4），大部分受访者（61.73%）“每天”打太极拳，可见来参加这次太极文化旅游节的人都是太极拳的爱好者，并且把打太极拳当作自己生活的一部分。有超过70%的受访者表示每次打1~4小时太极拳，由上述调查结果可见，打太极拳越频繁的人，他们每次打太极拳的时间也越长。

在受访者对太极拳的了解程度方面，439份问卷调查结果显示，92名受访者（20.96%）表示对太极拳“很了解”；173名受访者（39.41%）表示对太极拳“了解”；129名受访者（29.38%）表示对太极拳了解程度“一般”；32名受访者（7.29%）表示对太极拳“不太了解”；13名受访者（2.96%）表示对太极拳“不了解”（见表5-5）。由上述调查结果可见，每天打太极拳和每次打6或8小时的人，有超过一半的认为自己很了解太极拳。并且太极拳打得越频繁，打得时间越久的人，认为自己对太极拳越了解。另外根据访谈和在做问卷调查过程中，发现有一些太极拳名家大师、太极传承人、体育学校太极拳学生虽然太极拳功夫已经很不错，但还是认为自己对太极拳了解程度“一般”甚至自谦说“不太了解”，依然勤学苦练，不断求知进取。

表 5-4　受访者打太极拳频率

	每天	每周 3~5 次	周末	节假日	不确定	不打
频数（人）	271	72	26	7	30	33
占比（%）	61.73	16.40	5.92	1.59	6.83	7.52

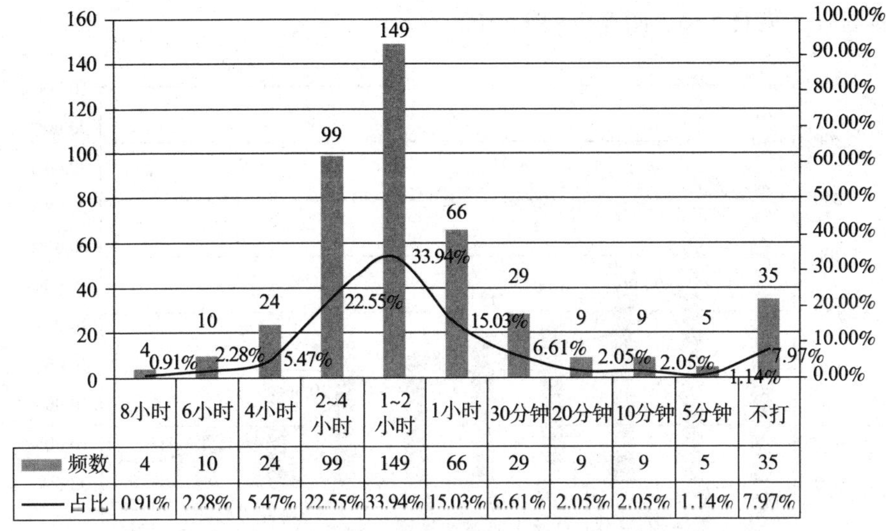

图 5-4　受访者每次打太极拳的时间

表 5-5　受访者对太极拳的了解程度

	很了解	了解	一般	不太了解	不了解
频数（人）	92	173	129	32	13
占比（%）	20.96	39.41	29.38	7.29	2.96

在受访者学习太极拳的目的方面，调查结果显示，最主要的原因是为了“强身健体”（69.02%）和“修身养性”（50.80%），还有 38.50%的受访者是为了“学习太极文化”；34.85%的受访者是为了“心情舒畅”；29.84%的受访者是因为“喜欢武术”，还有“结交朋友”“休闲娱乐”“防身”“其他”等目的；只有 22 名受访者（5.01%）把太极拳作为“谋

生手段”。在受访者认为练太极拳与身体健康的关系方面，调查结果显示，49 名受访者（11.16%）表示打太极拳对身体健康“很有用”；351 名受访者（79.95%）表示“有用”；36 名受访者（8.20%）表示“有点用”；3 名受访者（0.68%）表示“不确定”；0 名受访者选择“没有用”。在受访者认为太极拳对哪些病痛有治疗效果方面，75.85%的受访者认为打太极拳对“慢性病”有治疗效果；还有超过半数的受访者认为对治疗“三高”有效，这说明受访者相信打太极拳能够治疗多种病症。虽然有的受访者打太极拳的目的有好多个，但作为世界健康运动之一，练习太极拳能够促进身体健康（见表 5-6、图 5-5~图 5-6）。

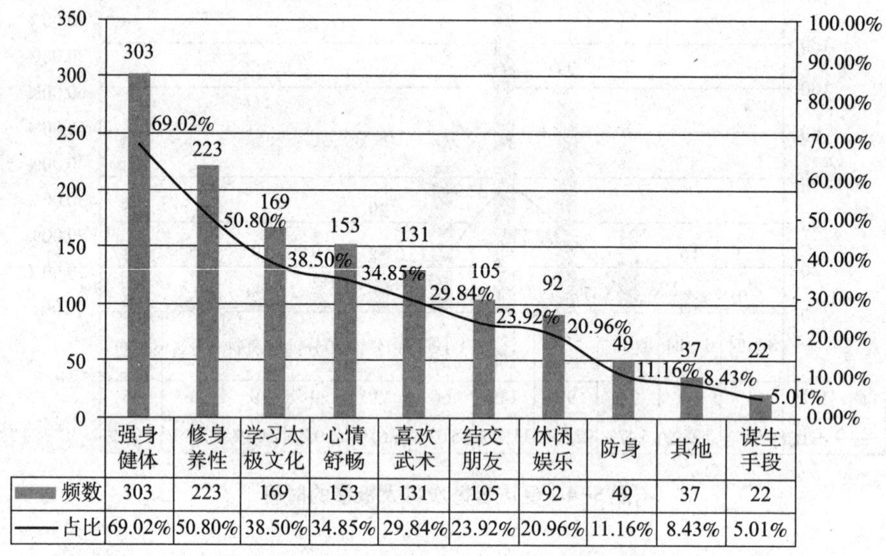

	强身健体	修身养性	学习太极文化	心情舒畅	喜欢武术	结交朋友	休闲娱乐	防身	其他	谋生手段
频数	303	223	169	153	131	105	92	49	37	22
占比	69.02%	50.80%	38.50%	34.85%	29.84%	23.92%	20.96%	11.16%	8.43%	5.01%

图 5-5 受访者学习太极拳的目的

表 5-6 受访者认为练太极拳与身体健康的关系

	很有用	有用	有点用	不确定	没有用
频数（人）	49	351	36	3	0
占比（%）	11.16	79.95	8.20	0.68	0

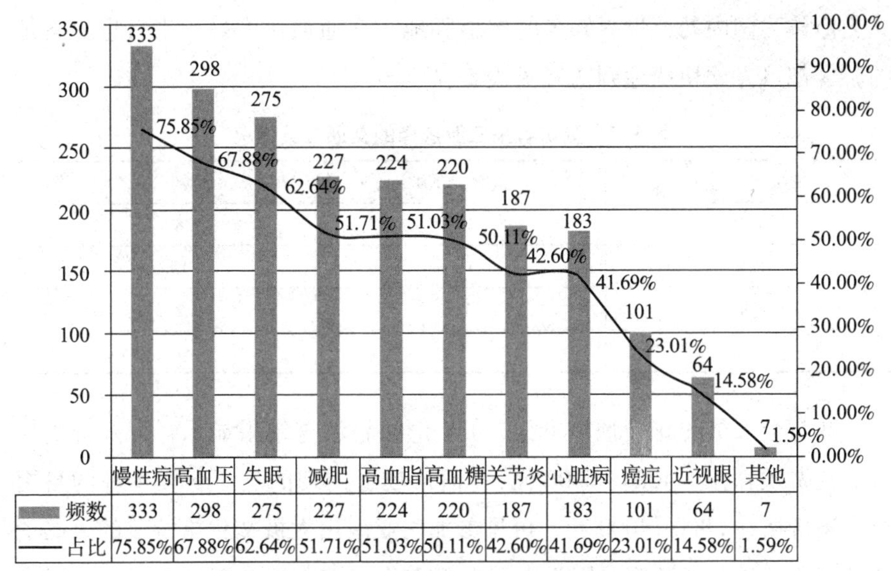

图 5-6　受访者认为太极拳对哪些病痛有治疗效果

（三）受访者对世界太极文化旅游节的感知情况

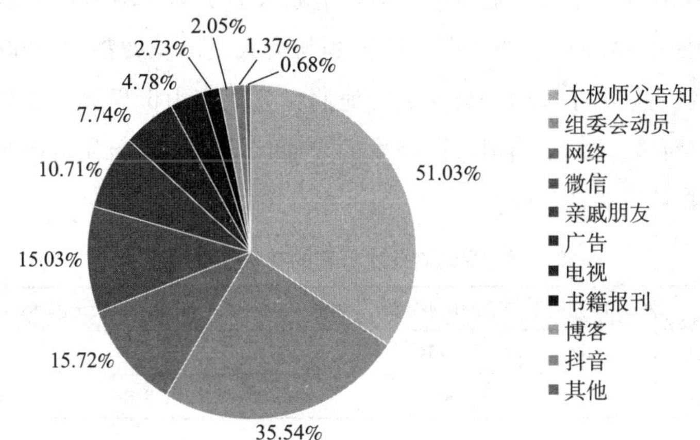

图 5-7　受访者通过何种渠道知道本次太极文化旅游节

在与会人员选择的到达三亚的交通工具方面，439 份问卷调查结果显示，385 名受访者（87.7%）选择“飞机”，并且外国的与会人员 100%选择“飞机”这一交通工具；67 名受访者（15.26%）选择海南环岛“高铁”，只有少部分人选择轮船或汽车。虽然前往三亚的交通工具选择较单一，但作为国内乃至世界知名的旅游胜地，交通通达度好，来自世界各地的游客都可方便快捷地到达（见表5-7）。

表5-7 受访者来三亚选择的交通工具情况

选项（多选）	人数（人）	比例（%）
飞机	385	87.7
高铁	67	15.26
轮船	10	2.28
汽车	5	1.14

在与会人员的花费预算方面，439份问卷调查结果显示，大部分受访者的花费预算在“4000~6000元”，而市场上同期的三亚5天4晚的自由行套餐价格在2000~4000元，可见参加三亚南山太极文化旅游节的人的消费预算要高于普通游客。因为本次太极文化旅游节的会期是5天，所以大部分的与会人员（85.19%）在三亚停留的时间都是5天，但还有14.81%的受访者表示他们在三亚停留的时间为15天左右。过夜天数越多，给当地带来的旅游收益也越多。通过交叉对比分析发现，41~70岁的人群消费能力要明显强于40岁以下的人群。外国的与会人员的花费都在8000元人民币以上，要明显高于国内与会人员。他们在三亚南山世界太极文化旅游节期间的消费有效拉动了当地旅游淡季的交通运输业、酒店住宿业和其他方面的经济收益（见表5-8）。

表5-8 受访者此次行程的花费预算情况

	2000元以下	2000~4000元	4000~6000元	6000~8000元	8000元以上
频数（人）	52	134	177	39	37
占比（%）	11.85	30.52	40.32	8.88	8.43

在与会人员参加第四届世界太极文化旅游节的目的方面，439份问卷调查结果显示，237名受访者（53.99%）的目的是“参加比赛”，人数最多。224名受访者（51.03%）的目的是“能够见到太极拳名家”；217名受访者（49.43%）的目的是“听名家讲课”；166名受访者（37.81%）的目的是“结交朋友”。但在问到与会人员参加太极拳比赛获奖是否重要方面，问卷调查结果显示，只有166名受访者（37.81%）

表示“重要”；大部分受访者表示“不重要”。这表明大部分受访者参加太极拳比赛的主要目的并不是获奖。这与奥运会、世界杯等体育赛事必须拿第一有明显的不同。主要目的是通过参加比赛来与各位名家大师、来自世界各地的优秀太极拳爱好者相互切磋，交流学习，提升自我，增长见识（见图 5-8）。

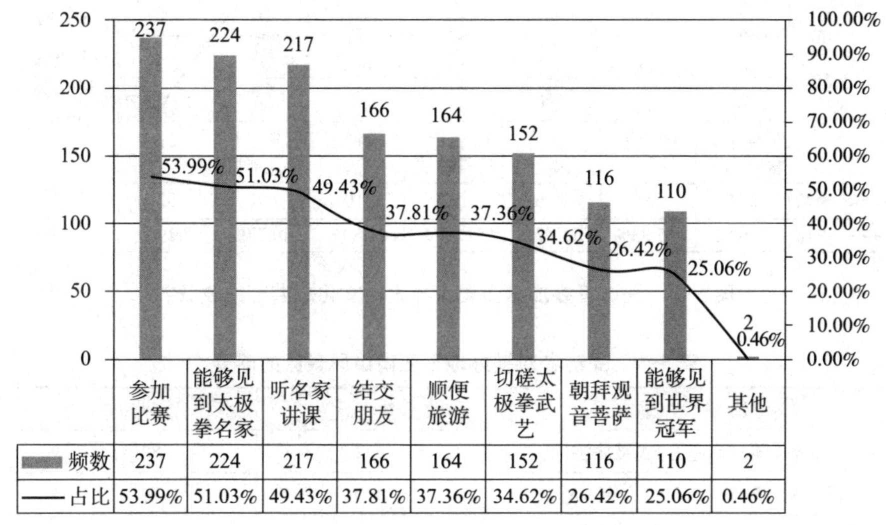

	参加比赛	能够见到太极拳名家	听名家讲课	结交朋友	顺便旅游	切磋太极拳武艺	朝拜观音菩萨	能够见到世界冠军	其他
频数	237	224	217	166	164	152	116	110	2
占比	53.99%	51.03%	49.43%	37.81%	37.36%	34.62%	26.42%	25.06%	0.46%

图 5-8　受访者参加第四届世界太极文化旅游节的目的

受访者中虽然只有 164 名受访者（37. 36%）表示其参会目的之一是“顺便旅游”，“朝拜观音菩萨”为目的的也只占 26. 42%。但是问到受访者参加第四届世界太极文化旅游节的收获是什么的时候，游览了风光占比高达 62. 87%，超过“参加了太极拳比赛”这一收获，朝拜了观音也占到了 47. 84%。这是因为与会人员对活动的举办地三亚南山风景区的感受普遍较好，超过 80%的人认为“环境优美”，喜欢南山风景区的优美风光。可见虽然很多人最初参加世界太极文化旅游节的目的以比赛、向太极名家学习太极拳、交流切磋为主要目的，但在参与太极拳赛事活动的过程中也都进行了观光旅游、宗教旅游和体育赛事旅游。并且有 65. 83%的人将结交了朋友作为收获之一，大大超出了预期（见图 5-9、表 5-9）。

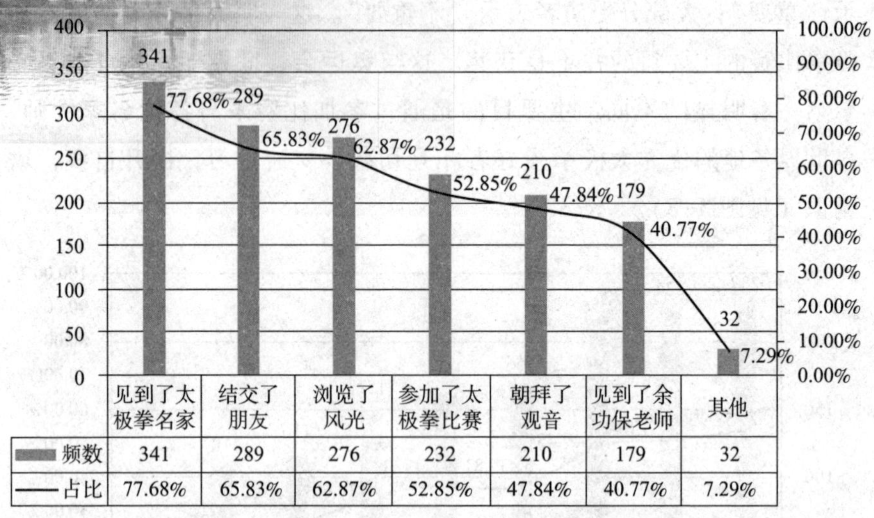

	见到了太极拳名家	结交了朋友	浏览了风光	参加了太极拳比赛	朝拜了观音	见到了余功保老师	其他
频数	341	289	276	232	210	179	32
占比	77.68%	65.83%	62.87%	52.85%	47.84%	40.77%	7.29%

图 5-9　受访者参加第四届世界太极文化旅游节的收获

表 5-9　受访者对举办地三亚南山风景区的感受

选项（多选）	人数（人）	比例（%）
环境优美，不愧为 5A 级旅游区	352	80. 18
南海观音雕塑雄伟壮丽，令人感叹	310	70. 62
在南山风景区的海边打太极拳很惬意	261	59. 45
南山风景区的观音佛教文化很吸引人	254	57. 86
南山风景区卫生干净	245	55. 81
喜欢去南山风景区海边散步	240	54. 67

439 份问卷调查结果显示，395 名受访者（89. 98%）认为参加太极拳比赛或参加太极文化旅游节是体育赛事旅游，只有 17 名受访者（3. 87%）认为这不是体育赛事旅游，另外有 27 名受访者（6. 15%）表示不确定。通过调查结果可见，到三亚南山来参加或观看太极拳比赛，参加三亚南山世界太极文化旅游节就是参与太极拳赛事旅游。

此次三亚南山第四届世界太极文化旅游节与会人员中的 439 名受访者中，55 人（12. 52%）参加过“第一届”；66 人（15. 03%）参加过“第二届”；80 人（18. 22%）参加过“第三届”。参加本届太极文化旅游节的与会者中，老顾客将近一半，说明顾客忠诚度较高，客户黏性大。调查结果表明本届太极文化旅游节的满意度较高，439 名受访者中 255 人（58.08%）表示很满意，基本满意的有 171 名（38.95%），只有 11 名受访者不太满意和 2 名受访者不满意，仅占 2.51%和 0.46%。

另外，调查结果还显示 439 名受访者中有 370 人（84.28%）会向周边的人推荐该文化旅游节，只有 11 名受访者（2.51%）表示不会推荐，还有 51 人（11.62%）未表态。调查结果说明三亚南山世界太极文化旅游节受到了广大与会人员的肯定，受访者的满意度高，大部分的受访者表示希望将来有机会继续来参加，参会人员规模也将持续扩大。

四、三亚南山太极拳文化旅游发展存在的问题

（一）三亚南山景区的酒店接待能力有限，配套设施需改善

三亚南山文化旅游区内仅有两家酒店：南山迎宾馆和南山休闲会馆。南山迎宾馆共有 16 栋汉唐风格的别墅，依山而建，共有 270 余间各式客房。南山休闲会馆拥有 5 种不同风格、7 种房态的客房共 234 间。两家酒店满房也无法接待所有与会人员，其他人员要住在景区外的三家不同酒店。嘉宾名家与参赛人员不住在一起，不利于晨练的交流学习，变成了只是和名家照几张相而已。有 26.65%的受访者表示对酒店的交通不满意，出租车难打，没有共享单车，离市区和景区远，交通不便。22.78%的人对酒店价格不满意，入住的酒店价格过高。也有 20.96%的人对酒店的方便性感到不满意，酒店及周边没有商店，买东西不方便。还有 16.86%的人对酒店的餐饮不满意，没能提供如素食、清真餐、民族饮食等的不同餐食。对酒店清洁卫生和酒店人员服务不满意的人较少，但也有 8.66%和 8.43%。主要体现在入住时秩序混乱，办理效率较低，导致等待时间长。对外国人来说，与酒店工作人员的沟通困难，连接 Wi-Fi 或求助很难得到解决。

（二）餐饮服务有待改善

根据调查结果来看，对餐饮服务的哪些方面感到不满意的最大原因首先是口味不适应，然后是价格高，占比达 27.13%和 25.91%，品种少和蔬菜少分别占 24.08%和 23.47%，肉食少、服态度差和清洁卫生不满意分别

占 16.46%、10.06%和 7.62%。凭餐券吃饭的方式是否可以更加人性化、更灵活。餐饮的菜式变化少，也没有提供如全素、清真、海南少数民族以及当地特色菜。就餐时间固定导致集中就餐，秩序较混乱，需提高餐饮服务质量。

（三）交通便利性有待改善

三亚南山世界太极文化旅游节的举办地——南山文化旅游区位于三亚市西南 40 公里处，虽然环境优美，但从景区前往三亚市非常不方便。主办方虽然提供了酒店与南山景区的交通车，早晚接送住在景区外的与会人员，但没有提供从酒店或景区前往三亚市的车，参加此次文化旅游节期间，人员很少有机会去三亚市区或者亚龙湾等其他景区参观游览。

（四）组织管理水平有待提升

三亚南山世界太极文化旅游节组委会及工作人员的组织性需加强。文化旅游节举办期间的各项活动的举办时间不稳定，经常不按时间举办。根据调查问卷和访谈得知，有的太极名家、嘉宾不知道自己哪天做什么，组委会的提前通知和协调组织工作不到位，组织性和规范性都有待提高。开幕式组织较混乱，主持人声音过大，影响观众与同伴之间的交流。太极拳表演的舞台太低，台下观众看不到表演。开幕式出现很多人没有座位的情况，也找不到工作人员反映，问题没有得到妥善解决。太极英雄擂总决赛在户外举办，白天三亚的太阳紫外线强，但赛场没有设置观众人员座椅和遮阳棚，影响观众观赛。参赛人员入场、上场应佩戴编号或号码牌。另外，会场缺少垃圾桶，导致会场卫生状况不理想。很多受访者都提到主办方应该每天提供饮用水。工作人员的服务水平和调配有待提升，人员安排不恰当，酒店门口时常聚集大量无所事事的志愿者和工作人员，但向工作人员询问和求助却无法得到妥善解决。也有参赛者反映参赛队员普遍对裁判的评判不满意，比赛团队水平参差不齐，专业性有待提高。

（五）服务的国际化程度不够

三亚南山世界太极文化旅游节吸引了 30 多个国家和地区的人前来参加，但宣传册以及南山文化旅游区内的各种设施及标识都以中文为主。在调查过程中有日本代表团的人员向我们反映宣传册的内容太难，看不懂。

也有美国的与会人员反映，要是有更多的内容翻译成英文会更好，工作人员和志愿者当中英文服务人员几乎没有，导致沟通交流问题较多。太极文化旅游节作为一个国际性的节日，应该在服务上加强国际化。

五、昆明市对三亚南山太极拳文化旅游经验的借鉴

（一）昆明市开展太极文化旅游的意义

1. 太极文化旅游可以推动昆明打造“中国健康之城”的目标

云南省人民政府在2018年政府工作报告中提出打造世界一流的“绿色能源、绿色食品、健康生活目的地”；昆明市第十一次党代会明确提出要打造“中国健康之城”。2018年3月，国家发改委等相关部委召开会议，赞同在云南昆明建设国家植物博物馆，同意设立中国昆明大健康产业示范区。与此配套的相关基础设施建设、园区建设、资金投入等为云南省成为南亚、东南亚健康休闲养生旅游中心提供了保障。

2. 太极拳文化旅游节的举办可以提高举办城市的影响力

一般地，太极文化旅游节期间都会举办太极拳比赛、表演赛，大型体育赛事和城市体育旅游产业是密不可分的，两者是相互影响、相互支持的。体育赛事对旅游业来说，既是一种资源，又是一种产品，它具有时间和地点上的特定性，运动自身所蕴含的魅力也是文化旅游的一种形式，强烈地引发各方游客的旅游动机，以产品的形式为游客服务，从而扩大旅游客源市场，加速旅游经济链的运转。随着媒体对赛事的宣传力度的加大，赛事的商业化运作对比赛的影响也越来越深。已不再单单是由运动员、裁判员组成的团体来参赛，而是由众多旅游者、媒体、赞助商等组成的主体共同参与的集文化、旅游、消费等于一体的复杂的综合盛会。

太极拳赛事的举办必将吸引一些专业的太极拳大家和太极拳爱好者，以及关注太极拳赛事的新闻媒体和赞助商等，这将会带来极高的城市热度和城市知名度，同时也吸引一部分非传统客源，当那些太极拳大家和太极拳爱好者及相关人士来到举办地，他们不仅是参与比赛的运动员，而且是来举办地游玩的旅游者。

3. 太极拳文化旅游节的举办可以增加当地的经济收入

文化旅游节及体育赛事具有集聚性的特征，一个城市举办大型体育赛

事会吸引众多的游客，增加城市的人流量，会带动住宿业、餐饮业等其他服务业的快速发展，同时提供众多且多样的工作岗位，增加了就业机会，缓解了就业压力。在举办体育赛事的过程中，游客在参观景区、酒店住宿、饭店用餐、交通等方面消费程度较高，拉动了城市经济的内需，提高了城市的旅游收入。例如：三亚南山通过这几届文化节的导入，陆续有很多的太极拳名家和老师如邱慧芳、杨大卫等在三亚南山开办太极培训班，吸引着世界各地的太极拳及太极文化爱好者。虽然一期培训班的人数在100人左右，但是这些学员食住行学养修都在景区内，仅以酒店住宿为例，南山风景区内的一家四星级宾馆——南山休闲会馆，价格最低的花园标准间为每晚1280元，而三亚市同等级的酒店价格在400~800元。但文化旅游节举办期间，南山景区内的南山迎宾馆和南山休闲会馆两家酒店全部满房，晚报名的与会人员只好住在景区外的酒店，占调查人数的38.04%。而能够看到蓝天碧海独特壮美景色和世界上最高最大的108米白衣观音造像的海景房价格就更高。

三亚南山作为海南最大的国家5A级旅游景区，中国佛教名山胜地，可以在缘起楼品尝到素爽不腻的素斋美食，素斋自助餐的价格为68元/人。参会人员可以凭参会证在景区内免费不限次乘坐观光小火车，但作为普通游客，则要购买30元/位的园内游览车车票，129元/人的南山文化旅游区门票。

（二）昆明市开展太极文化旅游的基础

1. 昆明市是世界知名的避暑胜地

昆明市位于云南省中部偏东北，面积216万平方公里，地势北高南低；约80%的面积属于金沙江水系；低纬度高原季风气候；年平均气温14. 5℃，年平均日照数2448小时，具有“夏无酷暑，冬无严寒”四季如春的宜人气候，是云南省的政治、经济、文化中心，全省的交通枢纽，也是云南旅游业的中心和最大的游客集散地。

历史上，昆明因“天气常如二三月，花枝不断四时春”而被赞誉为“春城”，享誉海内外。在中国最适合居住的10座城市中，昆明排名第一，并位列2017年中国避暑名城第一名，2017年全球避暑名城第二名。云南省大部分地区也是四季如春、冬暖夏凉，冬日可避寒、夏日可避暑。

2. 昆明拥有美丽的自然风光

昆明拥有国家级风景名胜区滇池风景名胜区和世界自然遗产、世界地质公园、国家重点风景名胜区、国家 5A 级旅游景区等享誉中外的自然风光。

滇池风景名胜区位于昆明市内，主要由滇池周边的风景名胜点组成。滇池由内湖和外湖两部分组成；全湖面积约 300 平方公里，是全国第六大淡水湖；沿岸风景点主要有西山森林公园、大观公园、海埂公园、郑和公园、云南民族村、云南民族博物馆、国家体育训练基地等；1992 年，建立滇池国家旅游度假区。

石林风景名胜区位于昆明市石林县境内，中心景区距昆明市区 78 公里，总面积 350 平方公里，是以岩溶为主要景观的大型自然风景区，主要游览景点有李子箐石林、乃古石林、大叠水瀑布、长湖、芝云洞、月湖和奇风洞等。

3. 昆明在中国武术界具有较高知名度

（1）昆明曾是中央国术馆所在地

近现代，以蒋勋培和陈玉泉合办的振武社，华英标自办的英武社，国民政府云南省教育厅倡办的云南国术团，主张强种救国的张之江为馆长的中央国术馆迁昆，培养了大批武术骨干和武术爱好者，为云南武术的发展奠定了雄厚的基础。

（2）昆明有全国三大太极学院之一

全国三大太极学院指位于河南焦作的河南太极学院、位于河北永年的河北太极学院和位于云南昆明的国际太极学院。

云南民族大学在 2016 年为主动服务云南省委、省政府的建设战略，依托自身“民族性、边疆性、国际性”的办学特色，创新性地提出了建设“国际太极学院”构想，在得到了云南省委、省政府的支持后，学校发挥自身学科优势，构建了旨在依托云南省地域优势，发展太极文化与多学科领域的全面合作与交流，以太极文化形式辐射南亚、东南亚国家的国际化教育机构——国际太极学院。

国际太极学院力争在2025年完成世界一流太极学科的建设，确立国内外兼顾的学历人才培养框架，打造世界顶级的太极专家团队，在南亚、东南亚建设太极分院若干个，分中心若干个的目标，实现办学实力显著提升，以南亚、东南亚为基点，实现对全世界的文化辐射。

4. 昆明有独特的太极拳传承

云南深藏着一支从北京遗落到民间的太极拳队伍，被北京体育大学的专家成为“活化石”，名为“148皇家宫廷太极拳”。清朝年间，太极宗师杨露禅被端王府管家王兰亭引荐到端王府教拳，王兰亭拜在杨露禅门下成为杨露禅的大徒弟。李瑞东（后成为慈禧太后两品带刀护卫统领和宫廷护卫教练）经王兰亭介绍拜杨露禅为师，跟随杨露禅和王兰亭学习太极拳。同时，李瑞东、张宏生又将太极武学及医道传给了张宏生的儿子张金龄（字寿轩，是国民党高级将领杨森、薛岳和白崇禧的师父）。1939年，张金龄从北京移迁昆明定居后，将太极拳等平生武学传给了许水章（陈赓大将在云南时，许水章负责陈赓大将的安全保卫工作），许水章又传给张国祥。148皇家宫廷太极拳在四川、广东佛山、中国台湾有较大的影响，目前都以昆明作为中心。加之张金龄去世后葬在昆明，昆明也成为148皇家宫廷太极拳的寻根之地。

沙家武术经过沙国政老师的训练和传播，在国内外也具有较大影响。沙家武术以通臂拳为基础，后融合了八卦掌，进而为了适应时代的需要，创编了沙式太极拳，也深受习练者的喜爱。

虽然148皇家宫廷太极拳和沙家武术都是从外省传入云南，但历经多代传播，已经成为昆明市的本土拳种，能够为昆明市健康休闲养生旅游产业发展做出贡献。

（三）昆明市开展太极文化旅游的策略

1. 出台相应的政策支持

政府应积极配合景区，加大宣传力度，通过网络、报纸、新闻、微博等各大媒体宣传城市环境良好、生态怡人的特点，吸引太极文化旅游的开展。

在太极文化旅游节节庆、赛事期间，由于其规模较大、人数众多、影响深远，因此举办地政府应发挥其主导作用，在安保、交通等方面予以政策或人员支持，以保证赛事的顺利进行。举办大型体育赛事，其操作流程复杂，需要众多人员的配合与协作，同时由于参赛者及游客来自五湖四海，各种突发情况都有可能出现，倘若没有处理好一个意外事件，就可能对城市形象造成不利的影响甚至巨大的损失。因此，政府应该出台相应的法律法规以及委派相应的公务人员参与维护赛事的正常进行。

2. 推动区域联合一体化发展

太极文化旅游节庆、赛事举办地可以发挥好自身的地域优势和城市影响力，整合周边区域旅游资源，以核心旅游“点”带动“区域面”，更好地服务大众。同时加强区域间的文化、交通、林业等行业的合作，使整个区域形成一个旅游产业网络，实现共享市场和降低旅游客源交换的交易成本，提升旅游资源的运作效率。对旅游资源的保护和可持续利用，实现资源的优化组合，打造体育旅游全产业链。开辟投资渠道，引导全社会关注体育旅游，鼓励社会资本融入体育旅游资源开发，通过体育旅游延伸产业链，创造更丰富的旅游产品，增加游客的消费项目。

3. 充分注意太极文化旅游节、赛事举办时的各项组织工作

三亚南山太极文化旅游节作为享誉世界的节事活动之一，使三亚市的影响力与日俱增。节事活动的成功举办对城市的经济发展产生了一定的推动作用，在旅游、食宿、交通、零售等相关行业中产生了较强的直接经济效益。每年海南三亚南山太极文化旅游节举办期间，三亚市南山景区及周边地区都会进入旅游高峰期。太极文化旅游节通过对文化资源不断发掘与创新，借助节事活动的吸引力，发挥文化的经济功能，带动了三亚市及周边城市的发展。但同时节事活动的举行也会带给举办地一些不良影响，比如主办地物价上涨、治安混乱、环境卫生状况不佳等，这些问题应引起有关部门的重视，否则就会严重影响城市形象的树立。

4. 不断提高当地居民的素质

社区居民是举办地核心利益相关者，因而举办地与当地居民两者间的关系将会直接影响当地居民的行为表现。节事活动的举办丰富了当地人的文化生活，提升了当地人的归属感和自豪感。作为举办地的民众，在节事

活动举办期间，在遵守社会规范、注重文明礼仪、提高外语程度等方面都有所加强。

5. 大力挖掘当地传统文化

传统文化之中蕴藏着无穷无尽的资源，区域性的节事活动大都来源于当地厚重的传统文化。三亚南山太极文化旅游节的举办带来城市文化的融合与创新，促进城市理念和思想的创新，使传统太极文化获得复兴，三亚市的城市文化也得到充实。自三亚南山太极文化旅游节创办以来，三亚市致力于城市文化的挖掘和传承，从中获得不断开拓创新的力量。节事同地区形象紧密相连，成为地区依赖度很高的标志性节事。

6. 加强太极健康科研实证研究

目前，中国实行健康中国战略，目的是不生病、少生病。注重体医结合，高度重视全民健身、全民健康以及疾病的预防。

太极拳的本体功能为健身、养身、防身。只有强化本体功能才能拓展和衍生其他功能。现有的项目方向为开发新产品，强化太极拳的健身养生功能。目前在我国体医结合方面，缺乏高水平的实证研究，中国的体医结合远低于国外的比例，发展速度也相对缓慢。中国的体医结合发展中缺乏有针对性的体育运动处方，现有研究多为哲学研究和历史起源研究，未来发展方向应该是主动对接健康中国大概念。

此次三亚南山太极文化旅游节举办过程中，笔者采访了“太极疗”的负责人张罗伈老师。了解到太极疗是一个品牌，其核心是以太极拳为内容，实施对亚健康的治疗、慢性病的预防和康复干预。太极疗和医疗机构合作对慢性病的跟踪已持续了三年半，这种治疗跟踪不是个例，是经过客观数据统计分析检验得出的。经过检验证明，太极拳可以部分代替化学药物。在国家人社部的支持下，太极疗在北京和三甲医院合作，对呼吸疾病进行例证分析。共有样本 68 个，其中 30 位患者练太极拳，38 位患者不练太极拳只用药，两组形成对照组，通过对血氧饱和度等医学指标的分析和问卷调查，证明练太极拳的 30 位患者恢复情况明显优于不练太极拳的 38 位患者。

太极疗在一系列太极拳的标准化培训和开发上已获得知识产权，下一步正在和武汉大学、武汉理工大学、北京航空航天大学合作，利用VR混合技术将运动处方做可视化的教学内容，但面临标准的执行和规范的问题。并与北京体育大学（北体大）合作创办运动康养师的从业技能培训。社会上现有很多运动康复机构，但没有形成标准化的规模，处于初级阶段，行业标准需要市场的检验。

张罗伈老师于5年前创立太极疗品牌时，就判断这是一个十分具有潜力的市场品牌。太极疗的竞争对手主要在国外，经济发达国家对运动的自然疗法、心理疗法、正面疗法都发明较早，但采用的方式大都是对肌肉、耐力等的锻炼，没有施加情绪干预和心理暗示。太极疗的明显优势是运动和心理无痕迹地结合，和其他疗法相比，竞争优势在于低成本、低副作用，低风险、低门槛。

参考文献

[1] GBD 2017 Disease and Injury Incidence and Prevalence Collaborators. (2018). Global, regional, and national incidence, prevalence, and years lived with disability for 354 diseases and injuries for 195 countries and territories, 1990—2017: a systematic analysis for the Global Burden of Disease Study 2017. The Lancet. DOI.

[2] Wearne, S. Tourism development and whaling-heritage as sustainable future [J]. Tourism Planning & Development, 2018, 15 (1): 89-95.

[3] Castro, PC, Tahara, N, etc. Influence of the open university for the Third Age (UATI) and the revitalization program (REVT) on quality of life in middle-aged and elderly adults [J]. Revista Brasileira de Fisiotrapla, Nov-dec 2007, 11 (6): 461-467.

[4] Hawkins L H, Barker T. Air ions and human performance [J]. Ermance [J]. Ergonomics, 1978, 21 (4): 73-82.

[5] Li Q. Effect of forest bathing trips on human immune function [J]. Environmental Health and Preventive Medicine, 2010, 15 (1): 9-17.

[6] Mitani Toru, Gao Jie. Forest therapy of fragrance toke trail [J]. Landscape Architecture, 2011 (4): 92-96.

[7] 王延坤. 基于森林康养理念的重庆玉龙山国家森林公园规划研究[D]. 杨陵: 西北农林科技大学, 2019.

[8] 张吉乾, 张文凤. 贵州省发展森林康养产业的 SWOT 分析 [J]. 科技风, 2019 (25): 138, 151.

[9] 陈纯. 国内外康养旅游研究综述 [J]. 攀枝花学院学报, 2019, 36 (4): 43-47.

[10] 赵敏, 王丽华. 近十年国内康养旅游研究述评 [J]. 攀枝花学院

学报，2019，36（4）：48-53，101.

［11］段金花．森林康养基地生态旅游资源开发潜力评价研究［D］．济南：山东师范大学，2019.

［12］李济任．森林康养旅游开发潜力评估研究［D］．沈阳：沈阳师范大学，2019.

［13］刘昱汐．北罗霄国家森林公园社区参与生态旅游开发策略研究［D］．长沙：中南林业科技大学，2019.

［14］梁欢．天曌山森林康养旅游开发潜力评价研究［D］．成都：成都理工大学，2019.

［15］李昊明．山西省发展森林康养旅游探索［J］．山西林业，2019（2）：4-5.

［16］段金花，李平．森林康养产业发展研究综述［J］．四川林业科技，2019，40（2）：105-108.

［17］史云，董劭璇，殷海萍，高欣悦，白靖怡．森林康养模式研究［J］．合作经济与科技，2019（8）：12-15.

［18］潘洋刘，徐俊，胡少昌，文野，邹芹，晏琪，曾进，古新仁，刘苑秋．基于 SWOT 和 AHP 分析的森林康养基地建设策略研究——以江西庐山国家级自然保护区为例［J］．林业经济，2019，41（3）：40-44，59.

［19］王明旭．森林康养 100 问（续）［J］．林业与生态，2018（11）：41-42，34.

［20］陆献峰．德国乡村振兴与森林康养的启示［J］．浙江林业，2018（9）：40-41.

［21］李济任，许东．基于 AHP 与模糊综合评价法的森林康养旅游开发潜力评价——以辽东山区为例［J］．中国农业资源与区划，2018，39（8）：135-142，169.

［22］屈艳．高峰森林公园生态旅游开发研究［D］．南宁：广西大学，2018.

［23］吴后建，但新球，刘世好，舒勇，曹虹，黄琰，卢立．森林康养：概念内涵、产品类型和发展路径［J］．生态学杂志，2018，37（7）：2159-2169.

[24] 蒋贝贝．森林康养旅游研究及开发［J］．吉林农业，2018（10）：111.

[25] 张胜军．国外森林康养业发展及启示［J］．中国林业产业，2018（5）：76-80.

[26] 王筱微．森林康养旅游开发研究［D］．武汉：中南民族大学，2018.

[27] 王燕琴，陈洁，顾亚丽．浅析日本森林康养政策及运行机制［J］．林业经济，2018，40（4）：108-112.

[28] 杨利萍，孙浩捷，黄力平，高亚琪，胡东宇．森林康养研究概况［J］．林业调查规划，2018，43（2）：161-166，203.

[29] 吴悠．基于旅游需求偏好的陕西省康养旅游产品开发研究［D］．西安：长安大学，2018.

[30] 吴章文．森林旅游学［M］．北京：中国旅游出版社，2008.

[31] 雷巍娥．森林康养概论［M］．北京：中国林业出版社，2016.

[32] 南海龙．森林疗养漫谈［M］．北京：中国林业出版社，2016.

[33] 张明．梵净山佛教源流考［J］．佛学研究，2005：284-293.

[34] 禹真．梵净山生态旅游发展初探［J］．铜仁师范高等专科学校学报（综合版），2003（2）：52-54，58.

[35] 宋卓嵘．梵净山景区旅游开发与运营分析［D］．贵阳：贵州大学，2016.

[36] 张明，张寒梅．梵净山生态文明建设与旅游开发研究［J］．广西民族大学学报（哲学社会科学版），2015，37（1）：32-38.

[37] 邵启富．乡村振兴背景下世界遗产地梵净山发展机遇与挑战研究［J］．智库时代，2020（6）：136-137.

[38] 包冉．空气负氧离子与人体健康［J］．科学之友，2010（8）：97-98.

[39] 吴兴杰．森林康养新业态的商业模式［J］．商业文化，2015（31）：9-25.

[40] 刘慧慧．千家坪国家森林公园森林旅游产品开发设计［D］．西安：陕西师范大学，2010.

[41] 胡红梅．基于游客体验的历史文化街区旅游开发 [J]．经济研究导刊，2010（35）：97-99.

[42] 国家民委关于印发《少数民族特色村寨保护与发展规划纲要（2011—2015 年）》的通知，2012 年 12 月 5 日，http：//www. seac. gov. cn/seac/xwzx/201212/1003273. shtml.

[43] 陈晓雨，庞丽丽，沈万根．少数民族特色村寨的发展现状和问题分析 [J]．现代交际，2020（6）：56-57.

[44] 申倩，陈梦宇，朱云洁．泰州市乡村旅游服务质量提升路径研究 [J]．中国商论，2020（9）：69-70.

[45] 陈劲仿．论中国古代的和谐思想 [J]．安徽文学（下半月），2009（3）：381-382.

[46] 席酉民，熊畅，刘鹏．和谐管理理论及其应用述评 [J]．管理世界，2020，36（2）：195-209，212.

[47] 赵云鹏，白冰．海南省体育文化旅游的研究 [J]．科技信息，2011，(30)：60-61，64.

[48] 仇学琴．太极拳健康休闲旅游开发研究 [J]．现代管理，2017，7（4）：115-123.

[49] 贾健，宋静敏，王治国．海南省体育旅游开展的现状与可持续发展研究 [J]．海南大学学报（自然科学版），2012，30（3）：250-255.

[50] 闵健．体育旅游及其界定 [J]．武汉体育学院学报，2002，36（6）：4-6.

[51] 王兵．体育赛事与体育旅游互促发展理论研究分析 [J]．运动精品，2019，38（7）：53-54，56.

[52] 罗艳菊．旅游资源非优区开发研究——以三亚市南山文化旅游区为例 [J]．社会科学家，2002，(4)：52-55.

[53] 罗曦光，曹卫，李新华，李好．广东省滨海体育旅游发展的 SWOT 分析 [J]．军事体育进修学院学报，2013，32（1）：27-30.

[54] 范明天．基于可靠性的配电网规划思路和方法讲座——基于可靠性的配电网规划的概况和基本理念 [J]．供用电，2011，28（1）：11-14.

[55] 钟家林．电力输配电线路节能降耗技术探讨 [J]．中国新技术新

产品，2013（6）：52-53.

［56］郑亮．济南都市圈体育旅游资源开发与提升研究［J］．体育世界（学术版），2017（1）．

［57］徐景锋．论体育赛事对举办地旅游的多维影响［J］．科技经济导刊，2017（29）：93-95.

［58］樊珊．大型节事活动举办城市的城市品牌传播策略研究［J］．中国管理信息化，2018，21（24）：151-152.

［59］蔡燕，周红芳．太极拳运动对抑郁症患者情绪的影响［J］．中国民康医学，2010，22（16）：2051，2112.

［60］赵乐卿．太极拳练习对大学生抑郁症影响的实验研究［D］．石家庄：河北师范大学，2018.

［61］林海谛，余劲，张峰．太极拳对老年抑郁症患者恢复期情绪的影响［J］．中国社区医师，2018，35（2）：168.

［62］刘艳红，沈浩，戎昱歆．中医药治疗抑郁症其作用机理浅析［J］．山西青年（下半月），2013（3）：118.

［63］薛群慧，白鸥．论健康旅游的特征［J］．思想战线，2015（3）：146-150.

［64］田婧．昆明市健康旅游产业发展战略研究［D］．昆明：云南大学，2018.

［65］马颖杰．乡村振兴背景下我国乡村康养旅游发展对策研究——以湖北省蕲春县为例［D］．舟山：浙江海洋大学，2020.

［66］品橙旅游．盘点：45 家国家级旅游度假区特色解读［EB/OL］．https：//weibo. com/ttarticle/p/show？id=2309404577704698839370#_0.

［67］陈静，潘轶儒，徐美贞，张建国，楼飞，何思笑．衢州山区乡村森林康养旅游资源特征及其开发策略研究——以“桃源七里”农家乐集聚区为例［J］．园林，2020（1）：65-69.